全国高职高专"十三五"规划教材
21世纪高职高专规划教材·财经管理系列

统 计 基 础

（第 2 版）

主　编　何红飞　史哲闻
副主编　王层层　张红玲
主　审　田百洲

清华大学出版社
北京交通大学出版社
·北京·

内 容 简 介

本书是全国高职高专规划教材。全书共分9个项目：统计概述、统计调查、统计整理、统计指标、动态数列、统计指数、统计抽样、相关关系分析、统计报告。本书突出了简明性、应用性、项目性的特点。为了便于教学，各项目均设置了能力目标、知识目标、项目小结、基础训练题、任务训练题及项目训练题。

本书虽以高职高专经济管理类学生为主要对象，但也适用于应用型本科院校、成人高校的经济管理类学生，也可作为经济管理干部的培训教材或参考书。

本书封面贴有清华大学出版社防伪标签，无标签者不得销售。
版权所有，侵权必究。侵权举报电话：010-62782989　13501256678　13801310933

图书在版编目（CIP）数据

统计基础/何红飞，史哲闻主编. —2版. —北京：北京交通大学出版社：清华大学出版社，2019.7
21世纪高职高专规划教材·财经管理系列
ISBN 978-7-5121-3867-4

Ⅰ. ①统… Ⅱ. ①何… ②史… Ⅲ. ①统计学-高等职业教育-教材 Ⅳ. ①C8

中国版本图书馆 CIP 数据核字（2019）第 050346 号

统计基础
TONGJI JICHU

责任编辑：	韩　乐
出版发行：	清 华 大 学 出 版 社　邮编：100084　电话：010-62776969
	北京交通大学出版社　邮编：100044　电话：010-51686414
印 刷 者：	三河市华骏印务包装有限公司
经　　销：	全国新华书店
开　　本：	185mm×230mm　印张：17　字数：381千字
版　　次：	2019年7月第2版　2019年7月第1次印刷
书　　号：	ISBN 978-7-5121-3867-4/C·213
印　　数：	1～3 000册　定价：46.00元

本书如有质量问题，请向北京交通大学出版社质监组反映。对您的意见和批评，我们表示欢迎和感谢。
投诉电话：010-51686043，51686008；传真：010-62225406；E-mail：press@bjtu.edu.cn。

前　言

统计是对与某一现象有关的数据进行搜集、整理、计算和分析的活动。在当今大数据时代，统计的地位与作用越来越重要，其功能远远超出了经济管理领域，已涉及政治、军事、国防、外交等领域的研判与决策。就高职院校的教育而言，"统计基础"是高职院校经济管理类专业一门必修的基础技能课，它能为经济管理类相关专业课的教学打好所需的统计技能的基础。《统计基础》2015 年 6 月的第 1 版是为了满足经济管理类专业的教学和当时统计从业资格证考试的双重需要而编写的，随着国家统计局对统计从业资格考试的取消，对《统计基础》第 1 版的某些内容必须进行适当的修订和调整，因此进行了再版。

本书的修订仍然依据高职教育为社会生产、建设、管理和服务第一线培养高等技术应用型人才的培养目标，按照"理论够用、适度，强化技能，重在应用"的原则进行了整合，遵循"工学结合"的教学模式，按照项目任务的体例进行了重新设计，突出了统计基本技能的培养，具体表现在以下三个方面。

一是简明性，即课程内容采用学生了解和熟悉的社会生产、生活的事例，文字表述浅显、通俗易懂，适合高职学生的理解和阅读。

二是应用性，即弱化理论，加重了统计基础技能的应用与实践。

三是项目性，按项目设置教学内容，共设置了九大项目，即：统计概述、统计调查、统计整理、统计指标、动态数列、统计指数、统计抽样、相关关系分析、统计报告。每个项目包括四个部分：第一部分是能力目标和知识目标，设置能力目标和知识目标的目的是使学生阅读时就对本项目的教学目标和主要内容有一个总括的了解，引导学生带着知识技能要点去阅读和学习；第二部分是项目的具体内容，每个项目按任务展开；第三部分是项目小结，项目小结是对项目内容进行概括与提炼，归纳出知识点，目的是便于学生掌握要领，加深印象；第四部分是训练题，包括基础训练题、任务训练题及项目训练题。设置这三类训练题的目的是帮助学生复习、巩固本项目的基本知识和基本技能，引发学生对所学问题进行更加深入的思考，使学生能够运用所学知识与技能分析解决实际问题。

本书虽以高职高专经济管理类学生为主要对象，但也适用于应用型本科院校、成人高校的经济管理类学生，也可作为经济管理干部的培训教材或参考书。

本书由辽宁建筑职业学院何红飞、史哲闻任主编，辽宁理工职业学院王层层、辽宁金融职业学院张红玲任副主编，辽宁建筑职业学院田百洲教授任主审。编写分工为：何红飞、史哲闻共同设计了全书框架，拟定了编写提纲，田百洲教授对全书进行了总撰定稿，何红飞编写项目1、项目5、项目6，史哲闻编写项目2、项目3、项目4，王层层编写项目7、项目9，张红玲编写项目8。

在本书的编写过程中，辽宁建筑职业学院的史书良教授、陈艳郁教授、任俊副教授、李元伟副教授给予了很大的帮助和支持。参考和借鉴了有关专家、学者的研究成果，其中绝大部分列在参考文献中，由于时间仓促和工作疏漏，个别参考文献可能未列其中，对此深表歉意。

由于编者的水平和经验有限，缺点在所难免，诚恳地欢迎读者多提宝贵意见。

编　者

2019年1月

目 录

项目 1　统计概述 ··· 1
　任务 1.1　认识统计的研究对象 ·· 1
　　1.1.1　统计的含义 ··· 1
　　1.1.2　统计的研究对象和特点 ··· 2
　　1.1.3　统计的职能 ··· 3
　任务 1.2　统计的过程 ··· 4
　　1.2.1　统计的工作过程 ··· 4
　　1.2.2　统计的认识过程 ··· 5
　任务 1.3　统计研究的基本方法 ·· 5
　　1.3.1　大量观察法 ··· 5
　　1.3.2　分组法 ··· 6
　　1.3.3　综合指标法 ··· 6
　任务 1.4　统计学中的基本概念 ·· 7
　　1.4.1　总体与总体单位 ··· 7
　　1.4.2　样本与样本单位 ··· 7
　　1.4.3　指标与标志 ··· 8
　　1.4.4　变异与变量 ··· 9
　项目小结 ··· 10
　思考题 ··· 11
　基础训练题 ··· 11
　任务训练题 ··· 13
　项目训练题 ··· 14

项目 2　统计调查 ·· 15
　任务 2.1　认识统计调查的一般问题 ··· 15
　　2.1.1　统计调查的概念及地位 ··· 15
　　2.1.2　统计调查的基本要求 ··· 16

  2.1.3 统计调查的种类 ······ 16
任务 2.2 统计调查方案的设计 ······ 18
  2.2.1 确定调查目的 ······ 18
  2.2.2 确定调查对象、调查单位和报告单位 ······ 18
  2.2.3 调查方式和调查方法 ······ 19
  2.2.4 确定调查项目，设计调查表 ······ 19
  2.2.5 确定调查时间、调查期限、调查空间和调查地点 ······ 20
  2.2.6 制定调查工作的组织实施计划 ······ 21
任务 2.3 统计调查的组织方式 ······ 21
  2.3.1 统计报表 ······ 21
  2.3.2 普查 ······ 22
  2.3.3 重点调查 ······ 23
  2.3.4 典型调查 ······ 23
  2.3.5 抽样调查 ······ 24
任务 2.4 统计资料搜集的方法 ······ 24
  2.4.1 原始资料搜集的方法 ······ 24
  2.4.2 次级资料的搜集方法 ······ 26
  2.4.3 企业、事业单位统计资料的搜集 ······ 26
  2.4.4 统计资料报送的形式 ······ 28
任务 2.5 调查问卷 ······ 28
  2.5.1 调查问卷的意义 ······ 28
  2.5.2 调查问卷的基本类型 ······ 28
  2.5.3 调查问卷的基本结构 ······ 29
  2.5.4 问卷的设计形式 ······ 30
  2.5.5 问卷设计应注意的问题 ······ 31
任务 2.6 统计调查资料的质量控制 ······ 32
  2.6.1 统计调查误差的种类 ······ 32
  2.6.2 统计调查误差的控制途径 ······ 32
项目小结 ······ 33
思考题 ······ 33
基础训练题 ······ 34
任务训练题 ······ 36
项目训练题 ······ 36
阅读材料一 ······ 36
阅读材料二 ······ 42

项目3 统计整理 ... 48
任务3.1 认识统计整理的一般问题 ... 48
3.1.1 统计整理的含义 ... 48
3.1.2 统计整理的意义 ... 49
3.1.3 统计整理的步骤 ... 49
任务3.2 统计分组 ... 50
3.2.1 统计分组的意义 ... 50
3.2.2 统计分组的原则 ... 52
3.2.3 统计分组的方法 ... 53
任务3.3 统计分布 ... 56
3.3.1 统计分布的意义 ... 56
3.3.2 变量数列的种类 ... 57
3.3.3 变量数列的编制 ... 59
3.3.4 统计分布的主要类型 ... 62
3.3.5 统计分布的表示方法 ... 63
任务3.4 统计资料的汇总技术 ... 63
3.4.1 统计汇总的组织形式 ... 63
3.4.2 统计汇总技术 ... 64
任务3.5 统计表和统计图 ... 65
3.5.1 统计表 ... 65
3.5.2 统计图 ... 68
项目小结 ... 71
思考题 ... 72
基础训练题 ... 73
任务训练题 ... 75
项目训练题 ... 76

项目4 统计指标 ... 77
任务4.1 认识统计指标的基本问题 ... 77
4.1.1 统计指标的含义 ... 77
4.1.2 统计指标体系 ... 78
4.1.3 统计指标的特点 ... 78
4.1.4 统计指标的分类 ... 78
任务4.2 总量指标 ... 79
4.2.1 总量指标的意义 ... 79
4.2.2 总量指标的种类 ... 80

4.2.3 总量指标的统计要求 ·················· 81

任务4.3 相对指标 ·················· 82
4.3.1 相对指标的意义 ·················· 82
4.3.2 相对指标的种类 ·················· 83
4.3.3 计算和运用相对指标应注意的问题 ·················· 89

任务4.4 平均指标 ·················· 90
4.4.1 平均指标的意义 ·················· 90
4.4.2 平均指标的计算 ·················· 91
4.4.3 平均指标计算与应用的统计要求 ·················· 102

任务4.5 变异指标 ·················· 103
4.5.1 变异指标的意义 ·················· 103
4.5.2 变异指标的计算 ·················· 104

项目小结 ·················· 110
思考题 ·················· 113
基础训练题 ·················· 113
任务训练题 ·················· 117
项目训练题 ·················· 122

项目5 动态数列 ·················· 123
任务5.1 认知动态数列的基本问题 ·················· 123
5.1.1 动态数列的概念 ·················· 123
5.1.2 动态数列的作用 ·················· 124
5.1.3 动态数列的种类 ·················· 124
5.1.4 动态数列的编制原则 ·················· 125
5.1.5 时间序列的影响因素 ·················· 126

任务5.2 动态数列的分析指标 ·················· 127
5.2.1 发展水平 ·················· 127
5.2.2 增长量 ·················· 128
5.2.3 发展速度和增长速度 ·················· 128
5.2.4 增长1%的绝对值 ·················· 131
5.2.5 平均增长量 ·················· 132
5.2.6 平均发展水平 ·················· 132
5.2.7 平均发展速度和平均增长速度 ·················· 139

任务5.3 动态数列的趋势分析 ·················· 143
5.3.1 长期趋势分析 ·················· 143
5.3.2 季节变动分析 ·················· 148

项目小结 ·· 151
　　思考题 ·· 153
　　基础训练题 ·· 153
　　任务训练题 ·· 156
　　项目训练题 ·· 158
项目6　统计指数 ··· 159
　　任务6.1　认识统计指数的一般问题 ··· 159
　　　　6.1.1　指数的概念 ·· 159
　　　　6.1.2　指数的种类 ·· 160
　　　　6.1.3　指数的作用 ·· 161
　　任务6.2　综合指数 ··· 161
　　　　6.2.1　综合指数的意义 ··· 161
　　　　6.2.2　数量指标综合指数的编制 ··· 162
　　　　6.2.3　质量指标综合指数的编制 ··· 164
　　　　6.2.4　编制综合指数时应注意的几个问题 ··································· 166
　　任务6.3　平均指数 ··· 168
　　　　6.3.1　平均指数的意义 ··· 168
　　　　6.3.2　平均指数的计算形式 ··· 168
　　　　6.3.3　平均指数与综合指数的区别和联系 ··································· 174
　　任务6.4　指数因素分析法 ··· 175
　　　　6.4.1　指数体系 ·· 175
　　　　6.4.2　指数因素分析法的意义 ··· 177
　　任务6.5　平均指标指数 ·· 179
　　　　6.5.1　平均指标指数的意义 ··· 179
　　　　6.5.2　固定构成指数 ·· 181
　　　　6.5.3　结构影响指数 ·· 182
　　　　6.5.4　平均指标指数体系 ·· 182
　　　　6.5.5　平均指标指数与平均指数的异同 ······································ 183
　　任务6.6　认识几种常用的统计指数 ··· 184
　　　　6.6.1　采购经理指数 ·· 184
　　　　6.6.2　国房景气指数 ·· 184
　　　　6.6.3　企业景气和企业家信心指数 ·· 185
　　　　6.6.4　消费者信心指数 ··· 185
　　　　6.6.5　股票价格指数 ·· 186
　　项目小结 ·· 186

思考题 · · · · · · 188
　基础训练题 · · · · · · 188
　任务训练题 · · · · · · 191
　项目训练题 · · · · · · 195

项目7　统计抽样 · · · · · · 196
　任务7.1　认知统计抽样的一般问题 · · · · · · 196
　　7.1.1　统计抽样的概念与特点 · · · · · · 196
　　7.1.2　统计抽样的作用 · · · · · · 197
　　7.1.3　统计抽样的基本概念 · · · · · · 198
　任务7.2　抽样误差 · · · · · · 200
　　7.2.1　抽样误差的意义 · · · · · · 200
　　7.2.2　抽样平均误差 · · · · · · 201
　　7.2.3　抽样极限误差 · · · · · · 204
　任务7.3　抽样估计的方法 · · · · · · 206
　　7.3.1　点估计 · · · · · · 206
　　7.3.2　区间估计 · · · · · · 206
　任务7.4　抽样方案的设计 · · · · · · 208
　　7.4.1　抽样框的编制 · · · · · · 209
　　7.4.2　抽取样本单位的方法 · · · · · · 209
　　7.4.3　抽样的组织形式 · · · · · · 210
　　7.4.4　必要样本单位数的确定 · · · · · · 214
　项目小结 · · · · · · 216
　思考题 · · · · · · 218
　基础训练题 · · · · · · 219
　任务训练题 · · · · · · 222
　项目训练题 · · · · · · 223

项目8　相关关系分析 · · · · · · 224
　任务8.1　认知相关关系分析的一般问题 · · · · · · 224
　　8.1.1　相关关系的概念及特点 · · · · · · 224
　　8.1.2　相关关系的种类 · · · · · · 226
　　8.1.3　相关关系分析的内容 · · · · · · 227
　任务8.2　相关分析 · · · · · · 228
　　8.2.1　相关表和相关图 · · · · · · 228
　　8.2.2　相关系数 · · · · · · 229
　任务8.3　直线回归分析 · · · · · · 232

  8.3.1 回归分析的含义 ·· 232
  8.3.2 简单线性回归方程的建立 ·· 233
  8.3.3 回归分析与相关分析的区别 ··· 234
  8.3.4 回归估计标准误差 ·· 234
 项目小结 ··· 235
 思考题 ·· 236
 基础训练题 ··· 237
 任务训练题 ··· 239
 项目训练题 ··· 241

项目9 统计报告 ··· 242
 任务9.1 认识统计报告的一般问题 ··· 242
  9.1.1 统计报告的定义 ·· 242
  9.1.2 统计报告的作用 ·· 243
  9.1.3 统计报告的特点 ·· 243
  9.1.4 统计报告的分类 ·· 244
 任务9.2 统计报告的写作 ··· 245
  9.2.1 统计报告的写作要求 ·· 245
  9.2.2 统计报告的写作流程 ·· 247
 本章小结 ··· 251
 思考题 ·· 251
 任务训练题 ··· 252
 项目训练题 ··· 252
 阅读材料 ··· 252

附录A 正态分布概率表 ·· 255
参考文献 ·· 257

项目 1 统计概述

学习目标

能力目标
- 能把统计活动与其他经济管理活动区别开来
- 能正确使用统计的基本术语

知识目标
- 理解统计的研究对象与特点
- 理解统计的职能
- 掌握统计的工作过程与认识过程
- 初步认识统计的研究方法
- 掌握统计的基本概念

任务 1.1 认识统计的研究对象

1.1.1 统计的含义

统计,是指对与某一现象有关的数据进行搜集、整理、计算和分析等的活动。在不同的场合,"统计"一词有不同的含义。就目前而言,统计有三种含义,即统计工作、统计资料和统计学。"我是做统计的"中的"统计"是指统计工作,"据统计"中的"统计"是指统计资料,"我是讲统计的"中的"统计"是指统计学。

统计工作,即统计实践活动,指的是利用科学的方法,对社会经济现象的数量方面的信息资料进行搜集、整理和分析的工作过程。如,各级统计部门对其所属地区的工业、农业、服务业等方面的数据资料进行的搜集、整理和分析的工作就是统计工作;某一社会机构或个人为了了解某方面的社会经济现象而搜集、整理和分析相关资料也属于统计工作。

统计资料，是在统计工作中取得的、反映社会现象的各项数据资料及与之相关的其他实际资料的总称。如，国家统计局每隔一定时期向社会公布的有关我国国民经济发展情况的资料、每年编印的《中国统计年鉴》等，都是统计资料。统计资料的形式是多样的，具体表现为：统计图、统计表、统计公报、统计年鉴、统计手册及统计分析报告等。

统计学，是指研究如何对统计资料进行搜集、整理和分析的理论与方法的科学，其研究对象是统计研究所要认识的客体。统计学是统计工作成果和经验的理论概括，是研究统计工作规律和方法的科学，又是指导统计工作的原理和原则。

统计的三种含义虽然不同，但有着密切的关系。统计工作与统计资料的关系是统计活动与统计成果的关系，对统计资料的需求支配着统计工作的展开，而统计工作的进程又直接影响着统计资料的数量与质量；统计工作与统计学是实践与理论的关系，统计学来源于统计工作的实践，反过来又指导着统计实践活动的开展，统计工作与统计学的关系对于帮助统计的初学者学习、掌握和应用统计基本技能具有重要的指导意义；统计工作是先于统计学而发展起来的。统计工作是随着人类社会活动的需要而产生和发展起来的，已有四五千年的历史，而统计学的出现至今只有三百余年的历史。

1.1.2 统计的研究对象和特点

统计的研究对象是社会经济现象总体的数量方面，通过对社会经济现象总体数量方面的研究，目的是认识社会经济现象的现状、本质、现象间的数量关系和发展变化的趋势与规律。例如，人口统计，就是通过对我国人口总体各种数量方面的调查、整理和分析研究，以认识我国人口的现状、结构、发展变化及人口生产与物质生产的关系。统计研究社会经济现象总体的数量方面，可以从以下三个方面来理解，或者说统计区别于其他社会经济现象的调查研究活动有三个特点。

1. 数量性

统计的研究对象是社会经济现象的数量方面，包括现象量的多少、现象间的数量关系和决定现象质量的数量界限三个方面。统计研究现象的数量方面，是统计区别于其他调查研究活动的根本特点。必须指出，任何事物都存在质和量两个方面，事物的质与量是密不可分的，统计研究社会经济现象的数量不是纯数量的研究，而是必须在质与量的辩证统一中，遵循质—量—质的认识规律，即首先对社会经济现象的性质、特点及运动过程有一定的认识，其次在此基础上去研究现象的数量，最后达到对现象更高一级质的认识。比如，高职教育统计，必须先认识什么是高职教育，高职教育与高等普通教育有什么不同，高职教育与中职教育有什么不同，对高职教育有了正确的认识之后，才能去统计高职院校数、高职在校生数、不同专业高职在校生数等数量方面，进而研究高职教育的发展现状、高职教育的布局、高职教育的专业建设是否合理，高职教育是否适应社会经济发展的需要等问题。

2. 总体性

统计研究的对象不是个体现象的数量方面，而是由许多个体现象构成的总体现象的数量方面。统计研究对象的总体性特点是由社会经济现象的特点和统计的研究目的所决定的。社会经济现象错综复杂，各个个体现象所处的条件不同，它们既受共同因素和基本因素的影响，又受某些个别的、偶然因素的影响。因此，个体现象的数量难以说明社会经济现象总体的本质和规律性。只有以社会经济现象总体为研究对象，才能消除那些个别的、偶然因素的影响，显示出共同因素和基本因素作用的结果，正确揭示社会经济现象的本质和规律性。但必须指出，总体是由个体所构成的，研究社会经济现象总体的数量方面，必须从个体现象的调查研究开始，是从个体到总体的研究过程。比如，研究我国居民的生活水平，必须以所有居民户为研究对象，从个别居民户调查开始，在大量的或足够多的居民户调查资料中，才能认识到在社会主义基本经济规律的作用下，我国居民的生活水平不断提高的客观事实。

3. 具体性

统计所研究现象的数量是具体的量，不是抽象的量。数学虽是以空间形式和数量关系为研究对象的，但它是抽象的，没有具体的内容。而统计所研究的量是具体事物在具体时间、地点和条件下的数量表现，它总是和现象的质密切结合在一起。例如，2017年我国的钢产量为8.32亿吨，原煤产量为35.2亿吨，原油产量为1.92亿吨等，这组数据是具体的，是我国在2017年这一具体条件下钢、原煤、原油生产的数量表现。统计的具体性是统计与数学的根本区别。但由于统计是研究社会经济现象数量方面的，所以在统计实践中广泛地运用数学方法与数学模型来研究社会经济现象的数量方面。

1.1.3 统计的职能

职能是人、事物、机构应有的作用或功能。统计这种调查研究活动在国民经济管理中具有信息、咨询、监督三大基本职能。

统计的信息职能是最基本的职能，它是指对统计的研究对象，运用科学的统计调查方法，灵敏、系统地采集、处理、传递、存储和提供以数量描述为基本特征的各种各样的信息。

统计的咨询职能是统计信息职能的延续和深化，它是指利用已经掌握的丰富的统计信息资源，运用科学的分析方法和先进的技术手段，深入开展综合分析和专题研究，为经济活动的科学决策和管理提供各种可供选择的咨询建议和对策方案。

统计的监督职能是通过信息反馈来评判、检验和调整决策方案，它是根据统计调查和统计分析资料，及时、准确地从总体上反映社会经济现象的运行状态，并对其实行全面、系统的定量检查、监督和预警，以促进国民经济按照客观规律的要求持续、稳定、协调的发展。

上述三种职能相辅相成、相互作用，构成了一个有机的整体。统计信息职能是保证统计咨询和监督职能有效发挥的基础。统计咨询职能是统计信息职能的延续和深化。而统计监督职能则是在统计信息和咨询职能基础上的进一步拓展，并促进统计信息和咨询职能的优化。

任务 1.2　统计的过程

统计的过程有两方面的理解，一是统计的工作过程，二是统计的认识过程。

1.2.1　统计的工作过程

统计工作是一项错综复杂的系统工程，在研究社会经济现象总体的数量方面上有一套科学的工作程序，它包括统计设计、统计调查、统计整理和统计分析四个阶段。

1. 统计设计

统计设计是根据统计研究对象的性质和研究的任务与目的，对统计工作的各个方面和各个环节所做出的通盘考虑和安排。其基本任务是制定出各种统计工作方案。统计设计，既有横向设计又有纵向设计，既有从无到有的新设计又有对原有设计的修订设计。统计设计的结果表现为统计设计方案，统计设计方案包括统计指标体系、统计分类目录、统计报表制度、统计调查方案、资料汇总或整理方案、统计分析方案等内容。统计设计指导着统计工作的各项具体活动，是统计工作过程的准备阶段，是统计工作的第一阶段，是整个统计工作的前提。

2. 统计调查

统计调查是根据统计研究的目的、任务和要求，运用科学的调查方法，有组织地、有计划地、系统地向客观实际搜集统计资料的工作过程。统计调查搜集资料的质量如何，直接影响着统计工作的最终质量。因此，统计调查的资料要准确、及时和完整。统计调查是统计工作过程中搜集资料的阶段，是整个统计工作的基础。

3. 统计整理

统计整理是根据研究的目的，将统计调查取得的各项资料进行分组和汇总，以得到反映社会经济现象总体系统化、条理化的综合数字资料的工作过程。统计整理是统计工作中的资料加工阶段，在统计工作过程中处于中间环节，既是统计调查的继续，又是统计分析的前提，起着承前启后的作用。

4. 统计分析

统计分析是根据加工整理后的统计资料，结合具体情况，运用各种分析方法进行分析研究，肯定成绩、发现问题，找出原因，探究事物的本质及其规律性，提出解决问题的办法，做出科学的分析结论的活动。统计分析是统计工作的最终成果阶段，统计分析是统计工作的决定性阶段。

统计工作的四个阶段是相互依存又紧密联系的。只有把各个阶段的工作做好，才能保证整个统计工作的质量。统计工作过程的四个阶段，从理论上讲是相互独立的，但在实际工作中，各个阶段又是经常交叉进行的。例如，在统计设计阶段中，要对所研究的客观现象有一个初步的了解，做些试点调查，才能确定统计的指标和指标体系；在统计调查和整理过程中，又往往离不开必要的分析研究，有时还要做一些补充调查；在统计分析中可能会发现某些资料有问题或不完整，又要重新进行调查或整理等。

1.2.2 统计的认识过程

统计是通过对社会经济现象数量方面的研究来认识其性质的认识过程。它是研究量的，但却不是从定量开始的，而是从定性开始，即在搜集原始统计资料（统计调查）之前，在统计设计阶段，要求对研究对象有初步的了解认识，要根据所要研究对象的性质、研究任务和目的，确定调查对象的范围，规定分析这个对象的统计指标、指标体系和分组方法，这种定性工作是下一步定量工作的必要准备。在统计调查和统计整理阶段，就是根据统计设计的要求，有计划、有组织地搜集各种资料，包括原始资料和次级资料，并对原始资料进行科学的分组与汇总，对已汇总的次级资料进行再加工、整理，进而计算各种分析指标、各种再分组资料，为统计分析准备系统的、条理化的综合资料。最后，在统计分析阶段，利用各种统计方法对所掌握的统计资料加以分析和评价，从而认识事物的本质和规律性，并据以对其未来的发展趋势做出科学的预测。

可见，统计的认识过程是：从定性认识（统计设计）到定量认识（统计调查和统计整理）再到定量认识与定性认识相结合（统计分析）。这种"质—量—质"的认识过程是统计的完整过程，虽然每个阶段有各自的独立性，但它们又是相互连接的统一过程，缺少哪个环节都会出现偏差。

任务 1.3 统计研究的基本方法

统计研究的方法很多，但归纳起来有三大类，即大量观察法、分组法和综合指标法，现分述如下。

1.3.1 大量观察法

所谓大量观察法，就是对所要研究的事物的全部或足够多数的单位进行观察。在社会经济现象的总体中，个别现象往往受各种偶然因素的影响，如果孤立地就其中少数单位进行观察，其结果常常不足以反映现象总体的一般特征。列宁曾指出："应该设法根据正确的和不容争辩的事实来建立一个可靠的基础，……要这个基础成为真正的基础，就必须毫不例外地掌握与所研究的问题有关的事实全部总和，而不是抽取个别的事实。"所以，大量观察法是统计的基本方法之一。通过大量观察法，一方面可掌握认识事物所必需的总体的各种总量，另一方面还可以通过个体离差的相互抵消，在一定范围内排除某些个别现象和偶然因素的影响，从数量上反映出总体的本质特征。

在我国的统计实践中，广泛地运用了大量观察法组织各种统计调查，诸如各种基本的、必要的统计报表，普查，重点调查和抽样调查等。这些都是对总体进行的大量观察，以保证从整体上认识事物。当然，在统计观察和分析中，也常常对个别典型单位进行深入细致的调查研究，但是，它的最终目的仍然是说明总体的本质和特征。

1.3.2 分组法

根据所研究对象总体的特点和统计研究的任务，按照一定的标志，把所研究的现象总体划分为不同性质或类型的组，这种方法在统计上称为分组法。

社会经济现象是十分复杂的，具有多种多样的类型。从数量方面认识事物不能离开事物的质的方面，将所研究的现象总体区分为不同性质的部分是统计进行加工整理和深入分析的前提。例如，要研究工业部门结构的发展变化及其对国民经济的影响，就必须把全部工业区分为冶金工业、电力工业、煤炭工业、化学工业、机械工业、建材工业、森林工业、食品工业、纺织工业、缝纫工业、皮革工业、造纸工业、文教艺术用品工业和其他工业等若干部门，才能分别调查和分析各个部门的产量、劳动力、固定资产、能源消耗、资金占用、利润及固定资产投资等方面的情况。统计分组法贯穿统计工作的全过程。统计调查离不开分组，统计资料加工整理中，分组是关键环节，统计分析更是时刻不能没有分组，统计分析中综合指标的应用更是要建立在统计分组的基础之上，没有科学的分组要制定正确的指标体系也是不可能的。这些都说明了统计分组法在整个统计工作过程中的重要意义。

1.3.3 综合指标法

所谓综合指标法，是指利用综合指标对现象总体的数量特征和数量关系进行综合、概括和分析的方法。统计是研究社会经济现象总体数量方面的，所以，从总体上认识事物是统计研究的根本原则，它表现在统计分析上就构成了综合指标法，它是统计分析的基本方法之一。

综合指标法和分组法是运用于统计工作全过程的基本方法，而综合指标法又是建立在大量观察法基础上的，分组法又为综合指标法的正确运用创造了前提。

此外，统计工作中还要运用典型调查法、相关与回归分析法、科学估算法和预测分析方法等。

统计研究的方法，实质是唯物辩证法在研究社会经济现象数量方面的具体应用。因此，在运用统计研究方法时，还必须注意要根据实际情况，按照需要与可能，分别采用不同的统计方法；要善于把多种统计方法结合运用，相互补充。

任务1.4 统计学中的基本概念

统计学中有些专门的概念，其中有的是基本的、常用的，有的是局部的，在论述专门问题时使用。属于局部的在有关项目任务中讲解，本任务仅就几个基本的、常用的概念加以阐述。

1.4.1 总体与总体单位

统计总体简称总体，它是统计调查研究的对象。具体地说，总体是由客观存在的、具有某一相同性质的许多个别单位所构成的整体。构成总体的个别单位叫总体单位，简称个体。例如，要研究某地区工业企业的生产经营情况，则该地区的所有工业企业就是调查研究的对象，形成统计总体。它是由客观存在的从事工业生产活动的许多工业企业组成，其中每个工业企业就是总体单位。

总体按总体单位数目是否有限，可分为有限总体和无限总体。总体单位数目有限，能够计算出总数的总体称为有限总体，如一个企业的所有职工就形成有限总体。总体单位数目无限，不能计算出总数的总体则称为无限总体。如某工业企业连续大量生产的产品就是无限总体。现实生活中有的总体单位数从理论上讲是有限的，但若不能确定其单位总数，则在实际工作中仍视为无限总体。如水库中放养的鱼就是如此。对有限总体既可进行全面调查又可进行非全面调查，对无限总体只能进行非全面调查。

在统计工作中，总体与总体单位不是固定不变的，而是随着研究目的的改变，它们之间是可以相互转化的。例如，某地区工业局要研究所属工业企业的生产情况，则该局所属工业企业是总体，每个企业是总体单位；若研究目的是该地区所有工业局的生产情况，则该地区所有工业局是总体，每个工业局就是总体单位了。

1.4.2 样本与样本单位

样本是从总体中抽取出来，作为这一总体的代表的部分个体的集合体。构成样本的每一个个体称为样本单位。样本单位的数目称为样本量。如，从"全国工业企业"中抽出100个工业企业进行调查，则这100个工业企业就是一个样本，其中的每一个工业企业就是一个样本单位，样本量即为100。

样本一般具有以下特点：样本单位必须取自总体内部；从一个总体中可以抽取许多种不

同的样本；样本是总体的代表；对样本进行调查是为了对总体进行推断。

关于样本与样本单位的更多内容见项目 7。

1.4.3 指标与标志

1. 指标

指标是说明总体数量特征的名称。如，在工业统计调查中，所有工业企业构成总体，工业企业总数、职工总数、工资总额、平均工资、资产总计、利润总额等就是指标，它们都是从不同的方面反映所有工业企业这个总体的数量特征的。

指标还可以是反映总体现象数量特征的名称及其数值。例如，2017 年我国国内生产总值（GDP）达到 827 122 亿元，2017 年年末全国总人口为 139 008 万人等。

关于指标的更多阐述见项目 4。

2. 标志

标志是说明个体特征的名称。如，在工业统计调查中，所有工业企业构成总体，每一个工业企业都是一个个体，每一个工业企业的控股情况、职工人数、工资额等就是标志，它们都是从不同的方面反映每个工业企业这个个体的特征的。

标志的具体表现是在标志名称之后所表明的属性或数值。例如，为了了解某企业职工的基本情况而做的一项调查，其中某位职工的性别是男性，民族是汉族，年龄是 40 岁，工资是 4 520 元。在这里的标志是"性别""民族""年龄""工资"，而"男""汉族""40 岁""4 520 元"分别是这四个标志的具体表现。

标志按其性质不同，可以分为品质标志与数量标志。品质标志表示事物的品质属性特征，是不能用数值表示的，如上例的性别、民族等；数量标志表示事物的数量特征，是可以用数值表示的，如上例的年龄、工资等。

3. 指标与标志的关系

指标与标志既有明显的区别，又有密切的联系。

二者的区别主要表现在以下两个方面。

（1）指标是说明总体特征的，而标志是说明个体特征的。

（2）标志可以分为不能用数值表示的品质标志与能用数值表示的数量标志两种，而指标都是用数值表示的，没有不能用数值表示的指标。

二者的联系主要表现在以下两个方面。

（1）汇总关系。有许多指标的数值是从个体的数量标志值汇总而来的。

（2）转化关系。指标与数量标志之间存在变换关系。由于研究目的的不同，总体和个体也会不同，有的指标可能会变成数量标志，有的数量标志也可能变成指标。例如，在 2010 年的第六次人口普查中，以某省为总体时，其所属各县为个体，则各县的人口数是数量标志，因为它是个体的特征，将各县的人口数汇总即得到该省的人口数，该省的人口数是指标；而当以该省的某县为总体时，该县所属各乡为个体，则该县的人口数就是指标了，因为它反映的是总体的数量特征，它由各乡人口数汇总而得。

总体单位是标志的承担者，标志是表明总体单位特征的，标志表现是总体各单位某种特征的具体表现形式。统计总体是由性质相同的总体单位所组成，标志是统计所要调查研究的项目，标志表现是统计调查登记的内容。

1.4.4 变异与变量

1. 变异

在某一总体中，各个体应具有某些相同的性质（同质性），除此以外，各个个体之间还具有差异，以区别于另一个体。这些差别在某些标志上的表现不相同。标志在同一总体不同个体之间的差别就称为变异。例如，人的性别标志表现为男、女；年龄标志表现为20岁、30岁等。变异是普遍存在的，这是统计核算的前提条件。

标志按其个体的表现不同，分为不变标志和变异标志。在一个总体中，每个个体都具有不变标志与变异标志。不变标志是指对所有个体都有完全相同的具体表现的标志。正因为具有这个不变标志，才使它们集合在一起构成同质总体。变异标志是指在个体之间具有不同标志表现的标志。例如，对某地区所有工业企业这个总体来说，其不变标志是"所在区域""所属行业"，这两个标志对总体各单位包括的范围进行了具体的界定，构成企业的同质性；而"职工人数""产值"等都可能不同，是变异标志，它们构成个体的变异性。

总体的同质性和个体的变异性是进行统计核算的条件。

前面谈到，标志按其性质不同，可以分为品质标志与数量标志。因此，变异标志也就有品质变异标志和数量变异标志之分。例如，以每个职工为个体时，性别就是品质变异标志，其具体表现形式为男、女，年龄、工资等是数量变异标志。

把总体、个体和标志这三个概念联系起来，可对总体的基本特征概括如下。

（1）同质性，即个体都必须具有某一共同的品质标志属性或数量标志数值。同质性是个体组成总体的前提条件。

（2）差异性，即个体必须具有一个或若干个品质变异标志或数量变异标志。变异是统计的前提，有变异才需要统计，无变异就不需要统计了。

（3）大量性，即构成总体的个体数目要足够多。大量性是由统计的研究目的决定的。

必须同时具备上述三个特征，才能形成总体。有了总体，才能进行一系列的统计计算和统计分析。例如，对我国2018年4月末372 355家（大量性）规模以上工业企业（同质性）的生产经营情况进行研究，这些企业的所属行业不同、规模不同、从业人员年平均人数等也不同（差异性）。

2. 变量

为简便起见，习惯上将数量变异标志称为变量。数量变异标志的表现形式是具体的数值,称为变量值。例如,某集团公司对下属三个分公司的基本情况进行统计,甲公司的职工人数为650人,乙公司的职工人数为1 023人,丙公司的职工人数为890人,要求计算该集团公司下属分公司的平均职工人数。在这里,"职工人数"是一个变量,所要平均的是"职工人数"这个变量的三个数值,即三个变量值。

按变量值的连续性可把变量分为连续变量与离散变量两种。连续变量的数值是连续不断的,相邻的两个值之间可做无限分割,即可取无限个值,或者说变量值可以取小数的变量,如人的身高、体重等。连续变量的数值要用测量或计算的方法取得。而离散变量的两个变量值之间只能取有限个变量值,或者说变量值只能取整数,如职工人数、工业企业个数等,都只能按整数计算,不可能有小数。离散变量的数值只能用计数的方法取得。需要指出的是有些连续变量如"年龄",我们通常习惯用整数的方法表示。

为加深对上述几个基本概念的理解,将它们之间的联系用图1-1表示。

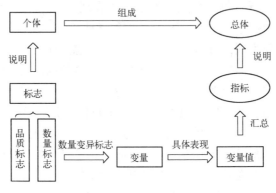

图1-1 基本概念关系图

项目小结

本项目主要阐述三个大问题:一是统计的研究对象、特点及统计的职能作用;二是统计的过程与方法;三是统计中常用的基本概念。

统计的含义主要有三种,即统计工作、统计资料和统计学。统计的研究对象是社会经济现象总体的数量方面,通过对社会经济现象总体数量方面的研究,目的是认识社会经济现象的现状、本质、现象间的数量关系和发展变化的趋势与规律。它具有数量性、总体性、具体性的特点。统计在国民经济管理中具有信息、咨询、监督三大职能。

统计的工作过程包括统计设计、统计调查、统计整理和统计分析四个阶段。四个阶段既是相互独立的,又是相互交叉、相互依存、紧密联系的。统计的认识过程是:从定性认识(统计设计)到定量认识(统计调查和统计整理)再到定量认识与定性认识相结合(统计分析)。简称是"质—量—质"的认识过程。

统计研究的方法归纳起来，有大量观察法、分组法和综合指标法三大类。

统计中常用的基本概念包括总体与总体单位、样本与样本单位、指标与标志、变异与变量等。统计调查研究的对象是统计总体，简称总体。说明总体数量特征的名称是统计指标，简称指标。研究总体的数量方面，必须从构成总体的个别单位即总体单位的研究开始。反映总体单位特征的名称是标志，标志按其性质不同可分为品质标志和数量标志，按其在各单位上的表现是否相同可分为不变标志和变异标志，其中数量变异标志是变量，变量按其数值表现是否连续可分为连续变量和离散变量。

思 考 题

1. "统计"一词有几种含义，它们之间是什么关系？
2. 统计的研究对象是什么？它有哪些特点？如何理解？
3. 统计的职能有哪些？如何理解？
4. 统计的工作过程有几个阶段？它们的关系如何？
5. 统计的认识过程如何？
6. 统计的研究方法有哪些？
7. 什么是总体、总体单位、标志、指标，它们的关系如何？
8. 什么是变量，有几种？如何区分？

基础训练题

一、填空题

1. "统计"一词的三个含义是：（   ）、（   ）、（   ）。
2. 统计的研究对象是社会经济现象（   ）。
3. 统计区别其他社会经济现象调查研究活动的特点有（   ）、（   ）、（   ）。
4. 统计的三个基本职能是：（   ）、（   ）、（   ）。
5. 统计的工作过程包括（   ）、（   ）、（   ）、（   ）四个阶段。
6. 统计的研究方法有三大类，即（   ）、（   ）、（   ）。
7. 统计的研究方法中，（   ）贯穿统计工作的全过程。
8. 总体的特征是（   ）、（   ）、（   ）。其中，（   ）是个体形成总体的前提；（   ）是统计的前提。

9. 标志是反映（　　　　）特征的名称，指标是反映（　　　　）数量特征的名称。
10. 变量按其数值表现是否连续，可分为（　　　　）和（　　　　）。
11. 某系有男生 400 人，那么该系男生"性别"这个标志就是（　　　　）标志；该系男生"年龄"这个标志就是（　　　　）标志，也叫（　　　　）。

二、单选题

1. 构成统计总体必须同时具备（　　）特点。
   A. 总体性、数量性和同质性　　　　B. 总体性、同质性和差异性
   C. 社会性、同质性和差异性　　　　D. 同质性、大量性和变异性
2. 要了解某企业职工的文化水平情况，则总体是（　　）。
   A. 该企业的全部职工　　　　　　　B. 该企业每个职工的文化程度
   C. 该企业的每个职工　　　　　　　D. 该企业全部职工的平均文化程度
3. 某县农村居民的年人均收入 6 000 元是（　　）。
   A. 离散变量　　　B. 连续变量　　　C. 统计指标　　　D. 标志
4. 某工人月工资 1 000 元，则"工资"是（　　）。
   A. 数量指标　　　B. 质量指标　　　C. 数量标志　　　D. 品质标志
5. 对某企业的 500 名职工工资情况进行调查，则调查的总体单位是（　　）。
   A. 500 名职工　　　　　　　　　　B. 每一名职工
   C. 每一名职工的工资　　　　　　　D. 500 名职工的工资总额
6. 调查某大学 6 000 名学生的学习成绩，则总体单位是（　　）。
   A. 6 000 名学生　　　　　　　　　B. 6 000 学生的学习成绩
   C. 每一名学生　　　　　　　　　　D. 每一名学生的学习成绩
7. 一个总体（　　）。
   A. 只能有一个标志　　　　　　　　B. 可以有多个标志
   C. 只能有一个指标　　　　　　　　D. 可以有多个指标

三、多选题

1. 下列总体中属于有限总体的有（　　）。
   A. 全国人口　　　B. 池塘的鱼　　　C. 某地区工业企业
   D. 某企业全部设备　　E. 工业企业连续大量生产的产品
2. 调查某市工业企业的生产经营情况，下列属于数量标志的有（　　）。
   A. 企业的职工人数　　B. 企业总数　　　C. 企业所有制形式
   D. 企业现有设备台数　　E. 企业的平均产值
3. 下列属于离散变量的有（　　）。
   A. 人口数　　　　B. 播种面积　　　C. 设备台数
   D. 工资总额　　　E. 企业数

4. 对某企业职工进行调查，下列属于品质标志的有（　　）。
   A. 平均工资　　　　　　B. 工作年限　　　　　　C. 文化程度
   D. 年龄　　　　　　　　E. 职称
5. 指标与标志之间存在转换关系是指（　　）。
   A. 在同一研究目的下，指标和标志可以相互对调
   B. 指标有可能成为数量标志
   C. 数量标志有可能成为指标
   D. 在不同研究目的下，指标和标志可以相互对调
   E. 在任何情况下，指标和标志都可以相互对调

四、判断题
1. 社会经济统计学的研究对象是社会经济现象的各个方面。（　　）
2. 对有限总体只能进行全面调查。（　　）
3. 数量标志就是变量。（　　）
4. 数量标志和指标在一定条件下可以转化。（　　）
5. 总体和总体单位不是固定不变的，随着研究目的的改变是可以相互转化的。（　　）
6. 某学生的性别是男，"男"是品质标志。（　　）
7. 统计的认识过程是"量—质—量"。（　　）

任务训练题

1. 某市统计局拟对该市所有工业企业的生产经营情况进行调查，试指出此项调查的总体、总体单位、五个以上的标志和指标；并指出哪些标志是品质标志，哪些标志是数量标志，哪些数量标志是变量，哪些变量是连续变量，哪些变量是离散变量。
2. 假设某市2018年商业企业有关统计资料见表1-1。

表1-1　某市2018年商业企业统计表

企业所有制类型	企业数/个	销售额/亿元		人均销售额/万元	
		2018年	2018年为2017年的%	2018年	2018年为2017年的%
全民所有制	25	30	106.0	20	98
集体所有制	32	12	108.0	18	99
个体所有制	226	16	112.0	26	115
其　　他	15	5	104.0	17	110
合计（全市）	298	63	107.7	21	103

要求：
（1）试指出上表中的总体、总体单位、指标。

（2）为获得上表资料，应调查总体单位的哪些标志？哪些标志是品质标志，哪些标志是数量标志？哪些数量标志是变量？哪些变量是连续变量，哪些变量是离散变量？

项目训练题

1. 资料

（1）调查者

本校目前学习统计基础的班级学生，分成调查组。

（2）调查对象

本系两个以上专业的上一级学生，每个专业人数不少于 50 人。

（3）调查项目

原始资料包括：姓名、性别、所学专业、是否对统计学感兴趣、高考的数学成绩、统计学原理的考试成绩、相关专业课的考试成绩（依据不同专业的教学计划来确定，不少于三门）、体重、身高、家庭人均年收入、在校的月消费水平等。

其他资料包括：所调查的本系专业学生的近十届的各年招生数、各年末的在校生数、各年的毕业生数。

2. 要求

指出上述调查的总体、个体、标志、指标，并指出哪些标志是品质标志？哪些标志是数量标志？哪些标志是不变标志？哪些标志是变异标志？哪些数量标志是变量？

项目 2 统计调查

学习目标

能力目标
- 能设计统计调查方案
- 能制作调查问卷
- 能运用统计调查知识搜集原始资料

知识目标
- 了解统计调查的概念、地位、要求及种类
- 掌握统计调查的方式方法
- 掌握统计调查方案的内容
- 掌握统计调查问卷的结构

任务 2.1 认识统计调查的一般问题

2.1.1 统计调查的概念及地位

统计调查是根据统计研究的目的、任务和要求，运用科学的调查方法，有组织、有计划、系统地向客观实际搜集统计资料的工作过程。搜集的统计资料一般分为两种：原始资料和次级资料。

原始资料指向调查单位搜集的尚待汇总整理的个体资料，这些个体资料需要通过汇总、整理，形成反映总体特征的综合资料。它是统计活动所取得的初级统计资料，是原始的统计信息。次级资料指已经经过加工整理的资料，能够在一定程度上说明总体现象。它包括原来用于其他研究目的，但本次研究仍可利用的资料。它还包括为对比分析所利用的历史资料、外地区外部门的资料等，如从统计年鉴、会计报表、报纸杂志上搜集的资料等。总之，它是

经过加工整理的第二手资料。

统计调查主要是对原始资料的搜集，有时也包含对次级资料的搜集。

统计调查是整个统计工作过程的基础环节。首先，通过统计调查、搜集所需的资料，是统计定量认识的开始。没有统计调查，统计工作也就成了无源之水、无本之木。其次，统计调查搜集资料的质量如何，直接影响着统计工作的最终质量。如果统计调查工作做得不好，得到的材料残缺不全或有错误，就会影响整个统计工作。

2.1.2 统计调查的基本要求

为了夯实统计调查这个基础，保证统计工作的质量，维护统计工作的生命，要求统计调查所搜集的资料必须具有准确性、及时性和全面性。

准确性，是指提供的统计调查资料要符合客观实际，真实可靠。统计调查资料的不准确将直接导致统计结论的偏差，影响做出正确的决策和进行科学的管理。为了保证统计调查的准确性，国家机关、社会团体、企事业单位、个体工商户及个人等所有统计调查对象都要按照《中华人民共和国统计法》和国家的相关规定提供统计资料，不得虚报、瞒报、拒报，不得伪造、篡改统计数据。

及时性，是指填报单位要在规定的时间内完成统计调查工作并提供调查资料。调查资料是具有时效性的，如果填报单位不能在规定的时间内及时完成，很多统计数据将不再有实用意义。

全面性，是指按照调查任务的要求，做到统计资料全面、系统、毫无遗漏。一是要调查单位的完整，做到调查单位不重复、不遗漏，以保证反映被研究现象整体的面貌；二是要做到搜集的项目齐全，调查项目不仅具有层次性，而且是紧密衔接、富于逻辑联系，齐全的调查项目才能实现调查研究的目的和任务。统计资料若残缺不全，就不可能反映所研究对象的全貌和正确认识社会经济现象的总体特征，最终也就难以对社会经济现象的本质和规律性做出明确的判断，甚至会得出错误的结论。

统计调查的准确性、及时性和全面性是衡量统计工作质量的重要指标，它们三者之间相互联系，准确性是统计调查的基础，及时性是统计调查的关键，全面性是统计调查的保障。

2.1.3 统计调查的种类

社会经济现象是复杂的，调查对象是千差万别的，统计研究的任务是多种多样的，因此，在组织统计调查时，应根据不同的调查对象和调查目的，灵活采用不同的调查方式、方法。实践中应用的统计调查的方式较多，归纳起来主要有以下几种。

1. 连续调查和不连续调查

统计调查按照调查登记的时间是否连续划分，可以分为连续调查和不连续调查。

连续调查是为了观察总体现象在一定时期内（通常是一年内）的数量变化，它要求随着调查对象的发展变化，连续地进行调查登记。如工厂的产品生产、原材料的投入、能源的消耗、人口的出生、死亡等，必须在调查期内连续登记，然后再进行加总。可见，连续调查的资料是说明现象的发展过程，目的是了解社会现象在一段时期的总量。

不连续调查是间隔一定的时间（通常是一年以上）所做的调查，也称一次性调查，一般是为了对总体现象在一定时点上的状态进行研究。如生产设备拥有量、耕地面积等，这些指标的数值在短期内变化不大，不需要连续登记，通常是隔一段时间登记其某时刻或某一天的数量。

2. 常规调查和专项调查

统计调查按照调查的组织形式划分，可以分为常规调查和专项调查。

常规调查是指按照国家统一规定通过定期报表，连续不断、自下而上地逐级提供统计资料的一种调查方式。常规调查绝大部分是定期统计报表，也有非定期统计报表，是我国统计调查的基本组织形式。这种调查方式在我国已经成为一种调查制度，如工业统计调查制度、农业统计调查制度等。

专项调查是指为了研究社会经济现象的某种情况或某项问题而专门组织的调查，也称专门调查。这种调查大多是一次性调查。统计报表反映的是社会、经济、科技等的发展状况的基本指标，它们在一定时期内是相对稳定的，但现实中往往会不断出现新问题或新情况，对于这些情况，则不适于使用经常性的统计报表方式，只能使用专项调查。如残疾人状况调查、某一种商品的质量调查等。

3. 全面调查和非全面调查

统计调查按照调查对象包括的范围划分，可以分为全面调查和非全面调查。

全面调查是对构成调查对象的所有单位进行逐一的、无一遗漏的调查，包括全面统计报表和普查。如，人口普查就要对全国人口无一例外地进行登记调查；又如，经济普查的对象是中华人民共和国境内从事第二、第三产业活动的全部法人单位、产业活动单位和个体经营户；再如，某小学某班的班主任为了解其班学生的体重，对全班45名学生的体重进行逐一了解。全面调查能够掌握调查对象全面的、完整的统计资料，说明所要研究问题的全貌。但需要花费较多的人力、物力和财力，做起来比较困难。又由于调查单位多，参加调查工作的人员多，容易发生调查工作性误差，因而调查内容只能限于最重要的、最基本的项目。

非全面调查，是指只对调查对象总体中的一部分单位进行登记或观察。包括非全面统计报表、重点调查、典型调查和抽样调查等。这种调查方式的调查单位少，可以用较少的人力、物力和财力，调查较多的内容，搜集到较深入、细致的资料。非全面调查也有明显不足，只能获得部分单位的资料，有的不能推算总体，有的虽可推算总体，但存在推算误差。在实际工作中，是采用全面调查还是采用非全面调查，取决于调查研究的目的和可能条件，要善于将这两种调查形式结合运用。

上述各种分类并非相互排斥，而是从不同的角度对同一调查进行的不同的分类，它们是相互联系的、交叉融合的。例如，普查既是全面调查，又是一次性调查，也是专门调查。统计调查的方式多种多样，这就要求调查者熟悉和掌握各种统计调查方式。只有这样，才能在实际应用时根据调查对象的特点、调查的目的、任务和要求，结合具体情况选择运用，或根据需要将多种调查方式结合运用。

任务 2.2　统计调查方案的设计

统计调查是一项比较复杂的系统工程，为了在调查工作过程中统一认识、统一内容、统一方法、统一步调，顺利完成任务，必须根据需要和可能，制定一个周密的统计调查方案。统计调查方案是统计设计在调查阶段的具体化，是统计设计的一项重要内容。只有正确制定统计调查方案，才能保证统计调查有计划、有组织地进行，同时也是准确、及时、完整取得调查资料的必要条件。一份完整的统计调查方案，应包括以下基本内容。

2.2.1　确定调查目的

确定调查目的，就是明确在调查中要解决哪些问题，通过调查要取得什么样的资料，取得这些资料有什么用途等。明确调查目的是设计调查方案的关键，只有确定了调查目的，才能确定调查对象，确定调查的范围、内容和方法，否则就会列入一些无关紧要的调查项目，而漏掉一些重要的调查项目，无法满足调查的要求。例如，我国城市住户调查的目的就规定得十分明确："了解城市居民家庭人口、就业、收入、消费、储蓄、手存现金、商品需求和住房等的变化情况，为党和国家研究制定劳动力就业、工资和奖金、劳保福利、货币流通、商品生产和供应等方面的政策提供依据。"衡量一个调查方案是否科学的标准，主要就是看方案的设计是否体现调查目的的要求，是否符合客观实际。

2.2.2　确定调查对象、调查单位和报告单位

调查对象和调查单位是统计总体和总体单位在统计调查阶段的新称谓。调查对象是指在某项调查中进行调查研究的社会经济现象的总体。确定调查对象，首先要根据调查的目的，在对现象进行认真分析并掌握其主要特征的基础上，科学地规定调查对象的含义；其次要明确规定调查对象的总体范围，划清它与其他社会经济现象的界限。只有调查对象的含义确切、界限清楚，才能避免资料登记的重复或遗漏，保证统计资料的准确性。调查单位是指在某项调查中要登记其具体特征的单位，即调查项目的承担者，它回答的是向谁做调查，或者说要登记的资料在谁身上。调查单位的确定取决于调查目的和调查对象。例如，调查目的在于了解城市职工家庭收支的基本情况，那么全部城市职工家庭就是调查对象，这要明确城市

职工家庭的含义，划清城市职工和非城市职工的界限。调查对象确定后，调查单位自然就明确了，即每一户城市职工家庭就是调查单位。

明确调查单位还要把它和报告单位相区别。报告单位也叫填报单位，它是负责向上填写和报告调查资料的单位。根据调查目的的不同，调查单位和报告单位在实际调查工作中有时一致，有时不一致。如进行工业企业设备普查时，报告单位是具体的每个工业企业，而调查单位则是各种单台设备。当进行工业企业经营管理水平调查时，具体的每个工业企业既是调查单位也是报告单位。明确报告单位在于明确资料的报送责任。

2.2.3 调查方式和调查方法

确定好调查对象和调查范围后，就需要确定采用何种组织方式进行调查及采用何种方法取得资料，即确定调查方式和方法。现实中，单一的调查方式或方法往往不能应对复杂的社会经济现象，因此必须根据调查对象的特点将多种调查方式和方法结合起来，才能搜集到所需的资料。具体的调查方式、方法在后面阐述。

2.2.4 确定调查项目，设计调查表

调查项目就是调查中所要登记的调查单位的特征，这些特征统计上又称为标志。确定调查项目解决的是向调查单位搜集什么资料。调查项目是调查方案的核心内容。确定调查项目时要注意：首先，所确定的项目要本着需要与可能的原则，需要就是实现研究目的，可能就是能够取得确切资料的；其次，调查项目的含义要确切、明了和具体，以免产生歧义，避免由于理解不一，致使资料不准和无法汇总；再次，调查项目应尽可能做到项目之间相互关联，使取得的资料相互对照，以便了解现象发生变化的原因、条件和后果，便于检查资料的准确性；最后，尽量保持现行调查项目与过去同类调查项目之间的可比性，以便于动态对比，分析和研究现象的发展变化趋势与规律。

实际统计工作中，一种是用调查表表现调查项目，另一种是用调查问卷表现调查项目。关于调查问卷后面阐述，这里只阐述调查表。

将确定的调查项目，按一定的顺序排列在一定的表格上，这个表格就是调查表。调查表是表现调查项目和调查登记的重要工具。

调查表从内容上看一般是由表头、表体和表脚三部分所组成。

（1）表头。由核对项目所构成。包括调查表的名称、填报单位的名称、性质、隶属关系及表号等。这类项目不是我们所要研究的项目，是我们对资料进行核实和复查需要的项目。

（2）表体。由调查项目所构成，是调查表的主体。包括调查项目的名称、计量单位及其将来登记的标志表现等。

（3）表脚。由调查者项目构成。包括调查、审核人员签名、填表单位等。这类项目也不

是统计研究的项目，它是明确调查责任的项目。

调查表的内容组成见表 2-1。

表 2-1　年末职工家庭就业人口调查表

户主姓名：

家庭人口（　）人				就业人口（　）人			
姓名	与户主关系	性别	年龄	工作单位	职业	职务职称	备注

填表人：　　　　　　　　　填表日期：　年　月　日

调查表按每张（份）表上是否登记一个单位，可分为单一表和一览表两种。单一表是指每张（份）调查表上只登记一个调查单位的表式，它可以容纳较多的调查项目，内容较详细。表 2-1 就是一个单一表。

一览表是指每张（份）调查表上登记若干个调查单位的表式，它容纳的调查项目有限，但填写集中，能节省人力、财力、物力和填写时间。表 2-2 就是一个一览表。

表 2-2　某校毕业生就业情况调查表

系别：

姓名	性别	班级	专业	就业单位	职业	备注

填表人：　　　　　　　　　填表日期：　年　月　日

调查表设计好之后，需要编写填表说明，其内容包括调查表中有关项目的含义、所属范围、计算方法及填表时应该注意的事项等。填表说明要简明、清楚、易于理解。

2.2.5　确定调查时间、调查期限、调查空间和调查地点

调查时间即调查登记的资料所属时间，调查资料的所属时间有时期和时点两种。如果所调查的是时期现象，就要明确规定所登记资料的起止时间，例如，调查工业企业某产品产量，就要明确是月产量、还是季产量、年产量、哪个月、哪个季、哪年的产量。如果调查的是时点现象，就应明确规定统一的标准调查时点，例如，调查某商业企业的商品库存额，就要明确是月末库存、还是季末库存、年末库存、哪个月末、哪个季末、哪个年末的库存额。调查期限是整个调查工作的起止时间，包括搜集资料和报送资料的整个工作所需要的时间。统计调查工作及

时性的要求就是要求遵守这种时间。为保证资料的时效性，调查期限不宜过长。

例如，某管理局要求所属企业在 2019 年 1 月底上报 2018 年的总产值资料，由于总产值是时期现象，因此调查时间是一年，调查期限是一个月。又如，某管理局要求所属企业在 2019 年 1 月 10 日上报 2018 年产品库存资料，由于产品库存是时点现象，因此调查时间是 2018 年 12 月 31 日，调查期限是 10 天。

调查空间是指统计调查在什么地区、多大的范围内进行。调查空间与调查对象有着密切的联系。选择调查空间时，应尽可能地符合节省人力、物力和财力的原则。

所谓调查地点，是指直接登记调查内容、填写调查表的场所。调查地点和调查单位所在地经常是相同的。例如，我国执行统计报表制度的企事业单位，填报统计调查资料就是在它们的所在地进行的。对于专门组织的统计调查，调查单位所在地有变化时，就要专门指出调查地点，如人口普查，对居民是按常住地点来登记的，而不是按暂住地点来统计的。显然，在调查组织安排中严格规定调查地点，是提高搜集资料准确性和完整性，避免重复和遗漏的重要保证。

2.2.6　制定调查工作的组织实施计划

为了保证整个统计调查工作的顺利进行，在调查方案中还应该有一个周密考虑的组织实施计划。其主要内容应包括：调查工作的领导机构和办事机构；调查人员的组成；调查资料的报送办法；调查前的准备工作，包括宣传教育、干部及人员培训、调查文件的准备、调查经费的预算和开支办法、试点及其他工作等。

客观情况是纷繁复杂和千变万化的，所以，不论我们制订方案时做出了多大的努力，在其实施的过程中都可能出现预想不到的各种各样的问题，因此在编制重大的统计调查方案时，需要进行试点调查。通过试点以检验、修订统计调查方案。

任务 2.3　统计调查的组织方式

《中华人民共和国统计法》第二章第十六条规定："搜集、整理统计资料，应当以周期性普查为基础，以经常性抽样调查为主体，综合运用全面调查、重点调查等方法，并充分利用行政记录等资料。"统计实际工作中有时为了深入研究问题的需要，还要进行必要的典型调查。下面分别介绍统计报表、普查、重点调查、典型调查和抽样调查这五种常用的统计调查方式。

2.3.1　统计报表

统计报表是依照国家有关法规的规定，自上而下地统一布置，以一定的原始记录为依据，按照统一的表式、统一的指标项目、统一的报送时间和报送程序，自下而上地逐级定期提供基本统计资料的一种调查方式。

统计报表所包括的范围比较全面，项目比较系统，分组比较齐全，指标的内容和调查周期相对稳定。因此，它是我国统计调查中取得国民经济和社会发展情况基本统计资料的一种重要的调查方式。与其他调查方式比较，统计报表有着以下显著的特点和优点。

（1）统计报表根据研究任务可以事先布置到基层单位，基层单位可以根据报表的要求，建立健全各种原始记录（原始记录是基层单位通过一定的表格形式，对生产经营活动的具体内容和状况进行的最初的数字和文字记载），使统计报表的资料来源有可靠的基础，以保证统计资料的准确、及时、完整。基层单位也可利用统计报表资料，对生产、经营活动进行科学管理。

（2）由于统计报表采取逐级上报、汇总的形式，各级领导部门都能得到管辖范围内的统计报表资料，可以经常了解本地区、本部门经济和社会发展情况。

（3）由于统计报表属于常规调查，内容相对稳定，有利于积累资料，进行纵向、横向的对比，研究经济建设和社会发展变化的规律性。

2.3.2 普查

普查是专门组织的对总体全部单位进行的一次性全面调查。它主要用来搜集那些不能够或者不适宜用定期全面统计报表搜集的统计资料；调查的资料一般属于一定时点的社会经济现象总量；也可以用来调查反映一定时期现象的总量，如出生人口总数、死亡人口总数等。

普查不同于统计报表，它是为了特定的目的而专门组织的一次性调查。普查是一种重要的调查方法。虽然有些情况可以通过定期统计报表搜集全面的基本统计资料，但它不能代替普查。因为有些社会经济现象，如人口年龄（与性别结合在一起的）构成的变化、物资库存、耕地面积、工业设备等情况不可能也不需要组织常规性的统计报表，而在我国经济建设中，又必须掌握这些方面比较全面详细的资料，这就需要通过普查来解决。

普查的组织形式基本上有两种：一是组织专门的普查机构，配备一定数量的普查人员，对调查单位直接进行登记；二是利用调查单位的原始记录和核算资料，颁发一定的调查表格，由调查单位填报。

普查涉及面广，工作量大，调查内容要求高、时效性强，通常要动用和组织许多人力、物力和财力，组织工作繁重。为了保证普查工作的顺利进行，实现普查的调查目的，普查工作必须统一领导、统一要求和统一行动。在具体组织普查时应遵循以下原则。

（1）如果搜集的是时点数据资料，必须规定一个标准时点，以避免由于现象时空变动而使调查资料出现重复或遗漏。

（2）普查工作在规定的调查范围内要同时进行，步调一致，尽可能在最短的时间内完成，以便减少误差，保证资料的时效性。

(3) 普查项目要统一规定，不能任意改变和增减，以免影响资料的汇总和综合，降低资料的质量。

(4) 普查应尽可能按一定的周期进行，便于在历次普查资料对比中研究现象发展变化的趋势和规律。

(5) 历次普查的调查项目要尽可能保持相对稳定，这有利于进行动态对比。

普查是一个庞大的系统工程，耗费的人力、物力、财力多，时间长。因此，一般不宜多采用。

2.3.3 重点调查

重点调查是一种专门组织的非全面调查。它是在调查对象的全部单位中只就部分重点单位进行的调查。这里的重点单位是指在全部调查单位中虽数量不多，但其标志值在所研究的标志总量中占有绝大比重的单位。进行重点调查的目的是了解和掌握研究现象总体的基本情况。例如，就全国范围而言，只要调查鞍钢、首钢、宝钢等为数有限的几家大型钢铁企业集团的钢产量，就可以了解我国钢铁生产的基本情况，因为这些少数的钢铁企业集团生产的钢铁数量占全国钢铁产量的绝大比重。

重点调查的适用范围很广。当只要求掌握调查对象的基本情况，而在总体中又存在重点单位时，进行重点调查是适宜的，否则，缺一不可。由于重点单位与一般单位差异较大，重点调查的资料不能用于推算总体资料。

2.3.4 典型调查

典型调查也是一种专门组织的非全面调查。它是根据调查的目的和要求，在研究现象总体中有意识地选出部分典型单位进行深入细致的观察以认识事物的本质及规律的一种统计调查方式。所谓典型单位，是指在本质与发展规律上能够代表同类事物的单位。典型单位是调查者在对被研究现象进行初步全面分析的基础上有意识地选择出来的，因此，调查者的能力、水平和经验的不同，对同一个调查对象选择的典型单位就可能不同。

典型调查的关键是选择典型单位，选择典型单位的主要依据是具体的调查研究目的。

(1) 如果是为了近似地估算总体的数值，而总体又十分复杂，这时，可以在了解了总体大致情况的基础上，把总体划分成若干类型，从每一类型中按其在总体中所占的比例，选出若干典型单位。常把这种典型单位的选择称为划类选典。

(2) 如果是为了了解总体的一般数量表现，可以选择中等水平的典型单位进行调查。

(3) 如果是为了研究成功的经验或失败的教训，则可以选择先进的典型和后进的典型，或选择上、中、下各类典型，进行比较，然后确定几个典型单位。

2.3.5 抽样调查

抽样调查也称概率抽样调查，它是按照随机原则从研究对象的总体中抽出一部分单位作为样本进行调查，并根据这部分样本单位的调查资料推断总体的一种非全面调查。其样本单位是按照随机原则抽取的，调查的目的是推断总体的数量特征。详细内容在项目 7 中阐述。

任务 2.4 统计资料搜集的方法

对统计资料的搜集可以从两方面进行：一方面是搜集未做任何加工整理的原始资料（初级资料）；另一方面是搜集他人为其自己的研究目的调查、整理过的次级资料（文案资料）。

2.4.1 原始资料搜集的方法

原始资料搜集方法包括直接观察法、报告法、面谈访问法、邮寄访问法、电话访问法和互联网访问法等。

1. 直接观察法

直接观察法是由调查人员到现场对调查对象亲自进行观察和计量以取得资料的一种方法。如对农作物产量进行实割实测，对工业产品质量和设备性能进行现场鉴定测试。这种方法的好处是数据的准确性较高，缺点是需要较多的人力和时间。它只适合于对现实发生的现象进行调查。

2. 报告法

报告法亦称报表法，是由报告单位根据原始记录和核算资料，按照统计机关颁发的统一的表格和要求，按一定的呈报程序提供资料的方法。目前在我国，只要求规模在规定标准以上的企业执行统计报表制度。对于规模在规定标准以下的企业及个体经营经济单位，则采用抽样调查的方法，仅仅对抽入样本的单位，按照国家统一制定的统计报表制度来搜集原始数据。

这种方法的优点是：从调查者角度来说比较省时省力，对被调查者来说，可以促其建立健全原始记录制度，加强基层统计工作。由于报告数据的单位一律严格执行国家统一制定的统计报表制度来积累数据、报告数据，因而就保证了数据项目的完整性和数据含义、口径的统一性。这就为各级政府经常性定期地获得社会与经济发展重要指标体系的数据提供了原始数据上的制度保障。

这种方法的不足是：统计报表制度只能用来获取社会与经济发展重要指标体系所需要的原始数据，它不可能覆盖社会经济生活的方方面面。对于统计报表制度视野以外的其他的社会经济调查任务所需要的原始数据，必须要用其他方法搜集数据。而且在经济利益主体多元化的情况下，容易发生虚报瞒报现象。

3. 面谈访问法

面谈访问法是由访问员与被调查者见面，通过直接访问来填写调查问卷或调查表的方法。

面谈访问法分为入户访问法和街上拦截访问法。

（1）入户访问法，是指访问员直接深入调查对象的居住地或工作地与被调查者接触，利用访问式问卷逐个问题地询问并记录下对方的回答；或是将自填式问卷交给被调查者，讲明填写方法后由被调查者自填。

（2）街上拦截访问法，是指访问员在街上随机拦截调查对象，就所调查的问题进行面谈访问的方法。街上拦截访谈可以有访问员访谈和电脑访问两种手段。后者的做法是：调查对象被拦住后，被带到访问室，坐在电脑前，经过简单的操作说明后，管理人员便会启动调查程序，被访者操作键盘或鼠标回答显示在屏幕上的问卷，访问员则在旁边及时给予必要的帮助。

4. 邮寄访问法

邮寄访问法是通过邮寄问卷的方式对被调查者进行访问的方法。用来邮寄的问卷可以是纸张，也可以是磁盘。调查单位发出的邮寄问卷一般包括信封、封面信、问卷、回邮信封、礼品。被调查者完成问卷之后用回邮信封寄回。

5. 电话访问法

电话访问法是通过电话对被调查者进行访问的方法。在电话访问法中，通常可以采用电话号码簿抽样法或是随机拨号法抽取样本来确定被调查者。

（1）电话号码簿抽样法，是指把电话号码簿上的电话号码建为一个计算机文件，用随机数表在档案中随机抽出所需要的单位数；也可以先用随机数表从电话号码簿中抽出若干页，然后分别在每一页中再用随机数表随机抽出若干个电话号码。此方法需要能够找到与被研究总体相应的电话号码簿，而且，这个电话号码簿应当是最新的。

（2）随机拨号法，是指对于将要进行抽样操作的地区（被研究总体可能被分为若干个这样的地区），列出该地区电话的所有局码；在每一个局码下，用随机数表产生若干组四位的随机数；局码加四位的随机数即为我们抽出的电话号码；若该号为空号或机关、企业号（假若做居民调查），则在该号末尾四位随机数相邻的上下各2个（或各3个，或各4个……）四位数字中另外再随机抽取一个四位数字，与局号连成一个新的电话号码。此方法不需要电话号码簿，可以产生未列在电话号码簿上的电话号码。但是，会产生许多不必要的号码，浪费许多时间。

在电话访问法中，又分为中心控制电话访问和电脑辅助电话访问。

中心控制电话访问。这种访问是通过一套带有监听系统的专门设备进行的。访问员拨通电话后，按照问卷逐一提出问题，并用铅笔把对方的答案随时记录下来。督导员利用监听装置进行监听，掌握访谈过程的实况，并及时纠正不正确的访谈（一名督导员可以同时监听10至20名访谈员）。

电脑辅助电话访问。访问员坐在一台计算机终端或个人电脑面前，当被访者电话被接通后，访谈员启动机器开始提问，问题和备选答案便立刻出现在屏幕上，访问员说出问题并输入回答者相应的答案，计算机会自动显示恰当的下一道问题。这种方法在提问时可以自动跳过应当略去的问题；省去了传统的数据录入这一工作步骤；可以随时完成数据整理和数据分析。

6. 互联网访问法

互联网访问法是通过互联网对被调查者进行访问的方法。包括电子邮件问卷和网页调查法等方式。

任何一种搜集资料的方法都有各自的优点和缺点，以及各自的应用条件，一项调查采用何种方式搜集资料要根据社会经济现象的特点和自身的客观条件来决定。

2.4.2 次级资料的搜集方法

次级资料往往是已经公开出版或发表的资料。对次级资料的搜集一般称作文案调查。文案调查通常按以下步骤进行。

第一，根据研究目的内容判别所需资料的类型。如搜集反映市场状况的资料，应根据研究目的确定搜集宏观资料还是微观资料，是搜集动态资料还是静态资料等。

第二，寻找资料来源。次级资料的来源渠道很多，有国家统计部门发布的统计公报、出版的各类统计年鉴；国内外书籍、报纸、杂志所提供的文献资料；各单位积累的各种数据资料。

第三，对次级资料的查找。在查找所需资料时，可对与调查研究的项目有关的著作、论文末尾所列的参考文献目录进行追踪查找，也可利用检索工具（目录、索引和文献）进行查找。

第四，对查找的资料进行清理、补充。由于搜集的资料是分散、凌乱的，有些对研究项目的意义大些，有些意义小些，因此，应进行清理，剔除那些关系不大的资料，对欠缺的资料做进一步搜集，予以补充。

文案调查的优点在于获取资料较为方便、容易，调查费用低。其缺点在于所获得的资料是为其他目的而搜集的，因此在用于某一特定目的时，往往在时间上、资料的完整上具有一定的局限性。

2.4.3 企业、事业单位统计资料的搜集

企业、事业单位的统计资料是基层管理决策的重要依据，同时又是上报国家统计数据的源头。做好企业、事业单位统计资料的搜集，关键是抓好原始记录和统计台账两项基础工作。

1. 原始记录

原始记录是按照统计、会计和业务三种核算的要求，通过一定的表格形式，对企业生产

经营活动的情况所做的最初的、直接的数字或文字记载。

这里强调原始记录必须具有最初性、直接性。一些根据第一次记录转录的资料不是原始记录。如根据原始凭证所做的会计分录不属于原始记录。一些间接推算、估测出来的资料不是原始记录。如根据投料量和产出量推算出来的储料罐存料量不属于原始记录。原始记录的最初性和直接性意味着，它是企业各项经济活动的真实记载或证明。因此，它不仅是统计核算的基础，也是会计核算和业务核算的重要依据。

原始记录的分类：通常把原始记录分为综合性原始记录和单项事件原始记录两类。前者是指对某项生产经营活动过程所做的记录；后者是指对生产经营活动过程中的某类单项事件所做的记录。

原始记录的内容应满足国家统计报表制度、会计核算制度和本单位管理的需要，并尽量简明扼要。其形式应当格式化，便于现场记录、计量，便于登记台账或其他账册。

2. 统计台账

1) 统计台账的特点和分类

统计台账是根据编制统计报表、满足经营管理需要而设置，按照时间的顺序进行登记、汇总或积累资料的账册。其特点表现在以下几个方面。

(1) 按照时间的顺序对统计资料进行登记。

(2) 随着时间的进程不断循序地汇总或积累资料。

统计台账一般分为进度台账和历史台账。

进度台账的项目设置应当和相关的原始记录相衔接，和相关定期报表的指标设置相适应，原始记录与统计指标之间的关系应简单明了。进度台账一般在年度内使用，其作用如下。

(1) 将原始记录及时登录、加工，反映各项生产经营活动的进度情况，及时发现问题，满足经营管理活动的需要。

(2) 及时汇总相关指标，保证期末编制定期报表的及时性和准确性。

历史台账的作用是按年度顺序系统地积累历史资料，为统计分析和预测提供依据。

2) 统计台账的设置

在企业中，厂部（公司）、车间、班组都担负有分级管理的责任，因此，在这三级应该分别设置与管辖范围相适应的统计台账。另外，厂级各职能部门应当设置本部门职能管理范围内的专业统计台账。

3. 企业内部报表

企业内部报表是指为满足企业各级领导和业务部门指挥生产、管理企业和填制国家统计报表的需要而设立的企业内部统计报表。

设置企业内部报表应掌握以下两个原则。一是，满足企业需要与满足国家需要相结合。有时由于管理上的习惯，企业用的某些分类目录或计算口径可能与国家标准不一致。这时，在设计企业内部报表时，应当满足能直接或经过进一步计算方便地填报上级规定的报表的要求。二是，在满足需要的前提下，企业内部报表的表种和内容要力求精简，防止过多、过滥。

2.4.4 统计资料报送的形式

按规定和要求向国家或有关单位提供统计资料是统计工作的重要环节。根据统计工作的条件与要求，统计资料有不同的报送方式。

(1) 传统的报送方式，包括邮寄报送、电话报送、磁介质报送等方式。

(2) 网络远程报送方式，是由报送单位把统计资料按照规定的要求处理好以后，通过网络将数据直接传输到受表单位的计算机内。复杂的、大型的统计调查的资料多采用这种报送方式。这种方式还可把基层单位的统计资料一并报送，实行超级汇总。如，国家统计局企业一套表联网直报制度，企业将自己的统计资料通过互联网直接报送到国家统计局。

任务 2.5 调查问卷

2.5.1 调查问卷的意义

统计调查问卷，是调查者依据调查的目的和要求，将一系列问题、调查项目、备选答案及说明等按一定格式有序排列而成的调查表，用以向被调查者搜集资料的一种工具。

调查问卷有如下特点。

(1) 调查内容标准化、系统化，便于资料的整理和分析。

(2) 调查范围广，涉及内容多。在现实经济生活中，常常利用报纸、刊物、网络等媒介发布调查问卷，直接传播到千家万户。

(3) 直接了解群众的意见和要求，有利于决策的科学化、民主化。

2.5.2 调查问卷的基本类型

调查问卷按填写方式的不同，可分为自填式问卷和访问式问卷，这是调查问卷的两种基本类型。

1. 自填式问卷

自填式问卷是指通过邮寄或分发的方法将问卷给被调查者，由被调查者自己填写的问卷。这种问卷，被调查者可以不受外界因素的干扰，如实表达自己的意见，尤其是敏感性问题的调查，自填式问卷往往可以得到较为可靠的资料。这类问卷的不足是：如果问卷填写的答案含糊不清，或对某些问题拒绝回答，是难以补救的；无法知道被调查者是否独立完成答案及其回答问题的环境，以致影响对问卷质量的判断。

2. 访问式问卷

访问式问卷是指由调查者通过现场询问，根据被调查者口头的回答由调查者代为填写的问卷。这类问卷的应答率高、可控性强，从而保证应答的完整性。同时，调查人员还可以观察被调查者的态度及其回答问题的环境，有利于进一步分析、判断相关问题。但这类问卷也存在不足：调查费用较高；易受调查者的影响，匿名性较差；当被调查者对调查者的举止有偏见或不理解时，会导致差错、说谎或拒答；调查者有时对被调查者的意思没有正确理解或正确记录就可能出错。

2.5.3 调查问卷的基本结构

一份完整的调查问卷，通常由题目、说明信、被调查者的基本情况、调查事项的问题和答案、填写说明和解释5个主要部分所构成。

1. 题目

题目是问卷的主体。俗话说"题好一半文"，调查问卷与文章一样，题目非常重要。应力求准确、醒目、突出；要能准确而概括地表达问卷的性质和内容；观点新颖，句式构成上富于吸引力和感染力；注意题目不要给被调查者以不良的心理刺激。

2. 说明信（又称封面信）

说明信一般设在问卷的开头。这是调查者与被调查者的沟通媒介，目的是让被调查者了解调查的意义，引起被调查者足够的重视和兴趣，争取他们的支持与合作。说明信要说明调查者的身份、调查的中心内容及要达到的目的和意义、选样原则和方法、调查结果的使用和依法保密的措施与承诺等，有时还需要对奖励的方式、方法、奖金、奖品等有关问题叙述清楚。说明信必须态度诚恳，口吻亲切，以打消被调查者的疑虑，取得真实资料。访问式问卷与自填式问卷的说明信有所不同，前者还应有对调查员的具体要求。写好说明信，取得被调查者的合作与支持，是问卷调查取得成功的必要保证。

3. 被调查者的基本情况

被调查者的基本情况是对调查资料进行分类研究的基本依据。一般而言，被调查者包括两大类，一是个人，二是单位。如果被调查者是个人，则其基本情况包括姓名、性别、民族、年龄、文化程度、职业、职务或技术职称等项目；如果被调查者是企事业等单位，则包括单位名称、经济类型、行业类型、职工人数、规模、资产等项目。若采用不记名调查，被调查者的姓名或名称须在基本情况中省略。

4. 调查事项的问题和答案

调查事项的问题和答案是调查问卷最主要、最基本的组成部分，调查资料的搜集主要是通过这一部分来完成的，它也是使用问卷的目的所在。这一部分设计的如何，关系到该项调查有无价值和价值的大小。通常在这一部分既提出问题，又给出回答方式。问题从形式上看，有开放式和封闭式两种。

开放式问题是指只提问题，不确定答案，被调查者可以自由地围绕提出的问题，填写描述性的情况和意见。开放式问题的优点是：被调查者不受任何定式的约束，可以自由地发表意见，对问题的探讨比较深入，获得的资料往往比较丰富而生动。其不足是：答案五花八门，复杂多样，有时甚至出现答非所问的情况；描述性问题的回答较多，难以定量处理；受被调查者表述能力的影响较大，由此会造成一些调查性误差。

封闭式问题是指不仅提出问题，而且每一个问题都已预先分列了若干答案，由被调查者在其中选择符合自己实际情况的答案。封闭式问题的优点是：问题清楚具体，被调查者容易回答，材料可信度较高；答案标准，整齐划一，填写方便，容易整理，适于定量分析。其不足是：由于事先规定了预选答案，被调查者的创造性受到约束，不利于发现新问题；被调查者在对于预选答案不理解、不满意或随便选择的情况下，会影响调查结果的正确性。

由于两种问题形式各有优缺点，为了弥补它们的不足，在实际操作中许多问卷是两种问题形式结合使用，从而形成一种优势互补的调查问卷。

为了应用计算机对问卷进行定量分析，往往需要对调查事项的问题和答案进行编码，即用事先规定的"代号"来表示某些事物及其不同状态的信息。开放式问题一般是在问卷回收后再进行编码。封闭式问题一般采用预编码，即在问卷设计的同时进行编码。

5. 填写说明和解释（又称指导语）

填写说明和解释包括填写问卷的要求、调查项目的含义、被调查者应注意的事项等，其目的在于明确填写问卷的要求和方法。

除了上述 5 个基本部分外，问卷的最后也可以写上几句短语，表示对被调查者的感谢，或征求被调查者对问卷设计和问卷调查的意见和感受。如果是访问式问卷，还可以加上作业证明的记载，其主要内容包括调查人员姓名、调查时间、作业完成情况，这可以明确调查人员的责任，并有利于检查、修正调查资料。

2.5.4　问卷的设计形式

调查问卷是以书面的形式记录和反映被调查者的看法和要求，问卷设计的好坏对调查的结果影响很大。因此，调查问卷的设计应主题明确，重点突出，通俗易懂，便于回答，同时还应便于计算机对问卷的汇总和处理。问卷的设计，可根据具体情况采用不同的设计形式，其基本形式有以下 5 种。

1. 自由询问式

自由询问式是只提问题不设答案，由被调查者自由回答。它适用于对所有问题的提问，被调查者对这类问题的回答可以不拘形式，任意发挥。但有些被调查者不愿或不便用文字形式表达自己的看法，因而影响了调查结果的全面性与准确性。此外，由于这种提问的回答内容五花八门，从而不利于进行资料的整理和统计。

2. 二项选择式

二项选择式的问卷只让被调查者在两个可能答案中选择一个，如"是"与"不是"、"有"与"没有"等。此类方式易于发问，也易于回答，且方便统计汇总，但不便于调查者了解形成答案的原因。

3. 多项选择式

多项选择式是设置了多种答案供被调查者选择。这种方式能较全面地反映被调查者的看法，又较自由询问式易于统计和整理，但在设计时应注意供选择的答案不宜过多，只要能概括各种可能情况即可。

4. 顺位式

顺位式是让被调查者依据自己的爱好和认识程度对调查项目中所列答案定出先后次序。顺位式一般分为两种：一种是预先给出多个答案，由被调查者定出先后顺序；另一种是不预先给出答案，由被调查者按先后顺序自己填写。

5. 赋值评价式

赋值评价式是指通过打分或定级来评价事物的好坏或优劣的方法。打分时，一般用百分制或十分制；定级时，其等级一般定1至5级或1至10级。这种方法简便易行，评价的活动余地较大，而且便于统计处理和比较。缺点是分数的多少和等级高低的分寸不易掌握，且因人而异，差异较大。因此，采用这种方法时，应当对打分或定级的标准做出统一的规定，以便被调查者有所参考。

以上的5种设计形式，第1种属于开放式问题，第2、3、5种属于封闭式问题，第4种既可以用于封闭式问题，也可以用于开放式问题。

2.5.5 问卷设计应注意的问题

问卷设计十分复杂，需要耐心细致的工作，即使是很有经验的研究人员在进行这项工作时也要反复推敲，否则问卷结果就达不到调查的目的。因此，设计问卷必须注意下列问题。

（1）问卷上所列问题应该是必要的，可要可不要的问题不要列入。

（2）所问问题应是被调查者熟悉且易于回答的，避免出现被调查者不了解或难以回答的问题。

（3）注意询问语句的措辞和语气，一般应注意：问题要提得清楚、明确、具体、简短；明确问题的界限与范围，问句的字义（词义）要清楚；避免引导性问题或带有暗示性问题的出现。

（4）问卷的问题一般应避免触及被调查者的个人隐私。

（5）问卷上所拟答案要有穷尽性，避免重复和交叉。问卷上拟定的答案要编号。

任务 2.6　统计调查资料的质量控制

统计调查资料是统计调查工作成果的反映。准确、可靠的统计调查资料,是统计分析、统计研究可靠性和准确性的基础,也是整个统计工作质量的基础。为了取得准确的统计调查资料,必须采取各种措施,防止可能发生的各种统计调查误差,把它缩小到最低限度,或控制在允许的范围内。

2.6.1　统计调查误差的种类

统计调查误差,是指调查所得的统计数据与调查总体真值的差别。

统计调查误差分为登记误差和代表性误差。登记误差是由于调查过程中各个有关环节上的工作不准确而产生的误差。产生登记误差的主要原因有计量错误、记录错误、计算错误、抄录错误、汇总错误、编码错误、因被调查者虚报瞒报及统计调查方案规定不明确而导致的误差等。在全面调查和非全面调查中都会产生登记误差。登记误差是可以避免的,是不可测的。

代表性误差,是指用部分总体单位的指标估计总体指标时,估计结果同总体实际指标之间的差别。这种误差只有在用部分单位资料推算总体指标时才会产生,如抽样调查误差。代表性误差是可测的、不可避免的。

2.6.2　统计调查误差的控制途径

1. 控制登记误差

首先要制定科学的统计调查方案,使调查人员或填报人员能够明确执行,不致产生误解。其次要抓好调查方案的贯彻执行工作,包括:一是加强对统计人员的培训,使统计人员能准确理解统计调查方案的各项内容,特别是准确把握填表要求及指标口径范围;二是做好统计基础工作,包括建立相应的统计机构、配备必要的人员,建立健全计量工作、原始记录、统计台账等制度和相关的责任制,保证统计资料的来源准确可靠;三是加强对统计调查过程中数据填报质量的检查。

为了防止因弄虚作假造成的登记误差,最根本的一条还是要认真贯彻《统计法》,严格统计执法,纠正统计数据上的不正之风。

2. 控制代表性误差

在抽样调查中,要严格遵守随机原则,通过调整样本容量、改进抽样调查的调查方式等,从而达到控制代表性误差的目的。

项目小结

本项目主要讲述了统计调查的意义、统计调查方案的设计、统计调查的组织方式、统计资料的搜集方法等、调查问卷、统计调查资料的质量控制等问题。

统计调查是根据统计研究的目的、任务和要求,运用科学的调查方法,有组织、有计划、系统地向客观实际搜集统计资料的工作过程。统计调查搜集的资料主要是原始资料。统计调查是整个统计工作的基础,一定要使其满足准确性、及时性、完整性的要求。

统计调查的方式较多,按调查登记的时间是否连续可分为连续性调查和不连续性调查,按调查的组织形式不同可分为常规调查和专项调查,按调查对象所包括的范围不同可分为全面调查和非全面调查。实际工作中,应根据调查对象的特点、调查的目的、任务和要求,结合具体情况选择运用,或根据需要将多种调查方式结合运用。

统计调查方案是统计调查的工作计划,它包括确定调查目的、确定调查对象、调查单位和报告单位、确定调查方式和调查方法、确定调查时间、调查期限、调查空间和调查地点、确定调查项目、设计调查表、制定调查工作的组织实施计划等内容。

统计调查的组织方式有很多,在我国主要有统计报表、普查、重点调查、典型调查和抽样调查等。

统计资料搜集的方法包括原始资料搜集的方法、次级资料的搜集方法和企业、事业单位统计资料的搜集三个方面的内容。原始资料搜集的方法包括直接观察法、报告法、面谈访问法、邮寄访问法、电话访问法、互联网访问法。次级资料的搜集方法主要是文案调查。企业、事业单位统计资料的搜集关键是抓好原始记录和统计台账两项基础工作。

调查问卷,通常由题目、说明信、被调查者的基本情况、调查事项的问题和答案、填写说明和解释5个主要部分所构成。

统计调查资料的质量控制主要是控制统计调查误差,具体就是控制登记误差和代表性误差。

思 考 题

1. 什么是统计调查?统计调查在统计工作中的地位如何?
2. 统计调查的基本要求有哪些?如何理解?
3. 统计调查的种类有哪些?
4. 一份完整的统计调查方案,应包括哪些内容?
5. 调查表的内容有哪些?调查表有几种?

6. 统计调查的组织方式有哪些？
7. 统计报表与普查有何异同？
8. 重点调查与典型调查有何异同？
9. 统计调查的方法有哪些？各有什么优缺点？
10. 调查问卷的结构怎样？问卷的设计形式有哪些？

基础训练题

一、填空题
1. 统计调查是统计工作的（   ）环节。
2. 统计调查所搜集的资料必须做到（   ）、（   ）和（   ）。
3. （   ）是调查方案的核心内容。
4. 调查时间包括（   ）和（   ）。
5. 当只要求掌握调查对象的（   ），而在总体中确实存在（   ）时，可进行重点调查。
6. 典型调查的典型单位是调查者（   ）选择出来的。
7. 一份完整的调查问卷，通常由（   ）、（   ）、（   ）、（   ）、（   ）5个主要部分所组成。
8. 调查的问题从形式上看，有（   ）和（   ）两种。
9. 统计调查误差分为（   ）误差和（   ）误差。

二、单选题
1. 对某商店工作人员进行普查，调查对象是（   ）。
   A. 各商店　　　　　　　　B. 各商店的全体工作人员
   C. 该商店　　　　　　　　D. 该商店的全体工作人员
2. 全国人口普查中，调查单位是（   ）。
   A. 全国人口　　B. 每一个人　　C. 每一户　　D. 每个人的性别
3. 重点调查中的重点单位是指（   ）。
   A. 这些单位是工作中的重点
   B. 这些单位在全局工作中处于重要位置
   C. 这些单位的数量占总体单位数的很大比重
   D. 这些单位的标志值在总体标志总量中占有很大比重
4. 有意识地选择三个农村点调查农业收入情况，这种调查方式是（   ）。
   A. 普查　　　B. 典型调查　　　C. 抽样调查　　　D. 重点调查
5. 对几个大型钢铁企业进行调查，以掌握全国钢铁产量的基本情况，这种调查方式方法是（　　）。
　　A. 重点调查　　B. 抽样调查　　C. 典型调查　　D. 普查
6. 某市对所属工业企业的生产设备进行普查，则填报单位是（　　）。
　　A. 某市　　B. 每个工业企业　　C. 每个企业　　D. 每台生产设备
7. 某市工业企业2018年生产经营成果呈报时间规定在2019年1月31日，则调查期限为（　　）。
　　A. 一日　　B. 一个月　　C. 一年　　D. 一年零一个月
8. 对某市小学生情况进行普查，每所小学是（　　）。
　　A. 调查对象　　B. 调查单位　　C. 报告单位　　D. 调查项目

三、多选题

1. 某地区进行企业情况调查，则每一个企业为（　　）。
　　A. 调查对象　B. 统计总体　C. 调查单位　D. 调查项目　E. 填报单位
2. 普查属于（　　）。
　　A. 全面调查　B. 非全面调查　C. 专门调查　D. 常规调查　E. 连续性调查
3. 全国人口普查中（　　）。
　　A. 全部人口是总体　　B. 每个人是总体单位　　C. 调查单位是"户"
　　D. 填报单位是"人"　　E. 男性是品质标志
4. 全国工业企业普查中（　　）。
　　A. 全国工业企业数是调查对象　　B. 每个工业企业是调查单位
　　C. 每个工业企业是填报单位　　D. 全国工业企业是调查对象
　　E. 全国工业企业数是统计指标
5. 非全面调查形式有（　　）。
　　A. 重点调查　B. 抽样调查　C. 典型调查　D. 非全面统计报表
　　E. 统计报表

四、判断题

1. 全面调查就是对调查对象的各个方面都进行调查。（　　）
2. 全面调查只适用于有限总体。（　　）
3. 重点调查只能是一次性调查。（　　）
4. 划类选典可以近似地估算总体资料。（　　）
5. 设计调查方案，必须首先明确调查目的。（　　）
6. 全面调查和非全面调查是根据调查结果所得的资料是否全面来划分的。（　　）
7. 在统计调查中，调查标志的承担者是调查单位。（　　）
8. 做好企业、事业单位统计资料的搜集，关键是抓好原始记录和统计台账两项基础工作。（　　）

任务训练题

1. 自拟调查主题,设计一份调查方案。
2. 设计一份贵校大学生消费情况的调查问卷。

项目训练题

利用项目的训练资料设计一份统计调查方案,制作调查问卷并搜集相关资料。

阅读材料一

辽宁建筑职业学院 2013 年在校生就业意向调查方案

第一部分 调研背景

高职院校在校生,面对着未来"毕业"即"失业"这样严峻的就业形势,在校期间既有美好的就业憧憬,又不时地有些失落和沮丧,他(她)们有着各种各样的就业观念和就业意向,这些观念和意向对学生在校期间的学习和生活必然产生一定的影响,这个问题引起了学院的高度重视。为了更加清晰地了解和把握在校生的就业思想动态,有效地开展针对性的就业指导工作,进一步加强学院教育教学改革,提高学生的就业率和就业满意度,辽宁建筑职业学院特选择了这一调查课题。

第二部分 调研目的

辽宁建筑职业学院调查 2013 年辽宁建筑职业学院在校生的就业意向,目的是了解在校生的真实想法,制定相应的培养方案,进一步实施高职教育课程改革,采取必要的措施以满足学生的需求,有效地促进学生未来充分就业。

第三部分 调研对象

辽宁建筑职业学院 2013 年在校生具体为 2011 年和 2012 年入学的学生,也就是一年级和二年级学生(不包括 2010 年入学的学生,即三年级的学生,主要是因为三年级的学生已离校顶岗实习,我们对他们调查有困难)。

第四部分 调查单位的抽选方法

调查单位是辽宁建筑职业学院 2011 年和 2012 年入学的每一名学生。受访问的调查单位采取抽样的方法加以确定,具体方法如下。

一、涵盖2011级和2012级所有班级。南北校区共201个班级。其中，南校区80个班级，北校区121个班级。

二、抽样比例确定为10%。学生共7 391名，依据这个总数确定抽取的样本单位应为740名。每班抽取的人数也是按10%的比例加以确定，班级人数乘以抽样比例后若有小数，均采取上入的原则。

三、每班抽样单位的抽样方法：按班级学号顺序采取机械抽样的方法加以确定。

四、每班抽样单位性别的确定原则：男女生各至少1名。

各班抽取的人数及学号如下：

班级规模/人	抽样人数	抽取的学号
51~60	6	5、15、25、35、45、55
41~50	5	5、15、25、35、45
31~40	4	5、15、25、35
21~30	3	5、15、25

注：如果班级没有学号是25、35、45、55的，请随机另选1名学生即可。

第五部分　调查内容

为实现调查目的，调查内容主要包括以下几个方面。

① 学生的基本信息与资料。

② 学生升本的想法。

③ 学生直接就业的想法。

④ 学生认为就业需要哪些能力。

⑤ 学生对学院培养方案的看法和建议。

⑥ 就业单位类型、就业地区、就业期望薪酬、就业途径等就业意向。

⑦ 就业指导意向。

⑧ 学生希望学校提供怎样的就业信息和就业平台。

第六部分　调研方法

根据调查对象和样本单位的确定，我们拟采用留置问卷的调查方法。

一、调查前的准备

1. 问卷的设计

（1）收集资料，编制问卷

根据调查目的和内容，编制问卷，并进行试调查，然后根据试调查结果对问卷进行修改，并最终定稿。

（2）问卷印刷，准备相关物品

问卷定稿后进行印刷，准备用于填写问卷的各种物品。

2. 访问员安排与培训

（1）访问员的安排

24人分12组,每组负责一个系。具体分工如下:

组别	系别	组别	系别
1	土木工程系	7	建筑艺术系
2	城建交通系	8	建筑经济系
3	设备工程系	9	工程管理系
4	信息工程系	10	工商管理系
5	自动控制系	11	财经管理系
6	机械工程系	12	旅游管理系

(2) 访问员培训

熟悉问卷内容及填写要求,统一对问卷中的问题进行解释。

3. 召开协调会

争取学生处的支持与配合,由学生处和财管系共同牵头,召开各系学办主任、访问员参加的协调会,布置访问的具体事宜。

二、访问的实施

1. 问卷的下发

由负责各系的访问员(2人)深入到各系,在各系学办主任的配合下,直接把问卷发放给各个班级被抽取的学生,并讲明调查问卷的填写要求。

2. 问卷的回收

由各班负责人负责收齐调查问卷,统一送到系学生管理办公室,交予访问员。

3. 问卷的审核

访问员对收回问卷进行检查,查看以下内容是否有遗漏。

√ 问卷是否有效

√ 问卷前后信息是否有矛盾

√ 问卷信息是否按照要求填写完整

第七部分 数据整理及分析

一、数据的整理、分析步骤

① 确定调查问卷完整性。

② 对问卷内容进行编码。

③ 设计录入数据库结构。

④ 对数据进行一次、二次录入,检验录入数据是否一致。

⑤ 调查数据统计预处理。

⑥ 调查数据有效性、一致性和分布性审核。

⑦ 设计数据分析方案。

⑧ 完成调查数据报告。

二、数据分析工具和方法

1. 分析工具

采用 Excel 工具配合 SPSS 统计分析软件进行统计分析，除用传统的频率分析方法提供大量、准确的原始数据之外，还可以利用一些统计分析方法进行深入、具体的分析。

2. 分析方法

根据调查内容要求，本次调查数据分析可以采用以下分析方法。

（1）描述性分析

通过描述性分析，制作各相关指标的频数图表，求出均值、众数等有关统计量。

（2）比较分析

根据获得求职信息和面试机会的途径不同，不同用人单位对高职院校毕业生的要求等进行比较分析。

（3）交互频率分析

可根据需要对相关项目进行交叉汇总。

（4）相关分析

对就业观念与就业现状中的一些相关变量进行相关分析。

（5）图表分析

对不同的变量用图表的形式进行分析，使结果更直观、更清晰。

除以上方法，我们会结合调查结果实际情况，综合使用其他多种统计分析方法，以求得到更加准确、全面的结论。

第八部分　进度安排

根据调查需要，进度安排及日程表如下：

工作内容	时间长度/工作日
选定课题及搜集相关资料	5
方案设计及修改	8
问卷设计及修改	7
问卷小量印刷	1
问卷试访、小结	3
问卷修改、定稿	3
问卷印刷	1
访问员培训、模拟访问	5
现场访问实施	5
数据编码、录入	5
数据校验录入	4
数据库整理	5
数据计算、分析	7
报告撰写、提交	8
演示文稿制作	8

进度安排日程表

项目	2月28日—3月3日	3月4—7日	3月8—14日	3月15—20日	3月21—26日	3月27日—4月2日	4月3—7日	4月8—12日	4月13—21日	4月22—25日	4月26日—5月5日	5月6—10日	5月11—17日	5月18—24日	5月25日—6月9日
讨论,选定课题	●														
搜集相关资料		●													
方案设计,修改			●	●											
问卷设计,修改				●	●										
问卷小量印刷					●										
问卷试访,小结						●	●								
问卷修改,定稿,印刷							●								
访问员培训,模拟访问									●	●					
现场访问实施								●							
数据编码,录入											●				
数据校验录入												●	●		
数据库整理													●		
数据计算,分析														●	
报告撰写,提交														●	●
演示文稿制作															●

第九部分　组织分工

经选拔,成立统计调查技能大赛小组,第一阶段学生成员共有12人,指导老师2人,根据调查项目的总体内容安排,具体分工如下:

名　称	工作人员	工作内容描述	重点难点
课题选择及资料搜集整理	××× ×××	全体成员根据课题的可操作性、实用性、意义选取课题	资料的搜集整理
方案设计	××× ×××	调研人员根据课题要求搜集资料,进行讨论,设计方案	方案要有可行性、可操作性
问卷设计	××× ×××	调研人员搜集整理资料,进行问卷的编写、讨论和修改	问卷的逻辑顺序及结构的排列
问卷试访和修改	××× ×××	由访问员进行问卷试访,总结反馈信息,调研人员对问卷修改、定稿	问卷修改
相关物品准备	××× ×××	访问员培训所需资料、问卷印刷	印刷质量
访问员培训	××× ×××	督导对访问员进行培训	访问技巧
督导监督	××× ×××	督导分配工作,及时了解工作进度,统计、分配配额	配额分配
现场访问实施	××× ×××	根据执行方案的要求进行工作分工、操作	达到成功访问样本量
审核问卷	××× ×××	访问员实施访问时要进行问卷检查	避免问卷错、漏填
问卷二次审核	××× ×××	由审核员对问卷进行再次审核	数量、质量
回访	××× ×××	复核员随机抽出部分问卷进行回访	联系方式要准确
数据程序编写编码、录入	××× ×××	数据录入人员对数据进行编码并录入	数据录入的准确性
二次校验录入	××× ×××	由另一名数据录入人员对数据进行第二次校验录入	
数据库整理	××× ×××	由数据分析员负责数据的整理	数据的准确性、有效性
数据计算分析	××× ×××	由数据分析人员负责数据的计算分析	运用多种分析方法
撰写调查报告	××× ×××	由调研人员撰写调查报告	报告的质量
演示文稿制作	××× ×××	由调研人员制作演示文稿	PPT说明内容简洁、完整,界面清晰美观

第十部分　经费预算

根据调查需要,拟定调查所需要费用如下:

项　　目	费用/元
资料搜集	50
资料及问卷的打印、印刷	1 000
笔、纸张等物品准备	100
试访、培训、模拟访问	—
数据录入、整理及分析	100
数据分析、撰写报告	50
其他杂项费用	200
合计	1 500

辽宁建筑职业学院
2013 年 3 月 10 日

资料来源：辽宁建筑职业学院 2013 年统计调查大赛学生作品。

阅读材料二

辽宁建筑职业学院 2013 年在校生就业意向调查问卷

亲爱的同学：

　　你好！

　　我们是你的校友，正在进行关于我院 2013 年在校生就业意向方面的调查研究，其主要目的是在了解你的就业意向后，学院以此制定相应的培养方案和措施来满足我们的就业需求，因此你不要有任何的顾虑和担忧。希望你能配合我们，真实地表达你的就业意向和建议。谢谢你的支持与合作！

填写说明：

① 未有特别注明的问题均为单选；

② 请你在所选择答案的□内画"√"。

Z（甄别部分）

Z1. 你的性别

　　01. 男□

　　02. 女□

Z2. 你所在的系：_____　　目前的专业：_____

　　目前的年级：_____

Z3. 你是否对未来的就业有过想法
　　01. 是□
　　02. 否□
Z4. 你毕业后是想升本读书，还是想直接就业
　　01. 想升本读书□……………………………回答 A 部分
　　02. 想直接就业□……………………………回答 B 部分
注：所有受访者均需回答 C（共答部分）

A（升本部分）

A1. 你想升本读书的理由是【多选】
　　01. 高职学历低□
　　02. 目前不好就业□
　　03. 觉得年龄还小，暂时不想就业□
　　04. 实现读本的梦想□
　　05. 其他□
A2. 升本拟选的专业是否与目前所学的专业相一致
　　01. 一致□
　　02. 不一致□……………………………需回答 A3
A3. 升本拟选专业与目前所学的专业不一致的原因是
　　01. 不喜欢目前所学的专业□
　　02. 目前所学的专业不好就业□
　　03. 其他□
A4. 需要学院为你升本提供哪些服务【多选】
　　01. 专升本说明会□
　　02. 报考咨询□
　　03. 公共课辅导班□……………………………需回答 A5
　　04. 其他（请注明）＿＿＿＿＿＿＿＿
A5. 你需要辅导哪些科目【多选】
　　01. 计算机基础□
　　02. C 语言□
　　03. VF□
　　04. 英语□
　　05. 专业课□
　　06. 技能实训□

B（直接就业部分）

B1. 你对未来就业是否有明确的规划

01. 是□

02. 否□

B2. 在你选择就业时，最看重的因素是【多选】（将所选序号按重要的先后顺序填入下面的方格中）

01. 薪酬与报酬□

02. 单位的发展前景□

03. 个人兴趣爱好□

04. 工作环境□

05. 单位的类型和规模□

06. 其他（请注明）_____

B3. 你的择业观念是

01. 一步到位，固定收入□

02. 先就业再择业□

03. 先择业再就业□

04. 自己创业□ ……………………需回答 B8

B4. 你来自城市，还是来自农村

01. 城市□……………………需回答 B6

02. 农村□……………………需回答 B5

B5. 你愿意回自己的家乡就业和创业，改变家乡的面貌吗

01. 愿意□

02. 不愿意□……………………需回答 B6

B6. 毕业后你首选的就业城市是

01. 直辖市□

02. 沿海发达城市□

03. 内地省会城市□

04. 地级市□

05. 县级市□

B7. 毕业后你希望你的第一份工作的月薪是多少

01. 2 000 元以下□

02. 2 000~<2 500 元□

03. 2 500~<3 000 元□

04. 3 000~<4 000 元□

05. 4 000 元及以上□

06. 无具体薪资要求☐
B8. 自主创业你会选择哪些行业
　　01. 餐饮业☐
　　02. IT 行业☐
　　03. 服务业☐
　　04. 养殖业☐
　　05. 种植业☐
　　06. 产品加工业☐
　　07. 机器制造业☐
　　08. 商业☐
　　09. 建筑业☐
　　10. 其他（请注明）_____
B9. 你主要是通过什么途径获得求职信息的【多选】
　　01. 学校或老师推荐☐
　　02. 现场招聘会☐
　　03. 报纸或互联网媒体☐
　　04. 家人或朋友介绍☐
　　05. 其他（请注明）_____
B10. 你认为在求职前最需具备哪些知识、能力【多选】
　　01. 如何写专业简历☐
　　02. 如何了解一个企业☐
　　03. 企业选人的标准☐
　　04. 如何面试☐
　　05. 如何谈薪酬和福利☐
　　06. 到企业实习的经历☐
　　07. 必要的资格证书☐
　　08. 其他（请注明）_____
B11. 你如何在应聘过程中突出自己【多选】
　　01. 自制精美的个人简历☐
　　02. 通过直接沟通，让招聘者记住自己☐
　　03. 在着装、形象、礼仪上下功夫☐
　　04. 请有威望的人推荐自己☐
　　05. 其他（请注明）_____

　　　　　　　　　　C（共答部分）

C1. 你认为求职过程中哪些证书比较有用【多选】

01. 从业资格证书☐

02. 专业技术证书☐

03. 英语等级证书☐

04. 计算机等级证书☐

05. 普通话证☐

06. 其他（请注明）＿＿＿＿＿＿＿

C2. 你认为毕业生应具备哪些素质及能力【多选】

01. 专业知识☐

02. 实践能力☐

03. 心理素质☐

04. 沟通能力☐

05. 组织能力☐

06. 适应能力☐

07. 执行能力☐

08. 其他（请注明）＿＿＿＿＿＿＿

C3. 你所学课程是否能够满足工作需要

01. 满足☐

02. 基本满足☐

03. 一般☐

04. 不满足☐

05. 非常不满足☐

C4. 你在校期间参加的实践教育活动对就业的影响

01. 很大☐

02. 比较大☐

03. 一般☐

04. 不太大☐

05. 没什么作用☐

C5. 你希望学院为同学就业提供哪些服务【多选】

01. 就业指导☐……………………………需回答 C6

02. 就业咨询☐

03. 招聘信息☐

04. 实习单位☐

05. 校园招聘会☐

06. 其他（请注明）＿＿＿＿＿＿＿

C6. 请问你认为哪些就业指导课程非常实用【多选】

01. 职业生涯规划□
02. 素质拓展□
03. 就业体验□
04. 求职技巧培训□
05. 就业心理咨询□
06. 就业政策□
07. 就业观指导□
08. 劳动法规□
09. 创业教育□
10. 其他（请注明）_____

耽误你的宝贵时间了，再次感谢你的支持与合作

访问员编码：□□　□□
访问时间：　　年　月　日

资料来源：辽宁建筑职业学院 2013 年统计调查大赛学生作品。

项目 3 统计整理

学习目标

能力目标
- 能根据统计研究的目的设计统计整理方案
- 能对搜集到的原始资料进行审核,对发现的问题进行有效的处理
- 能对原始资料进行科学的统计分组和汇总,在此基础上编制统计数列,绘制统计图表

知识目标
- 理解统计整理的意义、统计整理的原则和步骤
- 掌握统计分组的方法
- 掌握分配数列特别是变量数列的编制方法
- 了解统计汇总的方法
- 掌握统计表和统计图的编制绘制方法

任务 3.1 认识统计整理的一般问题

3.1.1 统计整理的含义

统计整理是指按照统计研究任务的要求,根据统计对象的特点,对统计调查所搜集到的大量原始资料进行分类、汇总或对已加工过的资料进行再加工,使其条理化、系统化、科学化,最后形成能够反映现象总体特征的统计资料的工作过程。

统计资料的整理包括对原始资料的整理及对次级资料的整理。有时人们只需要对次级资料进行再加工就可以满足研究目的的需要,且对次级资料的搜集比对初级资料(原始资料)的搜集要方便快捷、节省时间和费用。但是一切次级资料最初都是来源于原始资料的搜集,

所以本项目主要讲述对原始资料的整理。

3.1.2 统计整理的意义

统计工作经过了统计调查之后，获取了大量的原始资料，但这些原始资料比较零星、分散，是不系统的，仅仅反映了事物的表面现象或一个侧面，而不能进一步说明事物的本质，也难以揭示事物的发展规律。对于这些原始资料，必须进行统计整理，才能使其系统化、科学化，进而反映出现象总体的特征。如，在我国进行全国人口普查时，调查阶段所搜集到的大量资料仅能反映每个人或每户的各方面情况，只有根据研究目的将原始资料进行科学的分组、汇总，才能得到如全国人口总数、男性人口与女性人口比例情况等一系列反映总体特征的统计指标及其数值。

为此，统计整理是统计工作过程中的重要环节，是人们对社会现象从感性认识上升到理性认识的过渡阶段，也是人们从对个别现象的认识上升到对总体现象的认识的重要阶段，在统计工作中起着承前启后的作用。统计整理既是统计调查的继续和深入，又是统计分析和预测的基础和前提，其质量不仅直接关系到调查资料能否发挥其应有的作用，而且也直接影响到统计分析和统计预测能否得出正确的结论。如果统计整理这一步工作没有做好，就会使调查所得来的丰富、完备的资料失去价值，掩盖现象的真实情况，使人们无法得到正确的结论，从而无法达到统计工作的目的。

3.1.3 统计整理的步骤

统计整理的目的是通过对大量原始资料的加工整理，得到说明总体特征的综合资料，通过对事物个性的研究达到对事物共性的认识，揭示事物的发展规律。因此统计整理是一项严密细致的、科学性很强的工作，需要有组织、有计划地进行，它的基本步骤如下。

第一步，统计整理方案的设计

在进行统计整理之前，要根据统计研究的目的，确定统计指标及统计指标体系，确定统计分组的方法，确定统计汇总的方法，确定表现统计指标的形式等。统计整理方案是统计设计在统计整理阶段的具体化，是保证统计整理工作顺利进行的前提，因此，务求详尽、具体。

第二步，原始资料的审核

为了保证统计资料的质量，在对原始资料进行汇总之前，必须对其进行审核，以便发现问题及时纠正。实际工作中的一般做法是"不审不汇，不核不报"，只有经过认真审核后的资料才能进行汇总。审核的内容主要包括资料的准确性、及时性、完整性和适用性。

1. 准确性审核

对资料准确性审核的方法主要是逻辑审核和计算审核。逻辑审核就是看原始资料的内容是否合理，有无违反常规、相互矛盾、不合实际的地方；计算审核就是检查各项数字与合计是否相符，计算方法是否一致，存在平衡关系的数字之间是否平衡。对于不准确或有疑问的，要向原填报单位询问，加以纠正。

2. 及时性审核

对资料及时性的审核就是检查资料是否按照规定时间上报，报送是否及时。对于不及时填报的单位要及时催报，不能影响全局。

3. 完整性审核

对资料完整性的审核，主要是看被调查单位有无遗漏，各项目的填写是否齐全，项目是否完备等，对于漏报的单位及时催报，对于有漏报的项目要求填报单位补齐，否则影响整个整理工作的进行，进而影响整个统计工作。

4. 适用性审核

对资料适用性的审核是针对次级资料而言的，主要检查次级资料数据的口径及有关的背景材料，确定数据是否符合自己分析研究的需要。

第三步，对原始资料进行分组和汇总

按照统计整理的要求，采用科学的方法对原始资料进行分组，在统计分组的基础上进行汇总，计算出各组的总体单位数和合计数，计算出各组的指标数值和综合指标数值。其中统计分组是做好统计整理工作的基础。对统计资料的整理不仅仅是计算出总计数值，更重要的是要进行科学的分组，分组是统计深化认识事物的前提。例如，我国搞人口普查，仅仅了解人口总数是不够的，通过分组了解人口的年龄构成、文化程度构成、民族构成、地区分布，等等，对于制定政策、制订规划、科学研究等具有十分重要的意义。

第四步，编制统计表或绘制统计图

统计整理的结果，需要用一定的方式表现出来，统计表和统计图是表现统计资料的两种主要方式，通过统计表或统计图表现统计资料，一目了然，简明扼要，便于使用。

综上所述，设计整理方案、对原始资料进行审核是整理的前提，统计分组是统计整理的基础，统计汇总是统计整理的中心环节，编制统计表或绘制统计图是统计整理的结果。可见，统计整理的基本方法包括统计分组、统计汇总和绘制统计图表。

任务 3.2 统计分组

3.2.1 统计分组的意义

1. 统计分组的概念

统计分组是指根据所研究事物的特点和统计研究的目的与任务，按照一定的分组标志将总体划分成若干个组成部分的一种统计方法。通过统计分组，可以将一个复杂、较大的总体划分为若干个性质不同的组，使得同一组内的总体单位性质相同，组与组之间存在明显的差异，即组内的同质性、组间的差异性。由此可见，统计分组有"分"与"合"双层含义：对于总体而言是"分"，即将总体分为性质不同的若干组成部分；而对于总体单位来说是"合"，即将性质相同的总体单位结合到一组。可见，分组是本着"相同者合并，不同者分开"的原则，其实质是在统计总体内部进行的定性分类。

需要指出的是，作为分组标准的分组标志只能是变异标志，只有变异标志在总体各个单位上的表现不尽相同，存在差异，统计分组就是把这种差异划分开，形成不同性质的组成部分。如果是不变标志，在总体各单位上的表现完全相同，没有差异，就不存在按此标志分组的必要和可能了。

2. 统计分组的作用

统计分组在统计整理和统计分析中具有十分重要的作用，具体表现在以下几个方面。

1）凸显社会经济现象的规律

统计调查得到的资料往往是零星的、分散的，统计分组可以使资料系统化，从而凸显统计资料中隐藏的规律。

例如，后文中某班 50 名学生统计基础的考试成绩不作分组前，是很零散的，无规律可循，但经过分组得到资料（表 3-8）后，学生考试成绩的分布规律就一目了然了。及格(60~<70分)、中等（70~<80分）和良好（80~<90分）的学生占绝大多数（16.0% + 36.0%+28.0%＝80.0%），不及格（60分以下）和优秀的是少数，分别占 10.0%。

2）划分社会经济现象的类型

统计分组的根本作用就在于区分社会经济现象的质，统计分组的过程就是区分社会经济现象质的过程。在区分事物质的过程中最重要、应用最广泛的是划分社会经济现象的类型，这种分组也叫类型分组。通过类型分组，可以对各种类型的数量表现及其数量关系进行研究，达到认识社会经济现象总体内部结构、本质特征及其发展规律的目的。因此，类型分组对于分析国家的政治经济状况具有重要的意义。例如，我国的工业企业可以划分为国有企业、集体企业、私营企业、个体企业、股份制企业、外商投资企业等。

3）反映社会经济现象的内部结构

将总体按照某一标志进行分组后，分成若干个性质不同的组成部分，计算总体各个组成部分占总体的比重，可以说明总体内部的结构、性质和各组成部分在总体中的地位，通过结构在时间上的变化还可以说明总体内部结构的发展变化趋势。例如，2008—2016 年我国按产业分类的就业人员构成情况见表 3-1。

资料表明，2008—2016 年第三产业就业人员的比重不断上升，这是我国大力发展第三产业的结果，也是建设小康社会不断提高人民生活水平的需要。

表 3-1　按产业分类的就业人员构成情况　　　　　　　　　　单位:%

年份	2008	2009	2010	2011	2012	2013	2014	2015	2016
第一产业	39.6	38.1	36.7	34.8	33.6	31.4	29.5	28.3	27.7
第二产业	27.2	27.8	28.7	29.5	30.3	30.1	29.9	29.3	28.8
第三产业	33.2	34.1	34.6	35.7	36.1	38.5	40.6	42.4	43.5

资料来源:《2017 年中国统计年鉴》。

4) 分析现象之间的依存关系

一切社会经济现象都不是孤立存在的,按照哲学的观点,现象之间都是相互联系、相互依存、相互制约的。经过统计分组可以表明这类关系的存在,反映各类现象相互依存关系的程度,有助于人们全面、深入地认识现象。利用统计分组研究社会经济现象依存关系时,是将总体中的某一个标志作为分组标志进行分组,观察其他标志与分组标志的联系情况。例如,某地区 65 家百货商店流通费用率资料见表 3-2。

表 3-2　某地区 65 家百货商店流通费用率资料

按商品销售额分组/万元	商店数/个	流通费用率/%
50 以下	5	12.1
50~100	10	11.4
100~150	25	10.9
150~200	12	9.8
200~250	10	9.0
250 及以上	3	8.2

由此可以看出,商品流通费用率与商品销售额之间存在明显的依存关系:商品流通费用率随着商品销售额的增加而下降。

3.2.2　统计分组的原则

进行统计分组,必须遵循一定的原则和方法,才能达到统计分组的目的,发挥统计分组的作用。

1. 科学性原则

科学性原则是指统计分组要根据研究的目的,选择能够反映事物本质特征的标志作为分组标志,突出社会经济现象在各方面存在的差异。

2. 完整性原则

完整性又称周延性,是指分组后,总体的每一个单位都能有组可归,无一遗漏。这就要求分组时要列出一切可能的类别,把所有的总体单位都包含进去,避免出现无组可归的总体单位。

3. 互斥性原则

互斥性也称不相容性，是指分组后，总体的每一个单位只能归属某一组，不能归属另一组，避免重复。即组限的划分要分明，不能模棱两可。

3.2.3 统计分组的方法

统计分组的关键是正确选择分组标志和划分各组界限。分组标志是指对总体进行分组时所遵循的标准或依据。即按什么标志分组，这个标志就是分组标志。如学生按性别分组，则"性别"就是分组标志；人口总体按年龄分组，则"年龄"就是分组标志；划分各组界限，就是在分组标志变异的范围内，划分各相邻组间的性质界限和数量界限。正确选择分组标志和划分各组界限不仅影响统计分组的科学性和资料整理的准确性，而且还影响统计分析结果的最终质量。

1. 选择分组标志

任何事物都有许多反映其特征的标志。选择的分组标志不同，分组后得出的结果就不同，由此说明的问题和得出的结论也会不同，要正确地反映统计总体的特征，必须正确地选择分组标志。选择分组标志应遵循以下原则。

1) 根据统计研究的目的选择分组标志

说明总体单位特征的标志有很多，选择什么分组标志进行分组，取决于研究的目的。同一总体，由于研究目的的不同，需要采用的分组标志就不同。例如，在学生总体中，说明每个学生特征的标志有性别、年龄、学习成绩、民族、身高、体重等很多，当研究目的是要了解学生的学习状况时，就必须选择学生的学习成绩作为分组标志；当研究目的是要了解学生的年龄构成时，就要以学生的年龄作为分组标志。

2) 选择最能够反映现象本质特征的标志作为分组标志

在同一研究目的下，往往有多种分组标志可供选择。在这些标志中有些是本质的或主要的，有些是非本质的或次要的，应力求选择最能反映现象本质的标志作为分组标志。例如，研究职工生活水平时，可以用职工的工资水平作为分组标志，也可用职工家庭的人均收入作为分组标志。由于职工赡养的人口数差异很大，而且职工工资外收入也逐年增加，因此选择职工工资水平作分组标志，不能真正反映职工的生活水平，只能选用职工家庭的人均收入作为分组标志，才能真正反映职工的生活水平。可见在进行分组时，在诸多标志中选最能反映事物本质特征的主要标志进行分组至关重要。

3) 根据事物所处的具体条件选择分组标志

社会经济现象的特征是随着时间、地点、条件的变化而发生变化的，具体的条件变了，所选的标志也要随之变化。例如，研究工业企业规模，可供选择的标志很多，有生产能力、职工人数、固定资产价值、总产值等。新中国成立初期，生产技术条件不发达，企业主要是劳动密集型企业，以职工人数作为分组标志与当时的生产力水平是相适应的。而当前，高科技的发展，使资金密集型企业越来越多，以生产能力或固定资产价值作为分组标志更符合我国工业生产的实际。

2. 划分各组界限

根据所选分组标志的特征不同，统计总体可以按品质标志分组，也可以按数量标志分组。两种分组各组界限的划分是不同的，但总的原则是：保持组内同质性和组间差别性。

1) 按品质标志分组

按品质标志分组是指选择反映现象属性特征的品质标志作为分组标志，并在品质标志的变异范围内划分各组界限，将总体分为若干性质不同的组成部分。

按品质标志分组多数是比较容易的，当分组标志确定后，各组界限也随之确定，并能将所有单位既不遗漏又不重复地归入各组中。例如，人口按性别分组，只可分为男、女两组，而且界限很分明。但有些现象，当分组的品质标志确定后，各组组限的确定则比较复杂。例如，产品按用途分类、生产按行业分类、劳动者按职业分类等，都是比较复杂的分组。对于这些复杂的统计分组，各有关部门制定了统一的分类标准和目录，可按照分类标准的规定进行分组。

2) 按数量标志分组

按数量标志分组是指选择反映现象数量特征的数量标志作为分组标志，并在数量标志的变异范围内划分各组界限，将总体分成若干性质不同的组成部分。

与品质标志分组不同，数量标志具体表现为不等的变量值，按数量标志分组，不仅要看出各组现象的数量差异，而且要通过各组的数量变化区分现象的不同性质。因此，各组数量界限的确定是比较复杂的。例如，将学生总体按学习成绩分组，应选择60分作为数量界限，凡是低于此分的学生为不及格者；凡是等于或高于60分的学生为及格者，而不应以50分作为数量界限，因为它没有反映各组的性质差异。因此。要根据被研究现象本身的内在特点和研究任务来确定各组的数量界限，使分组的数量界限能够区别现象性质上的差别。

3. 分组标志的排列方式

对同一总体既可按一个标志分组，也可按两个或两个以上标志分组，当按两个或两个以上标志分组时，将形成分组体系。分组体系就是根据统计分析的要求，对同一总体进行多种相互联系、相互补充的分组所形成的体系。其形式有两种：平行分组体系和复合分组体系。

1) 简单分组和平行分组体系

简单分组是指对研究的总体只按一个分组标志进行的分组。例如，将企业按规模分为大、中、小型企业，将人口按性别分为男、女两组等。简单分组只能说明总体在某一方面的差异情况。

平行分组体系是指对同一总体按两个或两个以上的标志分别进行简单分组而形成的分组

体系，借以反映总体多方面的特征。例如，工业企业按规模、经济类型和轻、重工业三个标志分别进行分组，得到如下平行分组体系：

  按企业规模分组
    大型企业
    中型企业
    小型企业
  按轻、重工业分组
    轻工业
    重工业
  按经济类型分组
    国有经济
    集体经济
    私营经济
    股份制经济
    外商投资经济
    港、澳、台投资经济
    其他经济

  平行分组体系中，所有分组都是独立进行的，各分组之间是平行并列的关系。平行分组体系能从多个方面说明总体的特征，是从广度上分析研究总体现象的。

  2）复合分组和复合分组体系

  复合分组是指对研究总体按两个或两个以上的分组标志层叠起来进行分组。复合分组构成复合分组体系。例如，人口总体在按性别分组的基础上，再按年龄分组，得到如下复合分组：

  人口总数
    男性
    0~14 岁
    15~64 岁
    65 岁以上
    女性
    0~14 岁
    15~64 岁
    65 岁以上

  进行复合分组时，要先按主要标志对总体进行第一次分组，然后再按次要标志对总体进行第二次、第三次分组。采用复合分组能够较为深入地说明总体的特征，是从深度上分析研究总体现象的。但应注意复合分组的标志不宜过多，因为随着分组标志的增多，组数将成倍增加，影响对总体的认识。

任务 3.3　统 计 分 布

统计分组的目的，是进一步汇总计算各组的总体单位数和指标数值，以说明总体的分布情况和内部构成，这就需要编制统计分布。

3.3.1　统计分布的意义

1. 分配数列的概念

在统计分组的基础上，将总体中的所有单位按组归类整理，并按一定顺序排列，形成总体单位数在各组间的分布，这个数列称为统计分布，又称分布数列、次数分布和分配数列。分配数列的形成是统计整理的结果。分配数列由组名（各组的品质属性或变量值）和总体单位数两个要素组成。其中分布在各组的总体单位数表现为绝对数的称为次数或频数，表现为相对数的即各组次数与总次数之比的比重称为比率或频率。分配数列的构成要素见表3-3和表3-4。

通过分配数列，可以反映总体中所有单位在各组间的分布状况和分布特征，是进一步研究总体内部构成和分析总体某一标志的平均水平及其变动规律的重要方法。

2. 分配数列的种类

分配数列按所采用的分组标志的性质不同，可分为品质分配数列和变量分配数列。

1) 品质分配数列

品质分配数列简称品质数列，是按品质标志分组形成的分配数列。表3-3就是一个品质数列的例子。

表3-3　某年年底某地区的人口情况

按城乡分组	人数/万人	比重/%
市　镇	269	45.06
乡　村	328	54.94
合　计	597	100.00
组名（品质属性）	次数	频率

2) 变量分配数列

变量分配数列简称变量数列，是按变异的数量标志分组形成的分配数列。表3-4就是一个变量数列的例子。

表 3-4 某班学生的学习成绩情况

按学习成绩分组/分	学生人数/人	比重/%
60 以下	5	10
60~70	15	30
70~80	20	40
80~90	7	14
90~100	3	6
合计	50	100
组名（变量值）	次数	频率

在分配数列中重点讨论变量数列。

3.3.2 变量数列的种类

变量数列可分为单项式变量数列和组距式变量数列。

1. 单项式变量数列

单项式变量数列简称单项数列，它是数列中的每个组只用一个变量值表示的数列。表 3-5 就是一个单项式变量数列的例子。

表 3-5 某地区某年家庭人口数抽样资料

按家庭人口数分组/人	户数/户	比重/%
1	6	2.0
2	43	14.3
3	132	44.0
4	60	20.0
5	37	12.3
6	19	6.4
7	3	1.0
合计	300	100.0

由此可见，单项式变量数列的特点是：每个组只有一个变量值；组数的多少由不同变量值的个数决定。因此，在变量值不多且变量值变动范围不大、且是离散变量的条件下才能使用单项数列，如果变量值较多而且变动范围较大，则不能使用单项数列。

2. 组距式变量数列

组距式变量数列简称组距数列，它是数列中的每个组用表示一定范围的两个变量值表示的数列。表 3-6 就是一个组距式变量数列的例子。

表 3-6 某企业职工工资分配情况

按月工资分组/元	人数/人	比重/%
3 500 以下	25	7.9

续表

按月工资分组/元	人数/人	比重/%
3 500~4 000	54	17.1
4 000~4 500	136	43.2
4 500~5 000	69	21.9
5 000 及以上	31	9.9
合计	315	100.0

组距式变量数列的特点是：每个组用两个变量值限定区间表示；组别的多少由组距的大小决定。当变量值较多、变动范围较大时编制单项数列会使分组过多、过于分散，不便于说明问题。特别是连续变量不能编制单项数列，如果编制单项数列，会使数据丢失，违背完整性原则。

在组距数列中表示各组界限的变量值称为组限。在不影响准确地进行统计分析的前提下，组限应尽可能地取整齐的数值，以便计算。

组限可分为上限和下限，每组最大的变量值叫上限，每组最小的变量值叫下限。上限、下限间的距离叫组距。即：

$$组距 = 上限 - 下限$$

例如，表3-6中的"3 500~4 000"组的组距为：4 000-3 500=500

组数是指组距数列中分组的个数。组数与组距是相互联系的，同一变量数列中，组数越多，则组距越小；反之，组数越少，则组距越大，二者成反比关系。

在编制组距数列时，确定组数和组距一般应遵循以下两个原则：一是要能区分总体内部各个组成部分的性质差别；二是要能准确清晰地反映总体单位的分布特征。

组限的表现形式有两种，一种是离散式，即指组距数列中的变量是离散型变量，其相邻组的上限、下限分别用两个相邻的整数表示，各组组限不重叠，简称离散型。例如，将企业按职工人数分为 200~299 人、300~399 人、400~499 人等。另一种是连续式，即指组距数列中的变量是连续型变量，其相邻组的上限、下限应使用同一数值表示，简称重叠型。例如，表3-6中，4 000 既是"3 500~4 000"组的上限，也是"4 000~4 500"组的下限。

通过组距分组后，掩盖了分布在各组内单位的实际变量值。为了反映分布在各组中变量值的一般水平，往往用组中值作为各组变量值的代表值。组中值是每组下限与上限之间的中点数值。组中值的计算公式为：

$$组中值 = \frac{上限+下限}{2} = 上限 - \frac{组距}{2} = 下限 + \frac{组距}{2}$$

例如，表3-6中的"3 500~4 000"组的组中值为：

$$\frac{4\ 000+3\ 500}{2} = 4\ 000 - \frac{500}{2} = 3\ 500 + \frac{500}{2} = 3\ 750$$

在组距数列中，如果各组的上限、下限数值齐全称为闭口组，此时组距较明确；如果组限不齐全，表3-6的第一组只有上限而缺少下限，最后一组只有下限而缺少上限，统称为开口组，此时组距不明确。一般情况下当掌握的统计数据出现极大值或极小值时，往往在首、末两组使用开口组。开口组组中值的计算，是假设开口组的组距按邻组组距计算的，或说开口组的"虚拟"组距为邻组组距，即：

$$缺下限的开口组组中值 = 本组上限 - \frac{邻组组距}{2}$$

$$缺上限的开口组组中值 = 本组下限 + \frac{邻组组距}{2}$$

例如，表3-6中，"3 500以下"组的组中值为：$3\,500 - \frac{4\,000 - 3\,500}{2} = 3\,250$

"5 000及以上"组的组中值为：$5\,000 + \frac{5\,000 - 4\,500}{2} = 5\,250$

用组中值代表变量值的一般水平具有一个假定的前提，即各单位的变量值在本组内呈均匀分布或在组中值两侧呈现对称分布。一般情况下完全具备这一条件是不可能的，但在划分各组组限时，必须考虑使组内变量值的分布尽可能满足这一要求，以减少误差。

组距数列中组距的表现形式也有两种：一种是各组组距都相等，称为等距数列；另一种是各组组距不完全相等，称为不等距数列。在实际分组时，采用等距分组还是不等距分组，主要取决于现象的特点和统计研究的目的，总的原则是把不同质的单位分到不同组内，准确地反映总体内部各组成部分的性质差异。

在不等距数列中各组单位数的多少受组距大小的影响，因此不能直接对比研究次数的分布情况。为了准确地反映各组实际次数的分布情况，就要消除组距大小对次数的影响。其方法是计算次数密度：

$$次数密度 = \frac{次数}{组距}$$

通过次数密度，可以对比分析各组次数的分布情况。

3.3.3 变量数列的编制

变量数列有单项数列和组距数列两种形式，下面分别介绍这两种形式变量数列的编制方法。

1. 单项式变量数列的编制

编制单项式变量数列必须具备两个条件：一是离散型变量；二是变量值的个数不多。只有同时具备这两个条件时才可采用单项式变量数列形式。

【例3-1】某厂30名工人看管机器台数资料如下：

3 6 5 5 2 4 4 5 3 3
5 5 4 2 5 6 4 5 4 4

4　2　5　3　3　4　4　5　3　4

要求根据上述资料编制变量数列。

分析：根据资料，看管机器台数是离散变量，且变量值的具体表现是2、3、4、5、6，共5个不同的变量值，所以可以编制单项式变量数列。

编制步骤如下。

第一，将变量值的原始资料按顺序排列，一般是由小到大排列。即：

2　2　2　3　3　3　3　3　3　3
4　4　4　4　4　4　4　4　4　4
5　5　5　5　5　5　5　5　6　6

第二，确定各组的变量值和组数。一个变量值为一组，重复出现的变量值只取一个，则分为：

2、3、4、5、6，共五组。

第三，整理出变量值出现的次数，编制单项式变量数列，见表3-7。

表3-7　某厂30名工人看管机器情况

看管机器台数/台	人数/人	比重/%
2	3	10.0
3	6	20.0
4	10	33.3
5	9	30.0
6	2	6.7
合计	30	100.0

2. 组距式变量数列的编制

当掌握的资料若是连续变量，或是离散变量且变量值个数比较多时应编制组距数列。

【例3-2】某班50名学生统计基础考试成绩如下：

65　66　89　88　67　84　86　87　75　73
78　72　68　75　94　82　98　58　79　87
81　54　85　79　76　95　77　76　71　60
83　65　79　72　76　85　89　92　64　57
91　51　81　78　77　72　61　48　70　86

根据上述资料，编制变量数列以反映学生学习成绩的分布及构成。

分析：根据资料，学生的学习成绩是连续型变量，所以可编制组距式变量数列。

编制步骤：

第一，将原始资料的变量值按从小到大的顺序排列。即：

48　51　54　57　58　60　61　64　65　65
66　67　68　70　71　72　72　72　73　75

75	76	76	76	77	77	78	78	79	79
79	81	81	82	83	84	85	85	86	86
87	87	88	89	89	91	92	94	95	98

第二，计算全距。全距是原始资料中最大值与最小值的差，它是确定组数和组距的依据。

本例题最高成绩为98分，最低成绩为48分，因此：

$$全距 = 98 - 48 = 50（分）$$

第三，确定组距和组数。全距一定的情况下，组距和组数是相互制约的，成反比关系。组距越大，组数越少；组距越小，组数越多。至于是先确定组数还是先确定组距，这个问题不能做统一规定，要看具体情况。如果编制等距数列，通常情况下，则：

$$组距 = \frac{全距}{组数}$$

或

$$组数 = \frac{全距}{组距}$$

确定组距的一般原则是考虑组内的同质性和反映总体分布的特征或原始资料的集中程度和实际情况。如果在全距内变量值分布均衡，则适合等距分组；如果在全距内变量值分布不均衡，有疏有密，则适合不等距分组；如果所掌握的资料中有极端数值出现，则适合采用开口组。为了计算方便，组距通常取整数，最好是2、5、10的倍数。

根据上述原则，本例题资料中变量值变动比较均衡，可编制等距数列。根据学习成绩的特点，可把组距定为10分，其组数为：

$$组数 = \frac{全距}{组距} = \frac{50}{10} = 5$$

故将学习成绩分为五组。

第四，确定组限和组限的表示方法。

组限的确定除应遵循前面讲过的分组原则外，还要根据变量本身的性质和特点来确定。通常情况下：

最小组的下限应低于或等于原始资料中的最小值；最大组的上限应高于或等于原始资料中的最大值。这样才能保证分组的完整性。

在确定相邻两组的组限时，要保证互不相容。组限的表现形式有连续型和离散型。一般地说，离散型变量分组，其组限可以采用离散型，也可以采用连续型。连续型变量任何两数值之间可能有无限多个数值，因此相邻组的上限和下限不可能用两个确定的数值表示，通常是以一个数值作为相邻两组的上限和下限，即相邻组的组限是重叠的，即连续型。使用连续型组限，当某一变量值正好等于相邻组的上下限时，通常把该数值列入下限所在的组，即遵循"上限不在内"原则，或者说"包小不包大"。

上述例3-2的资料中，最小变量值为48，最大变量值为98。为了将及格与不及格这两种类型的学生区别开,最小组采用开口式,即用"60 以下"表示;最大组采用闭口式,上限确定为 100。根据学习成绩这个变量的特点,采用相邻组上下限重叠组限表示。

第五,计算各组次数,编制成组距数列。

根据以上编制变量数列的方法,将总体各单位划归到所属各组中计算各组次数,便得到组距式变量数列,见表 3-8。

表 3-8 某班统计学原理成绩情况

按学习成绩分组/分	人数/人	比重/%
60 以下	5	10.0
60~70	8	16.0
70~80	18	36.0
80~90	14	28.0
90~100	5	10.0
合计	50	100.0

3.3.4 统计分布的主要类型

社会经济现象的复杂性,决定了在分组基础上形成的次数分布类型也不一样,概括起来主要有钟形分布、U 形分布和 J 形分布三种。

1. 钟形分布

钟形分布的特征是"中间多,两边少",这类分布是以平均值为中心的,越接近中心,分配的次数越多,离中心越远,分配的次数越少,其曲线就像一口古钟,如图 3-1 所示。许多现象的分配数列的分布属于钟形分布,如人的身高、体重、农作物产量、商品市场价格等。

2. U 形分布

U 形分布的特征是"两头多,中间少",呈现 U 形,与钟形分布正好相反。这类分布是以平均值为中心的,越接近中心,分配的次数越少,离中心越远,分配的次数越多,如图 3-2 所示。如人口死亡率的分布就是 U 形分布,人口中的新生婴儿和老年人死亡率高,中年人死亡率低。

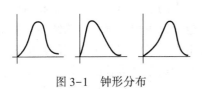

图 3-1 钟形分布　　　　　　　　图 3-2 U 形分布

3. J 形分布

在社会经济现象中,也有一些总体的分布呈 J 形分布,J 形分布有正 J 形和反 J 形分布两种，正 J 形分布的次数是随着变量值的增大而增多，如图 3-3 所示；反 J 形分布的次数是随着变量值的增大而减少，如图 3-4 所示。

图 3-3　正 J 形分布

图 3-4　反 J 形分布

3.3.5　统计分布的表示方法

统计分布的表示方法主要有列表法和图示法。

1. 列表法

列表法就是将统计分布以统计表的形式表示出来，如，例 3-1 资料整理后编制统计表（表 3-7），例 3-2 资料整理后编制统计表（表 3-8）。

2. 图示法

图示法是在列表法的基础上，绘制分布图来表示统计分布，以便更直观地显示统计分布的特征。常用的表示统计分布的图形有直方图、折线图、曲线图和饼形图等。

具体内容见任务 3.5。

任务 3.4　统计资料的汇总技术

3.4.1　统计汇总的组织形式

统计汇总的任务在于确定各组的单位数和计算各组的标志总量。

统计汇总工作是统计整理过程中一个重要的环节。为了提高汇总工作质量，保证提供资料的准确、及时，须采用科学的组织形式。统计汇总一般有逐级汇总、集中汇总和综合汇总三种组织形式。

1. 逐级汇总

逐级汇总是按照一定的统计管理体制，自下而上地逐级整理汇总本系统或本地区内的统计资料。这种组织形式有利于就地检查和核对资料，便于满足各级单位对统计资料的要求。但是汇总层次多，时间长，出现差错的概率多。

2. 集中汇总

集中汇总是将全部原始资料集中到组织调查的最高一级机关一次汇总。这种组织形式能够简化汇总的组织工作和汇总过程,并取得汇总的全部原始资料。但汇总的工作量集中,原始资料有差错不便于核对更正,反馈资料的制表量大,不利于各级单位取得资料。

3. 综合汇总

综合汇总是将逐级汇总和集中汇总结合起来的一种汇总形式。即在进行逐级汇总的同时,进行集中汇总,既可以满足各级单位对统计资料的需要,又通过集中汇总解决了逐级汇总的不足。

近年来,随着计算机的普及和计算机网络的迅速发展,统计汇总的组织形式也发生了变化,越来越多地向综合汇总方式发展,数据输入计算机,各级汇总都由计算机来完成,大大提高了汇总效率和质量。

3.4.2 统计汇总技术

统计资料的汇总技术主要有两种:手工汇总和电子计算机汇总。

1. 手工汇总

在计算机迅速普及的今天,手工汇总作为一种传统的汇总方法在许多场合仍然有其不可替代的用途。手工汇总主要有以下几种。

1)划记法

划记法是指在汇总表上采取划点或划线的方法进行分组计数。它适用于各组总体单位数的汇总,但不能汇总各组和总体的标志总量,一般在总体单位数不多的情况下使用。

2)过录法

过录法是指将需要汇总的资料过录到事先准备好的整理表上,然后将各组和总体的单位数或标志值加总,再填入统计表中。采用这种方法既可以汇总单位数,也可以汇总标志值,而且便于核对和计算。但这种方法工作量比较大,而且费时费力,过录易发生差错。

3)折叠法

折叠法是指将各调查表或统计表中需要汇总的数值折在边上,一张压一张地重叠起来,仅露出需要汇总项目的数值,然后汇总。这种方法简便易行,省时省工,但出现差错不易查出。

4)分单法

分单法是指按分组要求直接将调查表或原始凭证分开放,然后一张一张地加总需要汇总的数值。这种方法省时省力,但加总时需要仔细,易出现错误。

5)卡片法

卡片法是指事先准备好摘录卡片,将每个总体单位需要汇总的项目和数值摘录至卡片上,然后根据卡片进行汇总和计算。这种方法适合总体单位多,且复合分组多的情况。采用卡片法可以保证汇总质量和较高的时效性。

2. 电子计算机汇总

采用电子计算机进行统计汇总，是现代社会发展的需求。电子计算机汇总速度快、精度高，具有逻辑运算、自动工作和储存资料的功能。

电子计算机汇总大体分为以下几个步骤。

1）编制程序

按计算机语言对汇总工作进行全面系统的安排，电子计算机将按规定进行逻辑运算和数学运算。

2）编码

根据程序的规定把汉字信息数字化。

3）数据录入

把经过编码后的数据和实际数字通过录入设备输入电子计算机。

4）逻辑检查

按照事先规定的一套逻辑检查规则对输入电子计算机的原始数据进行筛选、整理等。

5）制表打印

所有数据经过逻辑检查之后，由电子计算机按照事先规定的汇总表式和汇总层次进行统计制表，并通过输出设备把结果打印出来。

电子计算机的应用是统计工作的一项重大改革，广泛使用电子计算机技术是我国统计工作现代化的重要标志之一。

任务 3.5　统计表和统计图

统计整理的结果可以通过各种不同的形式表现出来，如统计表、统计图、统计分析报告等。统计表和统计图是应用最广泛的形式。

3.5.1　统计表

1. 统计表的意义及其构成

1）统计表的意义

所谓统计表，是指以纵横交叉的线条所绘制的表格来表现统计资料的一种形式。在统计工作的各个阶段都用到不同的统计表格，统计调查阶段有调查表，统计整理阶段有整理表，统计分析阶段有分析表，这里我们主要介绍表现统计整理结果的统计表。

统计表作为表现统计资料的一种有效形式，它的主要特点如下。

（1）可以使统计资料具有条理性，清晰易懂，便于观察。

（2）便于对照比较统计数字资料，从而发现现象的规律性。

(3) 是进行统计计算和统计分析的有效工具，便于统计资料积累。

2) 统计表的构成

统计表的构成可以从以下两方面来看。

(1) 从形式上看，统计表由总标题、横行标题、纵栏标题、指标数值四部分构成，见表 3-9。

表 3-9 某年某市各规模工业企业工业总产值 ←——总标题

按企业规模分	企业数/个	工业总产值/万元
大型企业	68	3 001 279
中型企业	124	288 254
小型企业	2 743	897 778
合计	2 935	4 187 311

横行标题｛ 主词　　　　　　　　宾词　　　　　　｝指标数值、纵栏标题

总标题是统计表的名称，用来概括说明统计表中全部资料的内容，一般写在表的上端中央；横行标题是统计表横行的名称，用来表示各组的名称，一般写在表的左方；纵栏标题是统计表纵栏的名称，用来表示总体的统计指标或分组标志的名称，一般写在表的上方；指标数值在各横行标题与各纵栏标题的交叉处，每一个数值的含义都由横行标题和纵栏标题共同限定。

(2) 从内容上看，统计表由主词和宾词两部分构成，见表 3-9。

主词是统计表所要说明的总体，它可以是总体的各个组或各个单位的名称，一般排列在表的左方；宾词是说明总体的各种统计指标，包括指标名称和指标数值，一般排列在表的右方。但需要说明的是：主词和宾词的位置不是固定不变的，必要时可以调换位置。

2. 统计表的种类

统计表的种类可以从两个不同的角度划分。

1) 统计表按其作用不同分类

按其作用不同可分为调查表、整理表、分析表。

(1) 调查表：是指在统计调查中用于登记、搜集原始资料的表格。

(2) 整理表：是指在统计汇总或整理过程中使用的表格和用于表现统计整理结果的表格。

(3) 分析表：是指在统计分析中用于对整理所取得的统计资料进行定量分析的表格。它常与整理表结合在一起的，是整理表的扩展。

2) 统计表按主词分组情况分类

按主词所选分组标志的多少和分组的程度不同可分为简单表、简单分组表和复合分组表。

(1) 简单表：是指主词未经分组的统计表。通常用以表现三种数列资料，即时间数列、空间数列和指标数列。表 3-10 就是一个简单表。

表3-10　全国2010—2017年人均国内生产总值

年　份	人均国内生产总值/元
2010	29 992.00
2011	35 181.24
2012	40 007.00
2013	43 852.00
2014	47 203.00
2015	50 251.00
2016	53 935.00
2017	59 660.00

资料来源：《2017年中国统计年鉴》。

（2）简单分组表：是指主词按一个标志进行分组或按两个及以上标志进行平行分组的统计表。在研究总体的内部结构和分布状况及现象之间的依存关系时，大多采用简单分组表。表3-11和表3-12就是简单分组表。

表3-11　某年某地区社会消费品零售额

按行业分组	社会消费品零售额/亿元	比重/%
批发零售贸易业	18 108.3	66.3
餐饮业	2 433.3	8.9
制造业	1 987.9	7.3
其他行业	4 769.4	17.5
合计	27 298.9	100.0

表3-12　某年某地区人口主要构成情况

指　标	年末数/万人	比重/%
全国总人口	136 072	100.0
其中：城镇	73 111	53.73
乡村	62 961	46.27
其中：男性	69 728	51.2
女性	66 344	48.8
其中：0~15岁	23 875	17.5
16~59岁	91 954	67.6
60岁及以上	20 243	14.9

（3）复合分组表：是指主词按两个或两个以上的标志进行层叠分组的统计表。利用复合分组表可以从多个方面反映总体的内部状况，因而可更深入地对总体进行观察研究。表3-13就是一个复合分组表。

表3-13　某年某高校在校学生情况

学生构成	学生人数/人
大学本科	8 000
男	4 800

续表

学生构成	学生人数/人
女	3 200
大学专科	5 000
男	3 100
女	2 900
合计	13 000

3. 统计表的设计要求

统计表的设计应遵循科学实用的原则,并考虑简练、美观的要求。具体编制统计表时,应注意以下几项规则。

(1) 统计表的标题要简明,确切地反映资料的主要内容及资料所属的时间和空间范围。

(2) 统计表主词和宾词的排列,应当合理有序,应根据时间的先后、数量的大小、空间的位置等自然顺序编排。一般按先局部后全体的顺序,即先列分项后列合计编排;但如果只打算列出全体中的部分项目,则先列合计,后列分项,并对下属各行用"其中"表示。

(3) 统计表栏数较多时,通常要加以编号,并说明其相互关系。在主词和计量单位等栏用(甲)、(乙)、(丙)编号,在宾词栏用(1)、(2)、(3)……编号。如某栏数字是根据其他栏数字计算的,则应标明计算关系。

(4) 统计表中的数字应注明计量单位。如全表用一种计量单位时,可在表的右上方注明;如计量单位不统一,横行的计量单位可设计量单位栏,纵栏的计量单位可与纵栏标题写在一起,指标名称与计量单位用"/"隔开。

(5) 统计表的数字填写要注意对位整齐,同栏中的小数保留位数要一致,遇有相同数值时应重新填写,不得用"同上""同左"等字样代替。没有数字或免填的格内用"—"表示,缺少资料或忽略不计的格内用"…"表示。

(6) 统计表的格式一般采用长方形,左右两端开口式。统计表上下两端的基线要用粗体或双线画出,表内如有两个以上不同的内容,也应用粗线或双线隔开。

(7) 引用的统计资料,有时需要在表的下方注明来源。制表完毕,经审核无误后,制表人和主管负责人应签名盖章,以示负责。

3.5.2 统计图

1. 统计图的意义

统计图是用几何图形或具体事物的形象来表现统计资料的一种形式。利用统计图表现统计资料,鲜明醒目、一目了然、形象具体、通俗易懂、便于理解。

2. 统计图的种类

统计图按照图形的形式,大体上可以分为几何图、象形图和统计地图三种。

1) 几何图

几何图是利用几何的形和线来表明统计资料的图形。几何图包括柱形图、条形图、饼形图、折线图等多种。

（1）柱形图：柱形图是用矩形的宽度和高度来表示频数（频率）变化的图形。在坐标系中，横轴表示分组标志，纵轴表示频数或频率。柱形图主要用于观测数值的大小，分为平面柱形图（直方图）（图 3-5）和立体柱形图（图 3-6）。

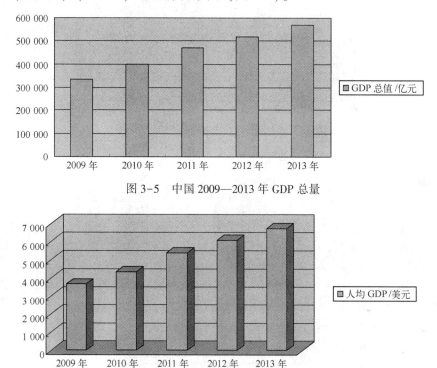

图 3-5　中国 2009—2013 年 GDP 总量

图 3-6　中国 2009—2013 年人均 GDP 情况

（2）条形图：条形统计图是用一个单位长度表示一定的数量，根据数量的多少画成长短不同的直条（一般为横向），然后把这些直条按一定的顺序排列起来。从条形统计图中很容易看出各种数量的多少。例如，对学生周末课余时间利用的调查，如图 3-7 所示。条形图主要用于观测进程。

（3）饼形图：饼形图是在一个圆形中分割成不同的扇形来表示各部分占总体的比重，对于研究结构问题具有重要作用。在绘制饼形图时，扇形的中心角度是按照各部分百分比占 360°的相应比重确定的。例如，我国 2013 年三大产业 GDP 占全部 GDP 总量比重就可采用饼形图表示，如图 3-8 所示。

（4）折线图：以折线的上升或下降来表示统计数量的增减变化的统计图，叫做折线统计图。与条形统计图比较，折线统计图不仅可以表示数量的多少，而且可以反映同一事物在不同时间里的发展变化的情况。折线图在生活中运用的非常普遍，在坐标系中，各个折点一般给出精确的数字，能够掌握其变化的趋势。例如，我国 2012—2013 年城镇居民人均可支配收入实际增长情况，如图 3-9 所示。

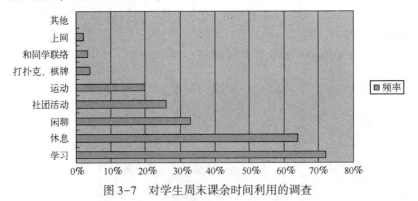

图 3-7　对学生周末课余时间利用的调查

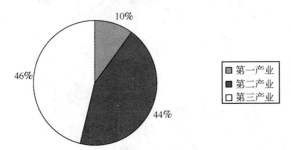

图 3-8　2013 年我国三产业 GDP 总量占比

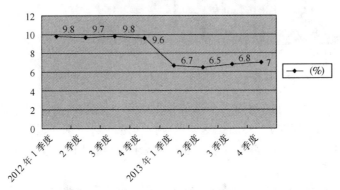

图 3-9　城镇居民人均可支配收入实际增长速度（累计同比）

除了以上介绍常用的四种图形，还有如面积图、圆环图、雷达图等各种统计图形。在使用时，主要根据实际情况来使用不同的图形，也可以多种图形结合使用。

2）象形图

象形图是以表示现象本身形象的长度、大小、多少来表示数值大小的一种图形。例如，用油桶的大小表示的某地 2000 年、2005 年和 2010 年三年的原油产量，如图 3-10 所示。

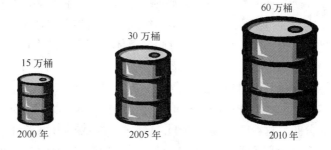

图 3-10 原油产量象形图

3) 统计地图

统计地图是以地图作底景，利用实物图形、点、线等表示某种指标数值地理分布的一种图形。例如，可以利用颜色的深浅来表示某地区各县某种产品的生产情况，如图 3-11 所示。

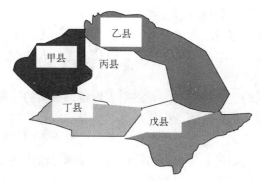

图 3-11 某地区各县某种产品生产情况的统计地图

项目小结

本项目主要阐述了四个大问题：一是统计分组；二是分配数列；三是统计汇总技术；四是统计表和统计图的编制绘制方法。

统计分组是指根据所研究事物的特点和统计研究的目的和任务，按照一定的分组标志将总体划分成若干个组成部分的一种统计方法。统计分组的重要作用在于：凸显社会经济现象的规律、划分社会经济现象的类型、反映社会经济现象的内部结构和分析现象之间的依存关系。进行统计分组时，必须遵循科学性原则、完整性原则和互斥性原则。统计分组的关键是正确选择分组标志和划分各组界限。分组标志是指对总体进行分组时所遵循的标准或依据。

正确选择分组标志,应遵循以下原则:根据统计研究的目的选择分组标志,选择最能够反映现象本质特征的标志作为分组标志,根据事物所处的具体条件选择分组标志;划分各组界限,就是在分组标志变异的范围内,划分各相邻组间的性质界限和数量界限。对研究的总体只按一个分组标志进行的分组叫简单分组。对同一总体按两个或两个以上的标志分别进行简单分组而形成的分组体系叫平行分组体系,借以反映总体多方面的特征。对研究总体按两个或两个以上的分组标志层叠起来进行分组叫复合分组,复合分组形成复合分组体系。

在统计分组的基础上,将总体中的所有单位按组归类整理,并按一定顺序排列,形成总体单位数在各组间的分布,这个数列称为分配数列。分配数列由组名(各组的品质属性或变量值)和总体单位数两个要素组成,其中分布在各组的总体单位数表现为绝对数称为次数或频数,表现为相对数即各组次数与总次数之比的比重称为比率或频率。

分配数列可分为品质分配数列和变量分配数列。品质分配数列简称品质数列,是按品质标志分组形成的分配数列。变量分配数列简称变量数列,是按变异的数量标志分组形成的分配数列。变量数列可分为单项式变量数列和组距式变量数列。单项式变量数列就是数列中的每个组只用一个变量值表示的数列。组距式变量数列就是数列中的每个组用表示一定范围的两个变量值表示的数列。分配数列有三种类型:钟形分布、U形分布和J形分布。

统计汇总的任务在于确定各组的单位数和计算各组的标志总量。统计汇总一般有逐级汇总、集中汇总和综合汇总三种组织形式。统计汇总技术主要有两种:手工汇总和电子计算机汇总。

统计表是以纵横交叉的线条所绘制的表格来表现统计资料的一种形式。统计表从形式上看,由总标题、横行标题、纵栏标题、指标数值四部分构成;从内容上看,由主词和宾词两部分构成。统计表按主词所选分组标志的多少和分组的程度不同可分为简单表、简单分组表和复合分组表。简单表是指主词未经分组的统计表。简单分组表是指主词按一个标志进行分组或按两个及两个以上的标志进行平行分组的统计表。复合分组表是指主词按两个或两个以上的标志进行层叠分组的统计表。统计图是用几何图形或具体事物的形象来表现统计资料的一种形式。统计图按照图形的形式,大体上可以分为几何图、象形图和统计地图三种。

思 考 题

1. 什么是统计整理?有什么重要意义?
2. 统计整理的基本步骤有哪些?
3. 什么是统计分组?如何理解统计分组?有什么重要意义?
4. 统计分组的原则是什么?
5. 什么叫分组标志?如何正确选择分组标志?
6. 简述简单分组与平行分组体系、复合分组与复合分组体系。

7. 什么叫分配数列？分配数列由哪几个部分构成？
8. 分配数列有哪两种？是如何划分的？
9. 在什么情况下编制单项数列？在什么情况下编制组距数列？
10. 什么叫组限、组距、组中值、开口组？
11. 如何计算开口组组中值？
12. 组距和组数的关系如何？
13. 在编制组距数列时，如何确定组限？
14. 次数分布有几种类型？
15. 统计汇总的组织方式有哪些？
16. 什么是统计表？从形式和内容上看由哪几部分构成？
17. 统计表按主词所选分组标志的多少和分组的程度不同可以分为哪几种统计表？
18. 什么是统计图？有哪几种？

基础训练题

一、填空题
1. 统计整理是统计调查的（　　　　），又是（　　　　）的前提。
2. 对资料准确性的审核方法主要有（　　　　）和（　　　　）。
3. 统计分组的根本作用在于（　　　　）。
4. 统计分组的原则有（　　　　）、（　　　　）、（　　　　）。
5. 统计分组的关键是（　　　　）和（　　　　）。
6. 统计分组体系的形式有（　　　　）和（　　　　）两种。
7. 分配数列由（　　　　）和（　　　　）两个要素所组成。
8. 次数密度消除了（　　　　）对各组次数的影响。
9. 使用重叠组限分组时，确定各组次数时应遵循（　　　　）原则。
10. 次数分布的主要类型有（　　　　）、（　　　　）、（　　　　）。
11. 统计表从形式上看，由（　　　　）、（　　　　）、（　　　　）、（　　　　）四个部分组成；从内容上看，由（　　　　）和（　　　　）两个部分组成。
12. 统计图按照图形的形式，大体上可以分为（　　　　）、（　　　　）、（　　　　）。

二、单选题
1. 将统计总体按照一定标志区分为若干个性质不同的组成部分的统计方法是（　　　　）。
　　A. 大量观察法　　　B. 统计指标法　　　C. 统计调查法　　　D. 统计分组法
2. 统计分配数列（　　　　）。
　　A. 都是变量数列　　　　　　　　　B. 都是品质数列

　　　　C. 是变量数列或品质数列　　　　D. 是统计分组

3. 变量分配数列有两个组成要素，即（　　）。

　　A. 一个是总体单位数，另一个是指标数

　　B. 一个是指标数，另一个是分配次数

　　C. 一个是分组的标志值，另一个是总体单位数

　　D. 一个是总体总量，另一个是标志总量

4. 单项数列只能适用下列资料（　　）。

　　A. 离散变量

　　B. 变量值不多且变动范围不大的离散变量

　　C. 变量值较多且变动范围较大的离散变量

　　D. 连续变量

5. 某连续变量数列，其末组为 500 以上，其邻组的组中值为 480，则末组的组中值为（　　）。

　　A. 520　　　　B. 510　　　　C. 540　　　　D. 530

6. 在进行组距式分组时，凡遇到某单位的标志值刚好等于相邻两组上下限的数值时，一般将（　　）。

　　A. 此值归于上限组

　　B. 此值归于下限组

　　C. 此值归于上限组或下限组均可

　　D. 另行分组

7. 在分配数列中（　　）。

　　A. 某组频数越小，其反映该组标志值在平均数作用越大

　　B. 某组频率越大，其反映该组标志值在平均数作用越小

　　C. 某组频数越大，其反映该组标志值在平均数作用越大

　　D. 频数与频率大小，不能反映该组标志值在平均数作用的大小

三、多选题

1. 统计整理为（　　）。

　　A. 统计调查的继续　　　　B. 统计设计的继续

　　C. 统计调查的基础　　　　D. 统计分析的前提

　　E. 对社会经济现象从个体量观察过渡到总体量的认识

2. 统计分组（　　）。

　　A. 是一种统计方法　　　　B. 对总体而言是"合"

　　C. 对总体而言是"分"　　　D. 对个体而言是"合"

　　E. 对个体而言是"分"

3. 统计分组的原则有（　　）。

A. 科学性原则　　B. 完整性原则　　C. 互斥性原则
D. 简单分组原则　E. 分组体系原则

4. 统计分组的关键在于（　　）。
   A. 按品质标志分组　　　　　　B. 按数量标志分组
   C. 选择分组标志　　　　　　　D. 划分各组界限
   E. 按主要标志分组

5. 按分组标志的性质不同，分配数列可分为（　　）。
   A. 等距数列　B. 异距数列　C. 品质数列　D. 变量数列　E. 单项数列

6. 在组距数列中，组距数列的种类有（　　）。
   A. 闭口式的　B. 开口式的　C. 等距式的　D. 不等距式的　E. 有组限的

7. 统计表按主词分组情况可分为（　　）。
   A. 简单表　B. 简单分组表　C. 复合分组表　D. 整理表　E. 分析表

四、判断题

1. 统计分组的关键在于划分各组界限。（　　）
2. 一般情况下，在确定组限时，最低组的下限应高于最小变量值。（　　）
3. 划分各组界限的原因是保持组内同质性和组间差别性。（　　）
4. 在开口组的组距数列中，开口组的组中值是用相邻组的组中值代替。（　　）
5. 离散变量均可以编制单项数列。（　　）

任务训练题

3-1

1. 资料

某班级有 46 名学生，其统计基础考试成绩如下：

76　72　90　60　60　82　60　80　80　99
80　70　80　73　75　60　76　92　84　80
81　78　80　85　80　99　60　80　84　76
87　91　75　95　85　98　70　87　88　92
60　85　60　42　84　58

2. 要求

根据这个资料，整理出反映 46 名学生成绩分布的等距数列，指出次数分布的类型，并对分布情况做简要分析。

3-2

1. 资料

某企业 36 名职工的基本情况见表 3-14。

表 3-14　某企业职工的基本情况

工资单位：元

序号	性别	民族	年龄	工资	序号	性别	民族	年龄	工资
1	男	汉	18	5 000	19	女	汉	46	7 600
2	女	汉	45	6 300	20	男	汉	28	5 800
3	女	汉	50	9 000	21	男	汉	24	5 300
4	男	朝鲜	25	5 300	22	女	汉	46	6 300
5	女	汉	20	5 000	23	女	汉	28	5 800
6	女	汉	18	5 000	24	女	汉	32	5 300
7	女	回	26	5 800	25	男	满	24	5 300
8	女	汉	40	7 100	26	女	汉	21	5 000
9	男	汉	24	5 300	27	女	汉	18	5 000
10	女	汉	22	5 000	28	女	汉	20	5 000
11	女	朝鲜	36	6 300	29	女	汉	24	5 800
12	女	汉	35	5 300	30	男	满	40	7 100
13	女	汉	18	5 000	31	女	汉	36	6 300
14	男	汉	38	6 300	32	女	汉	24	5 300
15	女	汉	42	6 300	33	女	汉	30	5 800
16	女	汉	22	5 300	34	女	汉	35	5 800
17	女	汉	23	5 300	35	男	汉	29	5 800
18	女	满	36	6 300	36	男	汉	20	5 000

2. 要求

（1）按数量标志进行简单分组和复合分组，编制统计表，绘制条形图。

（2）按品质标志进行简单分组和复合分组，编制统计表，绘制圆形图。

项目训练题

利用项目实训调查所得到的资料进行分组整理，编制统计表，绘制相应的统计图。

项目 4 统计指标

学习目标

能力目标
- 能正确计算总量指标、相对指标、平均指标和变异指标
- 能正确运用总量指标、相对指标、平均指标和变异指标分析问题

知识目标
- 理解总量指标的意义及种类，掌握时期指标与时点指标的区别
- 理解相对指标的意义及种类，掌握计划完成相对数的计算与应用
- 理解平均指标的意义及种类
- 掌握加权算术平均数与加权调和平均数的计算与应用
- 理解标志变异指标的意义和种类
- 掌握标准差及其系数的计算与应用

任务 4.1 认识统计指标的基本问题

4.1.1 统计指标的含义

统计指标简称指标，是反映社会经济现象总体数量特征的名称及其具体数值。对统计指标通常有两种理解和使用方法：一是用来反映现象总体数量特征的名称，如年末全国人口总数、全年国内生产总值、国内生产总值年度增长率等；二是反映现象总体数量特征的名称和数值。如 2017 年我国年末总人口数为 139 008 万人、2017 年我国全社会固定资产投资增长率为 7%等。在实际工作中常使用第二种。

在统计实践中，一般来说，一个科学完整的统计指标应该包括指标所属的时间、空间、指标名称、指标数值、计量单位和计算方法六个要素。例如，某地区 2018 年工业总产值是

8 000 亿元，这个统计指标中的时间是 2018 年，空间是该地区所有工业企业，指标名称是工业总产值，指标数值是 8 000，计算单位是亿元。计算方法是根据工业企业统计制度中的规定而确定的，目前我国工业总产值的计算方法采用的是"工厂法"。

统计指标是十分重要的统计学概念，它在社会经济发展中起着非常重要的作用，概括来讲体现在以下两个方面。

第一，从认识的角度讲，它是记录社会经济现象发展变化情况的工具，同时，又是反映社会经济现象数量规律的手段。

第二，从社会管理和科学研究的角度讲，它提供以数量表现的事实，是进行社会管理和科学研究的基本依据。

4.1.2 统计指标体系

单个的统计指标只能反映总体某一方面的数量特征，要想对总体现象进行全面的了解和研究，就需要使用由许多互相联系的统计指标组成的统计指标体系。统计指标体系就是由若干相互联系的统计指标所组成的整体。如，将反映工业企业生产的诸要素（人、财、物）及过程（供、产、销）的一系列统计指标集合起来，就构成了工业企业生产经营统计指标体系。统计指标体系不是各种指标的简单加总，与单个指标相比，它反映的问题更加全面，而且可以反映客观现象各方面之间的联系，描述事物发展的全过程。

4.1.3 统计指标的特点

统计指标主要有以下两个特点。

第一，同质事物的可量性。没有质的规定性不能成为统计指标，有了质的规定性不能用数量表示，也不能成为统计指标。有些抽象度较高的社会经济概念难以量化，是不能直接用来作为指标名称的，必须将其分解为可以量化的概念才能成为统计指标。例如，"生活质量"可以分解为平均预期寿命、平均受教育程度、婴儿死亡率、每人每日摄取热量等可以量化的概念，然后用一定的方法加以综合计算，这样"生活质量"分解后的每个名称便成为一个个的统计指标了。

第二，量的综合性。统计指标反映的是总体的量，它是许多个体现象的数量综合的结果。一个职工的工资不能成为统计指标，如果研究的统计总体是一个企业的全部职工时，该企业的工资总额及平均工资才可成为统计指标。

4.1.4 统计指标的分类

从不同角度，可以将统计指标分为以下几个种类。

（1）统计指标按其所反映总体现象数量特征的性质不同，可分为数量指标（外延指标）和质量指标（内涵指标）。

数量指标是说明总体外延规模的指标，反映总体绝对数量的多少，它用绝对数的形式来表示，并有计量单位。数量指标又称为总量指标。数量指标的数值随总体外延范围的大小而增减，如全国的人口数大于某一省的人口数。

质量指标是说明总体内部数量关系和总体单位水平的指标，它通常以相对数和平均数的形式来表示。如第三产业就业人员占全部就业人员的比重、劳动生产率、城镇单位就业人员平均工资等。质量指标的数值与总体范围的变化无内在联系。如，一个集团总公司的人均年收入不一定比它下属的某一企业人均年收入高，因为人均年收入是质量指标，它与总体规模的大小没有直接关系。

（2）统计指标按其作用和表现形式的不同，可分为总量指标、相对指标、平均指标、变异指标四类。具体内容详见本项目的任务 4.2~4.5。

任务 4.2 总 量 指 标

4.2.1 总量指标的意义

总量指标是反映社会经济现象在一定时间、地点、条件下的总规模和总水平的统计指标。它的表现形式是绝对数，故又称绝对指标或绝对数。例如，某年我国的人口数、土地面积、粮食产量、基本建设投资额、原煤产量、国内生产总值等，都是总量指标。总量指标还可以表现为社会经济现象在一定时空条件下总量增减变化的绝对数。也就是说，同性质的总量指标之差仍然是总量指标。

总量指标具有两个特点：①总量指标是统计汇总的直接结果，没有经过进一步计算，直接具体；②总量指标的数值随总体范围的大小而增减。

总量指标是最基本的统计指标，是对统计调查得来的原始资料进行分组和汇总后得到的各项总计数字，是统计整理阶段的直接结果。在社会经济统计中，总量指标的应用十分广泛，其主要作用可归纳为以下三点。

1. 总量指标是认识社会经济现象的起点

总量指标是认识社会经济现象的起点。这是因为社会经济现象的基本状况往往首先表现为总量。如，我国国土面积为 960 多万平方千米，2017 年我国人口总数为 139 008 万人，这两个统计绝对数反映了我国幅员辽阔、人口众多的基本特点。

2. 总量指标是进行宏观调控、制定经济发展政策的重要依据

总量指标能够反映社会经济发展规模、国情国力和生产建设成果，是进行宏观调控、制

定经济发展政策的重要依据之一。

3. 总量指标是计算相对指标和平均指标的基础

相对指标和平均指标一般是在有关总量指标的基础上计算出来的，是总量指标的派生指标。例如，人口性别比是男性人口与女性人口之比，单位面积产量是总产量与播种面积之比等。

4.2.2 总量指标的种类

总量指标按不同的标志，可以划分为若干类型。

1. 总体单位总量和总体标志总量

总量指标按反映现象总体的内容不同，可分为总体单位总量和总体标志总量。总体单位总量简称单位总量，总体标志总量简称标志总量。

单位总量是指总体内总体单位的总数，标志总量是总体中各单位某种标志值的总和。如调查某地区所有工业企业的生产经营情况，则该地区所有工业企业是总体，每个工业企业是总体单位，因此，工业企业总数是单位总量，工业总产值、职工总数是标志总量。

总体单位总量可以用计数的方法取得，而总体标志总量则要通过汇总计算取得。

单位总量和标志总量并不是固定不变的，而是随着研究目的的不同而变化。如研究某企业职工的身体健康状况，则该企业的所有职工是总体，每个职工是总体单位，因此，职工总数是单位总量，工资总额是标志总量，其中，职工总数在前例中是标志总量，这里就变成了单位总量。就一定的总体而言，单位总量只有一个，标志总量根据研究的目的可以有多个。

2. 时期指标和时点指标

总量指标按反映现象的时间状态不同，可以分为时期指标和时点指标。

时期指标是说明现象在一段时间内发展过程总数量的指标，如工业总产值、人口出生数、商品销售额、工资总额等都是时期指标。时点指标是说明现象在某一时刻（瞬间）上总数量的指标，如人口数、商品库存额（量）、资金占用额等都是时点指标。

时期指标和时点指标各有不同特点。时期指标数值的大小与时间长短有直接关系，时期指标可以直接相加，累加结果表示更长一段时间内现象发展过程的总数量，时期指标资料的搜集是通过连续不断登记汇总取得的；时点指标数值的大小与时点间的间隔长短没有直接关系，各时点指标数值不能直接相加，其资料搜集是通过一次登记取得的。

3. 实物指标、价值指标和劳动指标

总量指标按计量单位的不同，可分为实物指标、价值指标和劳动指标。

1）实物指标

实物指标是按实物单位计量得到的指标。实物单位是根据事物的自然属性和特点而采用的单位，实物单位有以下几种。

（1）自然单位，即按照被研究现象的自然状态来度量其数量的单位，如人口按"人"，汽车按"辆"。

（2）度量衡单位，即按照统一的度量衡制度的规定来计量事物数量的单位，如质量以"千克"，长度以"米"，体积以"立方米"等。

（3）双重单位或复合单位，是指两个或两个以上的单位结合使用的计量单位。双重单位，如电机用"千瓦"/"台"表示；复合单位，如货运周转量以"吨公里"表示。

（4）标准实物单位，是指按统一的折算标准来度量被研究现象数量的一种单位，如各种型号的拖拉机以15马力为一标准台，15马力就称为标准实物单位。

实物指标可以直接反映产品的使用价值或现象的具体内容，但不同属性的实物指标不能直接相加，因此，它无法用来反映非同类现象的总规模和总水平，缺乏广泛的综合能力。

2）价值指标

价值指标是指以货币单位计量的总量指标。货币单位有元、百元、千元、万元等，如工业总产值、国内生产总值、商品销售额、利润额等。价值指标具有较强的综合概括能力，但价值指标脱离了具体的物资内容，比较抽象。

3）劳动指标

劳动指标是指以劳动时间为计量单位的总量指标，一般用工时、工日表示。一个工人做一个小时工，叫做一工时，八个工时等于一个工日。劳动指标主要在企业范围内使用，是评价劳动时间利用程度和计算劳动生产率的依据，是企业编制和检查劳动生产计划的依据。不同类型、不同经营水平的企业的劳动指标是不能直接相比较的。

4.2.3 总量指标的统计要求

1. 统计总量指标要有明确的统计含义和合理的统计方法

总量指标的统计有些是较为简单的，如人口数、企业数；有些是较为复杂的，如国内生产总值。无论是简单的，还是复杂的，统计总量指标都应明确其统计含义，确定合理的统计方法。如统计国内生产总值，首先必须明确什么是国内生产总值，它与国民生产总值等指标有什么不同，其次是怎样计算国内生产总值，或者说使用什么方法统计国内生产总值。只有这样，才能使统计的总量指标科学、准确。因此说，总量指标的统计并非是单纯的汇总技术问题，而是个非常重要的理论问题。

2. 计算实物指标时，要注意现象的同类性

只有同类性的现象才能计算实物总量，而同类性是由事物的性质所决定的。例如，钢材和水泥的性质不同，就不能将它们混在一起计算实物总量，但原煤、原油、天然气等各种不同的燃料由于使用价值相同就可以折算为标准燃料计算总量。现象的同类性，还取决于现象所处的条件和统计研究的目的。如计算货物运输总量时，只要求计算运输货物的重量和里程，因此，就不问其实物性质，可将各种货物的重量和里程直接汇总。

3. 要有统一的计量单位

对于同一个总量指标在不同时间、地点进行计量时，其计量单位应当一致，不一致时，应进行换算，使之统一，以便于汇总、对比和分析。

任务4.3 相对指标

4.3.1 相对指标的意义

总量指标虽然可以综合反映社会经济现象的总规模和总水平，但由于现象总体的复杂性，仅根据总量指标仍难以对客观事物做出正确的判断。相对指标就是在总量指标的基础上进行对比而产生的统计分析指标，它有利于反映现象之间的联系状况。

1. 相对指标的概念和作用

相对指标是社会经济现象中两个有联系的统计指标数值对比所得到的抽象的比值。其表现形式为相对数，故又称相对数，如比重、比例、速度、程度、密度等。相对指标有两个特点：①抽象性，即相对指标抽象掉了构成相对指标分子和分母的具体数值；②相对指标的数值不随总体范围的大小而增减。

相对指标是质量指标的一种形式。相对指标反映了现象之间的数量对比关系和联系程度，在国民经济管理、企业经济活动分析和统计研究中应用很广。其主要作用如下。

1) 相对指标为我们深入认识事物发展的质量与状况提供了客观依据

我们分析一种社会经济现象时，仅仅利用某一项指标，而不把有关指标联系起来进行比较分析，就难以对事物的发展变化情况、事物间的比例构成状况等有深刻、全面的认识。运用相对指标，则可以帮助我们观察某一总体的任务完成情况、内部的结构比例状况、一事物在另一事物中的普遍程度、强度和密度等，从而有利于分析同类现象在不同时空上的联系与区别，为进一步认识现象的本质和特点提供了客观依据。如，增加值率就是一定时期内增加值占总产出的比重，是反映企业经济效益的重要指标。

2) 相对指标提供了现象之间的比较基础

相对指标把总量指标之间的具体差异抽象化了，从而使不可比的现象转化为可比现象。例如，要比较两个企业流通费用额的节约情况，如果仅以费用额的绝对节约额进行比较就难以说明问题，因为它们所完成的商品销售额可能是不同的，而费用额的多少直接受商品销售额大小的影响。如果采用相对指标即流通费用率来分析流通费用的节约情况，则可做出正确的判断。因为流通费用率表明单位商品销售额所支付的费用额，排除了销售额大小的影响。这样，两个企业乃至多个企业就有了共同对比的基础。

2. 相对指标的表现形式

相对指标的表现形式一般用无名数表示。无名数是一种抽象化的数值，常用倍数、系数、成数、番数、百分数、百分点和千分数来表示。

1）倍数和系数

倍数和系数是将对比的基数抽象化为 1 来计算的相对数。当分子数值比分母数值大很多时，一般用倍数表示。当分子、分母数值差别不大时，常用系数表示，系数可以略大于 1，也可以小于 1。

2）成数

成数是将对比的基数抽象化为 10 来计算的相对数，如某县粮食产量 2018 年比 2017 年增长一成，即增长十分之一。

3）番数

番数是指两个相比较的数值中，一个数值是另一个数值的 2^m 倍时，则 m 是番数。例如，某地区 2010 年的工业增加值为 200 亿元，计划到 2020 年翻一番，则该地区 2020 年的工业增加值应达到 400 亿元；若计划翻两番，即为 800 亿元；翻三番，即为 1 600 亿元。

4）百分数、百分点、千分数

百分数（%）是将对比的基数抽象为 100 来计算的相对数，百分数是相对指标中最常用的表现形式。当分子、分母数值差别不大时可用百分数表示，如某企业计划完成程度为 110%，学生出勤率为 99%。

百分点是百分数的另一种表述形式，它是百分数中以 1% 为单位，即 1 个百分点等于 1%。它在两个百分数相减的情况下应用。例如，原来银行活期储蓄利率为 3.1%，现在下调一个百分点，说明现在银行活期储蓄利率为 2.1%。

千分数（‰）是将对比的基数抽象为 1 000 来计算的相对数。一般在两个数值对比中，如果分子比分母的数值小很多时，则用千分数表示。如我国 2017 年人口出生率为 12.43‰，死亡率为 7.11‰，自然增长率为 5.32‰。

此外，相对指标也有用名数表示的，其内容将在强度相对指标中介绍。

4.3.2　相对指标的种类

根据研究目的和对比的基础不同，相对指标可分为计划完成程度相对指标、计划执行进度相对指标、结构相对指标、比例相对指标、比较相对指标、强度相对指标、动态相对指标七种。归纳起来有两类：一是同一总体内部之比，二是两个总体之间对比。

1. 同一总体内部之比的相对指标

属于同一总体内部之比的相对指标有：计划完成程度相对指标、计划执行进度相对指标、结构相对指标、比例相对指标、动态相对指标等。

1) 计划完成程度相对指标

(1) 计划完成程度相对指标的意义。

计划完成程度相对指标简称计划完成相对指标,它是某一时期内同一总体的实际数和计划数对比的相对数。它表明实际完成计划的程度,用来检查、监督计划的执行情况。计划完成相对指标一般用百分数来表示。它的基本计算公式为:

$$\text{计划完成相对指标} = \frac{\text{实际完成数}}{\text{计划任务数}}$$

【例4-1】某地区某年第一季度工业总产值实际完成为5 178万元,计划任务数为5 091万元,则:

$$\text{计划完成程度} = \frac{5\,178}{5\,091} \times 100\% = 101.71\%$$

这就是说该地区该年第一季度工业总产值超额完成计划1.71%。

计算和应用计划完成相对指标时,必须注意以下几点。

- 公式中的分子与分母不能互换,而且要求分子、分母指标的含义、计算口径、计算方法、计量单位、计算时间、空间范围等方面完全一致。
- 在用计划完成相对数检查计划完成情况时,不仅要用相对数观察计划的完成程度,而且还要看计划完成程度所产生的绝对效果,其做法是用实际完成数减去计划数而求得。如例4-1中,工业总产值超额完成计划1.71%,则使工业总产值增加了87万元(5 178-5 091)。
- 对计划完成情况的评价,还应注意指标的性质和要求。若计划指标是以最低限额规定的,如产量、销售额、利润等。则计划完成相对指标大于100%为好,大于100%部分为超额完成计划部分;若计划指标是以最高限额规定的,如产品原材料消耗量、产品成本、商品流通费用等,则计划完成相对指标小于100%为好,小于100%部分为超额完成计划部分。

(2) 计划完成相对指标的计算。

在计算计划完成相对指标时,由于计划指标数值的表现形式有绝对数、相对数和平均数三种,故其计算方法在基本计算公式的要求下其具体形式也有所不同。

① 当计划数为绝对数和平均数时,其计算公式为:

$$\text{计划完成相对指标} = \frac{\text{实际完成数}}{\text{计划任务数}}$$

② 当计划数为相对数时,在实际工作中,也有用提高或降低百分比来规定计划任务的。如劳动生产率计划提高百分之几,成本计划降低百分之几。这种计划任务实际上是把本年的计划数和上年实际数相对比,得出"计划为上年百分比"的相对数,再减去100%,以计划提高或降低百分比来确定的。与此相对应,就有本年实际数和上年实际数相对比得出"实际为上年百分比"的动态相对指标,再减去100%得出实际提高或降低的百分比。在这种情

况下，计划完成相对指标就不能直接用实际提高或降低百分比除以计划提高或降低百分比，而应当包括原有基数（以上年实际水平为100%）在内，即恢复到"为上年的百分比"，然后才能对比，求得计划完成程度。用公式表示为：

$$计划完成相对指标 = \frac{本年实际水平}{本年计划水平} = \frac{本年实际水平}{上年实际水平} \bigg/ \frac{本年计划水平}{上年实际水平}$$

$$= \frac{实际为上年的百分数}{计划为上年的百分数} \times 100\%$$

【例4-2】某企业某年计划劳动生产率比上年提高10%，实际提高15%，则：

$$劳动生产率计划完成程度 = \frac{100\% + 15\%}{100\% + 10\%} \times 100\% = 104.55\%$$

计算结果表明，该企业超额4.55%完成了劳动生产率计划。

【例4-3】某企业某年某产品单位成本计划规定比上年降低5%，实际降低6%，则：

$$产品单位成本计划完成程度 = \frac{100\% - 6\%}{100\% - 5\%} \times 100\% = 98.95\%$$

计算结果表明，该产品单位成本计划超额1.05%完成。

当计划任务以相对数形式出现时，也可利用百分点进行分析。如例4-2和例4-3，我们可以说实际劳动生产率比计划的提高了5个百分点（15%-10%），实际单位产品成本比计划的下降了1个百分点（6%-5%）。

(3) 长期计划执行情况的检查。

长期计划一般是指五年及五年以上的计划。依据长期计划任务数的规定方法不同，检查长期计划的完成情况分为累计法和水平法。

① 累计法。当计划任务数是以计划期内各年的总和规定的，用累计法检查长期计划的执行情况。这类指标有基本建设投资额、造林面积、新增生产能力等，其计算公式为：

$$计划完成相对指标 = \frac{计划期内累计实际完成数}{计划期规定的累计数}$$

【例4-4】某企业"十二五"（2011—2015年）期间计划规定基本建设投资总额为1 500万元，五年实际累计完成投资额为1 540万元，则，该企业"十一五"基本建设投资计划完成程度为：

$$计划完成程度 = \frac{1\ 540}{1\ 500} \times 100\% = 102.67\%$$

按累计法计算提前完成计划的时间，是将计划全部时间减去自计划执行之日起至累计完成计划任务的时间。如例4-4中，该企业于2015年8月底实际完成的累计投资额已达1 500万元，则该企业提前完成计划的时间为：

$$60 - 56 = 4（月）$$

即该企业提前4个月完成了基本建设投资计划。

② 水平法。当计划任务数是以计划期的末期应达到的水平规定的，则用水平法检查长期计划的完成情况。这类指标比较普遍，如各种产品的产量、商品销售额、工业总产值等。其计算公式为：

$$计划完成相对指标 = \frac{计划期末年实际达到的水平}{计划期末年应达到的水平}$$

【例4-5】某工业企业"十二五"期间计划规定甲产品产量2015年达到50万吨，2015年实际达到55万吨，则：

$$计划完成程度 = \frac{55}{50} \times 100\% = 110\%$$

按水平法确定提前完成计划的时间，是在计划期内有连续一年时间（不论是否在一个日历年度，只要连续12个月或4个季度即可）的实际完成数达到了最末一年计划规定的水平，就算在这连续一年的最后一天完成计划任务，剩余的时间就是提前完成计划的时间。如例4-5中，50万吨的产量计划是在2014年6月到2015年5月完成的，那么，就可以说提前7个月完成计划。

2）计划执行进度相对指标

在实际工作中，为保证计划的实现，在计划执行过程中，经常要求对计划的执行进度进行检查，这样就要计算计划执行进度相对指标。计划执行进度相对指标是计划期中某一段时期的实际累计完成数与全期计划数的比值。其计算公式为：

$$计划执行进度 = \frac{累计完成数}{本期计划数}$$

【例4-6】某厂某年1—3月份累计完成产值384万元，而年计划产值为1 500万元，则：

$$一季度完成年产值计划的进度 = \frac{384}{1\ 500} \times 100\% = 25.6\%$$

计算结果表明，截止到一季度已完成全年产值计划的25.6%，已超过时间进度的25%，因此，预计该企业在正常生产条件下当年的产值计划是可以超额完成的。

计划执行进度的检查：如果计划是均衡的，也就是无季节性特征，根据时间进度检查计划执行的进度，按照时间过半任务过半的原则；如果计划不均衡，也就是有季节性特征，则根据计划任务的要求进行检查。

3）结构相对指标

结构相对指标是利用分组法，将总体区分为性质不同的各部分，以各部分数值与总体数值对比得到的比重或比率，即为结构相对指标，也称结构相对数。它表明总体内部的构成状况，说明各部分在总体中的地位。一般用百分数来表示，其计算公式为：

$$结构相对指标 = \frac{总体某一部分数值}{总体的全部数值}$$

结构相对数的分子和分母，可以是总体单位总量，也可以是总体标志总量。结构相对指标有两个特点：一是它必须以分组法为基础，只有在对被研究总体按一定标志进行科学分组的前提下，才能通过计算结构相对指标，以准确地反映现象总体内部的构成状况；二是结构相对指标各部分所占比重之和必须为1（或100%）。

【例4-7】 某年底某高校800名专任教师中，教授和副教授（高级职称）360名，讲师（中级职称）400名，助教（初级职称）40名。则：

$$教授和副教授(高级职称)所占的比重 = \frac{360}{800} \times 100\% = 45\%$$

$$讲师(中级职称)所占的比重 = \frac{400}{800} \times 100\% = 50\%$$

$$助教(初级职称)所占的比重 = \frac{40}{800} \times 100\% = 5\%$$

以上各职称教师所占的比重，表明了该高校该年底教师的职称结构状况。

4）比例相对指标

比例相对指标也称比例相对数，是指同一总体内不同部分指标数值对比得到的相对指标，用以分析总体各部分之间的比例关系，其计算公式为：

$$比例相对指标 = \frac{总体中某一部分数值}{总体中另一部分数值}$$

比例相对数可以用百分数表示，也可以用几比几的形式表示，有时用$1:m:n$（或$n:m:1$）的连比形式。

【例4-8】 某地区某年末人口数为100万人，其中男性51.4万人，女性48.6万人，则该地区的男女性比例，如果以女性为100，男性人口数是女性的105.76%，男女性比例约等于106:100。按照人口两性比例的理论，该地区男女两性比例大体平衡。

比例相对指标的特点：①要与统计分组法结合运用，只有明确了总体内部各部分之间内在的社会经济联系，才能据以计算有关比例相对指标；②根据研究目的不同，用作比较的两个指标数值可以互为分子与分母。

比例相对数与结构相对数虽计算方法不同，说明问题的角度不同，但二者的本质是一样的，并且可以相互换算。

【例4-9】 假如某班男生占40%，女生占60%，则男女生之比为：$\frac{40\%}{60\%} = 2:3$；反之，已知男女生之比是2:3，则，男生所占的比重为：$\frac{2}{2+3} \times 100\% = 40\%$，女生所占的比重为：$\frac{3}{2+3} \times 100\% = 60\%$。

5）动态相对指标

动态相对指标也称动态相对数，它是表明同类现象在不同时间上的指标数值对比关系的相对指标,用以说明现象的发展变化。动态相对数的有关具体内容将在项目5中阐述。

2. 两个总体之间对比的相对指标

属于两个总体之间对比的相对指标有:比较相对指标和强度相对指标。

1) 比较相对指标

比较相对指标也称比较相对数,是指同一时间同类指标在不同空间之间对比求得的相对指标,它反映同一时间同类事物在不同空间条件下的差异程度。其不同空间可以指不同国家、不同地区、不同部门、不同单位。一般用系数、倍数、百分数形式表示。其计算公式为:

$$比较相对指标 = \frac{某条件下的某类指标数值}{另一条件下的同类指标数值}$$

【例4-10】某年甲商业企业人均销售额为2 020万元,乙商业企业的为1 590万元,则:

$$人均销售额甲商业企业为乙商业企业的百分比 = \frac{2\ 020}{1\ 590} \times 100\% = 127.04\%$$

计算结果表明,以乙商业企业为基础,人均销售额甲商业企业为乙商业企业的127.04%。

比较相对指标的特点:①子项和母项根据研究目的不同,可以互换计算两个比较相对数;②对比的两个统计指标,可以是绝对数也可以是相对数或平均数。由于绝对数易受具体条件不同的影响,缺乏直接的可比性,因而在计算比较相对数时多采用相对数或平均数来比较。

2) 强度相对指标

强度相对指标也称强度相对数,是指同一时期两个性质不同而又相互联系的现象总量指标对比的相对数,用来说明现象的强度、密度和普遍程度等。其计算公式为:

$$强度相对指标 = \frac{某一现象的总量指标数值}{另一有联系而性质不同的总量指标数值}$$

强度相对指标的分子和分母可以互换,形成强度相对指标的正指标和逆指标。

【例4-11】某年,某城市有商业零售机构5 000个,人口为100万,则该市零售商业网密度指标有:

$$零售商业网密度(正指标) = \frac{5\ 000}{1\ 000\ 000} = 5\ (个/千人)$$

计算结果表明,该市每千人拥有5个零售商业机构。这个强度相对指标的数值越大,表明零售商业网密度越大,所以称其为说明商业网密度的正指标。如果把分子与分母互换一下,则:

$$零售商业网密度(逆指标) = \frac{1\ 000\ 000}{5\ 000} = 200\ (人/个)$$

计算结果表明,该市每个零售商业机构平均服务200人。该指标的数值越大表示零售商业网密度越小,所以称其为说明商业网密度的逆指标。

强度相对指标和其他相对指标比较，有两个明显的特点：第一，有些指标数值是用有名数表示的，一般用双重计量单位，如上例中的"人/个"；有些指标数值是用无名数表示的，如流通费用率就是用百分数表示的。第二，强度相对指标具有平均之意，如按全国人口分摊的人均国民收入、人均钢产量、人均粮食产量、人均煤产量等，表现形式上类似平均数，但二者有着本质上的区别，具体内容在平均数任务中再详细介绍。

4.3.3 计算和运用相对指标应注意的问题

1. 要正确选择对比的基数

各种相对指标是通过指标数值对比来反映现象的联系，因此，必须根据研究目的，从现象的性质、特点出发，正确选择对比基数，才能真实反映现象的联系。

2. 注意相对指标的可比性

相对指标是通过指标对比的方法来反映事物数量对比关系和联系程度的统计指标。所以，对比的事物是否可比，是正确计算和运用相对指标的前提。如果作为比较的两个事物缺乏可比性，就会歪曲事实的真相，导致认识的严重错误。

所谓可比性，主要是指所要对比的现象在总体范围、指标口径、计算方法、计算价格、时间和空间等方面应该一致。尤其是进行国际统计资料的对比时，由于不同国家社会制度不尽相同，各种统计指标的口径不尽一致，更应严格加以分析，进行必要的核算和调整工作。

3. 注意相对指标与总量指标的结合运用

相对指标是通过两个总量指标的对比，用一个抽象化的比值来揭示现象的联系程度，把现象的具体规模或水平抽象掉了，掩盖了现象绝对量上的差别。例如，我国 1950 年钢产量 61 万吨比 1949 年的 15.8 万吨增长 286.08%，而 1992 年钢产量 8 094 万吨只比 1991 年的 7 100 万吨增长 14%，从速度上看后者大大不如前者，但从绝对数来看，后者增长 1% 的绝对值（增长 1% 的绝对值在项目 5 中阐述）是 71 万吨，而前者增长 1% 的绝对值只有 0.158 万吨。

由此可见，计算和运用相对指标，不能只凭相对数的大小判断事物。因为大的相对数背后的绝对值可能很小，而小的相对数背后却可能隐藏着较大的绝对值，只有将二者结合起来应用，才能对问题的实质做出正确的判断。

4. 注意多种相对指标的结合运用

相对指标有多种，一种相对指标只说明一个方面的情况，很难用某一个相对指标来全面认识。因此，要全面、深刻地说明问题，就必须把各种相对指标结合起来使用。例如，某企业 2018 年产值计划完成程度为 120%，说明企业产值超额 20% 完成了计划。再如，该企业 2018 年产值为 2017 年的 90%，说明该企业 2018 年产值比上年减少了 10%，若把二者结合起来进行研究，会发现该企业 2018 年的计划产值定得过低，应进一步分析原因。

任务 4.4 平均指标

4.4.1 平均指标的意义

平均指标是同一时间同类社会经济现象的一般水平，或是不同时间同类社会经济现象的一般水平，前者为静态平均数，后者为动态平均数。本任务只阐述静态平均数，动态平均数将在项目 5 中介绍。

平均指标（静态平均数）是用来反映同质总体各单位某一数量标志值在一定时间、地点、条件下所达到的一般水平的统计指标，又称统计平均数。例如，班组工人的平均工资、学生某科考试的平均成绩，都是平均指标。平均指标具有三个特点：①抽象性，平均指标的抽象性与相对指标的抽象性不同，它是将总体内各单位标志值的差异抽象化；②代表性，平均指标是总体各单位标志值的差异抽象后的数值，它可能不等于总体内任何一个单位的具体水平，但它是总体各单位标志值的一般水平，对总体具有代表性；③平均指标的数值不随总体范围的大小而增减。

平均指标是质量指标的另一种形式。平均指标在认识社会经济现象总体数量特征方面具有重要作用，主要表现在以下几个方面。

1. 反映总体各单位变量值分布的集中趋势

总体中各单位某一标志在数量上的变化是有差异的，变量值从小到大形成一定的分布，在社会经济现象的范围内，较多地表现为正态分布。标志值很小或很大的数值出现的次数较少，在平均数周围的标志值的单位数则占较大比重，因而平均数反映了标志值变动的集中趋势，代表着变量数列的一般水平。例如，某企业职工的工资，每月收入很少或很多的职工是少数，而收入在中等水平即平均工资周围的人数占有很大比重，因此，可用平均工资代表该企业的工资水平。

2. 可以消除因总体规模不同而带来的总体数量差异，从而使不同规模的总体具有可比性

例如，某企业有甲、乙两个车间，某月甲车间的工资总额是 120 000 元，乙车间的工资总额是 100 000 元，从两个车间的工资总额看，反映不出哪个车间工人的收入高，这时候就应用平均工资进行对比。假如甲车间有工人 30 人，乙车间有工人 20 人，则甲车间工人月平均工资为 4 000 元/人，乙车间工人月平均工资为 5 000 元/人，这表明乙车间工人月平均工资比甲车间高。

3. 可以反映同一总体在不同时期的发展变化趋势

由于不同时期的客观条件会发生变化，用总量指标对比往往不客观，通过平均指标可以进行比较，从而看出发展变化趋势。

4. 可以分析现象之间的依存关系

在社会经济现象中，现象并不是孤立的，而是相互联系的，利用平均指标可以分析它们

的依存关系。例如，把每亩施肥量与农作物的平均亩产量进行比较，可以发现这二者之间的相互依存关系，即在一定范围内，农作物的平均亩产量与每亩施肥量成正比关系。

5. 可以进行数量上的推算和预测

在统计上常常利用部分单位的平均数去推算总体平均数，根据总体某个变量的平均数与总体单位数可以推算和预测总体的总量。

6. 对总量指标进行补充说明

例如，比较两个车间的生产情况，从总量来看，甲车间一天生产 535 件产品，同日乙车间生产 320 件产品，但这并不能说明甲车间的生产能力比乙车间强；从人均产量来看，甲车间人均生产 5 个，而乙车间人均生产 8 个。

4.4.2 平均指标的计算

平均指标按计算方法不同，可分为算术平均数、调和平均数、几何平均数、众数和中位数。前三种是根据总体各单位所有标志值计算的，称为数值平均数；后两种是根据总体单位标志值所处的位置来确定的，称为位置平均数。几何平均数主要是用来计算平均发展速度的，故将其放在项目 5 中介绍，本任务只阐述其余四种平均数。

1. 算术平均数

算术平均数的基本形式是总体各单位某一数量标志值之和（总体标志总量）除以总体单位数，其计算公式为：

$$算术平均数 = \frac{总体标志总量}{总体单位数}$$

【例 4-12】某企业某年 12 月份职工人数为 340 人，其工资总额为 1 802 000 元，则该企业该年 12 月份职工平均工资为：

$$平均工资 = \frac{1\,802\,000}{340} = 5\,300\,（元/人）$$

算术平均数适用于现象的总量是各单位标志值算术总和的社会经济现象，如上例的工资总额是各个工人工资的总和。这类现象在社会经济现象中较为普遍，因此，算术平均数是平均数中最常用、最基本的平均指标。

计算和应用算术平均数时，要特别注意，分子与分母必须同属一个总体，即分子与分母是一一对应的关系，有一个总体单位必有一个标志值与之相对应，否则就不是平均指标。这正是算术平均数与强度相对数之间的根本区别。强度相对数是两个性质不同但有联系的不同总体的总量指标对比，这两个总量指标之间没有依附关系，只是在经济内容上存在客观联系，可以说明现象的强度、密度和普遍程度；算术平均数则是一个总体内的标志总量与单位总数的对比，用来说明总体单位某一标志值的一般水平。

根据掌握的资料和计算上的复杂程度不同，算术平均数又可以分为简单算术平均数和加权算术平均数两种。

1) 简单算术平均数

如果没有直接掌握算术平均数基本计算公式所需的分子和分母资料，掌握的只是总体各单位的标志值，则可以用简单算术平均法计算平均指标。其计算公式为：

$$\bar{x} = \frac{x_1 + x_2 + \cdots + x_n}{n} = \frac{\sum x}{n}$$

式中：$\bar{x}$ 为算术平均数；x 为各单位的标志值；n 为总体单位数；$\sum$ 为总和符号。

【例 4-13】某企业的某小组有 3 名工人，他们的工资分别为 5 000 元、6 000 元、7 000 元，则工人的平均工资为：

$$\bar{x} = \frac{\sum x}{n} = \frac{5\,000 + 6\,000 + 7\,000}{3} = 6\,000（元）$$

简单算术平均数适用于未分组资料。简单算术平均数只受各单位标志值大小的影响。

2) 加权算术平均数

计算加权算术平均数时有两种情况：一是依据单项式变量数列计算；二是依据组距式变量数列计算。

在单项式变量数列的情况下，已知各组的变量值（x）和各组的次数（f），且各组的次数又不相等，则要用加权算术平均法计算平均指标。其计算公式为：

$$\bar{x} = \frac{x_1 f_1 + x_2 f_2 + \cdots + x_n f_n}{f_1 + f_2 + \cdots + f_n} = \frac{\sum xf}{\sum f}$$

式中，f 代表各组次数，其余符号同前。

【例 4-14】某班组工人工资及有关计算资料见表 4-1。

表 4-1　某班组工人工资及有关计算资料

月工资/元 x	工人数/人 f	人数比重 $\dfrac{f}{\sum f}$	工资总额/元 xf	抽象工资总额 $x\dfrac{f}{\sum f}$
5 000	3	0.3	15 000	1 500
6 000	5	0.5	30 000	3 000
7 000	2	0.2	14 000	1 400
合计	10	1.0	59 000	5 900

根据表 4-1 中的资料，则工人的平均工资：

$$\bar{x} = \frac{\sum xf}{\sum f} = \frac{59\,000}{10} = 5\,900（元）$$

加权算术平均数与简单算术平均数的不同点在于：简单算术平均数只反映一个因素，即变量值的影响；而加权算术平均数则反映两个因素，即变量值和次数的共同影响。当标志值较大而次数也较多时，平均数就靠近或趋向于标志值大的一方；当标志值比较小，而次数较多时，平均数就靠近或趋向于标志值小的一方。在变量值既定的情况下，次数对平均数的大小起着权衡轻重的作用。所以在计算加权算术平均数时，通常把次数称为权数。

在例4-14中，工资水平6 000元的工人人数最多，则工人的平均工资（5 900元）就靠近了或趋向于6 000元。

【例4-15】假设例4-14中的班组工人各等级的工资水平不变，10名工人在各组的分配情况变动见表4-2。

表4-2 某班组工人工资变动及有关计算资料

月工资/元 x	工人数/人 f	人数比重 $\dfrac{f}{\sum f}$	工资总额/元 xf	抽象工资总额 $x\dfrac{f}{\sum f}$
5 000	1	0.1	5 000	500
6 000	1	0.1	6 000	600
7 000	8	0.8	56 000	5 600
合计	10	1.0	67 000	6 700

根据表4-2中的资料，则工人的平均工资：

$$\bar{x} = \frac{\sum xf}{\sum f} = \frac{67\,000}{10} = 6\,700 \text{（元）}$$

为什么这个班组工人各等级的工资水平没变，而平均工资由原来的5 900元提高到现在的6 700元，原因是工人人数在各组的分配情况发生了变化，即工资水平7 000元的工人数最多，工人的平均工资（6 700元）就靠近了或趋向于7 000元。所以说在工人的平均工资中起着权衡轻重作用的因素即权数，是工人人数在各组间的分配情况。

当各组次数相同时，次数就失去了权数的作用，这时加权算术平均数就变成了简单算术平均数。简单算术平均数实际上是各变量值的次数均为1的一种特殊情况，或者说简单算术平均数是加权算术平均数的特例。

加权算术平均数的权数有两种表现形式：一种是绝对数；另一种是结构相对数（比重）。但两种权数的性质相同，由此而计算的平均指标也相同。相对数权数是根据绝对数计算出来的，反映权数在各个变量值之间的分配比例，能更好地体现权数作用的实质。以相对数权数计算平均指标的公式为：

$$\bar{x} = \sum x \frac{f}{\sum f}$$

例如，对例4-14使用相对数权数计算的工人平均工资为：

$$\bar{x} = \sum x \frac{f}{\sum f} = 5\,900\ (元)$$

例如，对例 4-15 使用相对数权数计算的工人平均工资为：

$$\bar{x} = \sum x \frac{f}{\sum f} = 6\,700\ (元)$$

利用两种形式的权数计算的工人平均工资结果相同。

正确计算和应用平均数，关键的问题是如何正确选择平均数中的权数。正确选择平均数中的权数，有以下两个基本原则。

第一，选择的权数必须具有实际意义，这是选择权数应遵循的首要原则。

【例 4-16】某公司所属企业的计划产值、产值计划完成百分比及有关计算资料见表 4-3。

表 4-3　某公司所属企业的计划产值完成情况

产值计划完成百分比	企业数/个	计划产值/万元	产值计划完成百分比与企业数的乘积	实际产值/万元
x	L	f	xL	xf
80%	2	5 000	1.6	4 000
100%	5	400	5.0	400
120%	3	600	3.6	720
合计	10	6 000	10.2	5 120

根据表 4-3 中的资料提出下面两个问题：

① 该公司平均每个企业的产值计划完成百分比；

② 该公司产值计划完成百分比。

计算如下：

① 假设以企业数为权数采用加权算术平均数形式计算的该公司平均每个企业产值计划完成百分比为：

$$\bar{x} = \frac{\sum xL}{\sum L} = \frac{10.2}{10} = 102\%$$

计算结果表明，该公司平均每个企业产值计划超 2% 完成。

② 该公司产值计划完成百分比 $= \dfrac{公司实际产值数}{公司计划产值数} = \dfrac{\sum xf}{\sum f} = \dfrac{5\,120}{6\,000} \times 100\% = 85.33\%$

计算结果表明，该公司产值计划没有完成，尚差 14.67%。

①、②两个问题的计算结果出现了矛盾，一个是公司平均每个企业的产值计划超 2% 完成，一个是该公司产值计划未完成，尚差 14.67%。显然，公司产值计划完成百分比的计算

过程及结果肯定是毫无问题的，问题一定出在公司平均每个企业产值计划完成百分比的权数选择上。在公司平均每个企业产值计划完成百分比这个平均数中的权数不是企业数，而是计划产值。因为计划产值多的企业，亦即大型企业，产值计划的完成程度将左右着、权衡着公司平均每个企业产值计划的完成程度。公司计划产值完成百分比的计算过程正是符合了平均数中权数选择的原则，计划产值是真正的权数，两个大型企业的计划产值最多，比重最大（5 000/6 000＝83.33%），所以，公司平均每个企业产值计划的完成程度85.33%正是靠近了或趋向于这个公司两个大型企业产值计划的完成程度（80%）。①中的计算过程，即 $\bar{x} = \frac{\sum xL}{\sum L}$，从形式上看是加权算术平均数，但所选择的权数即企业数是没有实际意义的，而②的计算过程，即 $\frac{\sum xf}{\sum f}$，所选择的权数即计划产值才是具有实际意义的。

第二，选择的权数必须保证使权数与标志值的乘积之和等于该现象平均数基本公式的分子资料，这是选择权数的技巧。如，例4-14中平均工资的基本公式是 $\left(\text{平均工资} = \frac{\text{工资总额}}{\text{工人总数}}\right)$ 中选择的权数（工人数）与标志值（月工资）乘积求和后等于平均工资基本公式的分子资料（工资总额）。

从上述权数选择的计算分析中可以得出以下结果。

- 相对数或平均数求平均数的基本公式与原相对数和平均数的算式相同。如，例4-16中求公司平均每个企业的产值计划完成百分比是对计划产值完成百分比这个相对数求平均数，它的基本公式就是：该公司平均每个企业的产值计划完成百分比 ＝ $\frac{\text{公司实际产值数}}{\text{公司计划产值数}}$，这个基本公式与计划完成相对数的算式完全相同；例4-14中求班组工人的平均工资就是对各组的平均工资（各组的月工资实质上是各组工人的平均工资）这个平均数求平均数，它们的基本公式就是：平均工资 ＝ $\frac{\text{工资总额}}{\text{工人总数}}$。

- 平均数中的权数一定是求平均数基本公式中的分母资料。如，平均工资中的权数是工人数 $\left(\text{平均工资} = \frac{\text{工资总额}}{\text{工人总数}}\right)$，平均每个企业产值计划完成百分比中的权数是计划产值 $\left(\text{平均每个企业的产值计划完成百分比} = \frac{\text{实际产值数}}{\text{计划产值数}}\right)$。

在实际工作中，有时需要根据组距式变量数列计算平均数。它的计算方法与单项式变量数列基本相同，所不同的是要先计算出各组的组中值，再以组中值作为某一组变量值的代表值来进行计算。

【例4-17】 某企业工人工资情况见表4-4。

表4-4 某企业工人工资情况及有关计算资料

按职工月工资水平分组/元	人数/人	组中值	工资总额/元
甲	f	x	xf
6 000 以下	10	5 500	55 000
6 000～7 000	20	6 500	130 000
7 000～8 000	50	7 500	375 000
8 000～9 000	40	8 500	340 000
9 000 以上	10	9 500	95 000
合计	130	—	995 000

根据表 4-4 中的资料，则该企业职工平均工资为：

$$\bar{x} = \frac{\sum xf}{\sum f} = \frac{995\,000}{130} = 7\,650.38\,(元/人)$$

根据组距式变量数列计算加权算术平均数，是假定各单位标志值在组内的分布是均匀的。实际上，分布要完全均匀一般是不可能的，由于各组组中值与组平均数会存在一定程度的误差，因此，用组中值计算出来的加权算术平均数只是一个近似值。

2. 调和平均数

1) 调和平均数的意义

调和平均数是各个标志值倒数的算术平均数的倒数，所以又称倒数平均数。

【例 4-18】市场上某种商品的价格为：甲级每千克 1.0 元，乙级每千克 0.8 元，丙级每千克 0.5 元。现各花 1 元购买各级商品，则购买该商品的平均价格为：

$$平均价格 = \frac{1}{\frac{\frac{1}{1}+\frac{1}{0.8}+\frac{1}{0.5}}{3}} = \frac{1+1+1}{\frac{1}{1}+\frac{1}{0.8}+\frac{1}{0.5}} = \frac{3}{4.25} = 0.71\,(元/千克)$$

上述购买该商品平均价格的计算过程应用的就是调和平均数法。

从上面的简例中看出，调和平均数与算术平均数的计算形式虽有明显的区别，但从计算内容上看，二者是一致的，均为总体标志总量与总体单位总数之比，如例 4-18 中的平均价格是购买额与购买量之比。

2) 简单调和平均数

如果掌握的资料是未分组的各标志值，用简单调和平均法计算平均指标。计算公式为：

$$H = \frac{n}{\sum \frac{1}{x}}$$

式中，H 为调和平均数，其余符号同前。

具体计算见例 4-18。

3) 加权调和平均数

如果掌握的资料是各组的标志值和标志总量，而未掌握各组单位数，则用加权调和平均法计算平均指标。其计算公式为：

$$H = \frac{m_1 + m_2 + \cdots + m_n}{\frac{m_1}{x_1} + \frac{m_2}{x_2} + \cdots + \frac{m_n}{x_n}} = \frac{\sum m}{\sum \frac{m}{x}}$$

式中，m 代表各组标志总量，其余符号同前。

【例4-19】某班组工人工资及有关计算资料见表4-5。

表4-5 某班组工人工资及有关计算资料

月工资/元	工资总额/元	工人数/人
x	m	$\frac{m}{x}$
5 000	15 000	3
6 000	30 000	5
7 000	14 000	2
合计	59 000	10

根据表4-5中的资料，则工人的平均工资为：

$$H = \frac{\sum m}{\sum \frac{m}{x}} = \frac{59\ 000}{10} = 5\ 900\ (\text{元}/\text{人})$$

【例4-20】某公司所属企业的实际产值、产值计划完成百分比及有关计算资料见表4-6。

表4-6 某公司所属企业产值计划完成情况

计划完成程度/%	实际产值/万元	计划产值/万元
x	m	$\frac{m}{x}$
80	4 000	5 000
100	400	400
120	720	600
合计	5 120	6 000

根据表4-6中的资料，则该公司平均每个企业产值计划完成百分比为：

$$H = \frac{\sum m}{\sum \frac{m}{x}} = \frac{5\ 120}{6\ 000} \times 100\% = 85.33\%$$

从加权算术平均数与加权调和平均数的计算分析中可以得出以下结果。

- 不论是算术平均数还是调和平均数，都是标志总量与总体单位总数之比，同一个资料其计算结果相同，二者的经济意义也完全一样。事实上，加权调和平均法与加权算术平均法并无本质区别，只是由于掌握的资料不同，而采用了不同的计算形式而已。由于标志总量 $m=xf$，因此称 m 为暗含权数。在社会经济统计中，加权调和平均数实际上是作为加权算术平均数的变形来使用的。其变形关系为：

$$H = \frac{\sum m}{\sum \frac{m}{n}} = \frac{\sum xf}{\sum \frac{xf}{x}} = \frac{\sum xf}{\sum f} = \bar{x}$$

- 当掌握了算术平均数基本公式分母的直接资料，而不掌握基本公式分子的直接资料，换句话说，如果我们掌握了各个变量值和各组的次数或比重，应采用加权算术平均数公式计算平均数，且以分母资料为权数；当掌握了算术平均数基本公式分子的直接资料，而不掌握基本公式分母的直接资料，换句话说，如果我们掌握了各个变量值和各组的标志总量，应采用加权调和平均数公式计算平均数，且以分子资料为暗含权数。

3. 众数

1) 众数的意义

众数是指总体中出现次数最多的标志值，或者说是总体中最普遍的标志值。由于众数是最普遍的标志值，所以，众数可以表明社会经济现象的一般水平。比如，为了掌握集市上某种商品的价格水平，可不必全面登记该商品的价格和交易量来求其算术平均数，只需用该商品成交量最多的那个价格即众数作为代表值，就可以反映该商品价格的一般水平。

2) 众数的确定

确定众数要根据变量数列的不同而采用不同的方法。

(1) 根据单项数列确定众数。

在单项数列情况下，确定众数比较简单，只需找出次数出现最多的那个标志值即可。如表 4-1 所示，第二组次数最多，第二组的标志值 6 000 元就是众数值。

(2) 根据组距数列确定众数。

根据组距数列确定众数，需采用插补法。一般步骤是：先确定众数所在组，然后计算众数的近似值。

【例 4-21】某地区职工家庭人均月收入资料见表 4-7。

表 4-7 某地区职工家庭人均月收入资料

人均月收入/元	家庭数/户
3 000 以下	260
3 000~4 000	660
4 000~5 000	1 800
5 000~6 000	3 200
6 000~7 000	2 000
7 000~8 000	1 000
8 000~9 000	800
9 000~10 000	600
10 000 以上	400
合计	10 720

从表 4-7 可知，家庭户数最多的是 3 200 户，它所对应的人均月收入 5 000~6 000 元为众数所在组。然后利用下面公式计算众数的近似值。

下限公式：$M_o = L + \dfrac{\Delta_1}{\Delta_1 + \Delta_2} \times i$

上限公式：$M_o = U - \dfrac{\Delta_2}{\Delta_1 + \Delta_2} \times i$

式中：M_o 为众数；U 为众数组的上限；L 为众数组的下限；Δ_1 为众数组次数与下一组次数之差；Δ_2 为众数组次数与上一组次数之差；i 为组距。

根据表 4-7 的资料，将有关数据代入上限、下限公式，得到众数的近似值。

按下限公式计算：

$$M_o = 5\,000 + \dfrac{3\,200 - 1\,800}{(3\,200 - 1\,800) + (3\,200 - 2\,000)} \times (6\,000 - 5\,000) = 5\,000 + \dfrac{1\,400}{1\,400 + 1\,200} \times 1\,000$$
$$= 5\,538.46 \text{（元）}$$

按上限公式计算：

$$M_o = 6\,000 - \dfrac{3\,200 - 2\,000}{(3\,200 - 1\,800) + (3\,200 - 2\,000)} \times (6\,000 - 5\,000) = 6\,000 - \dfrac{1\,200}{1\,400 + 1\,200} \times 1\,000$$
$$= 5\,538.46 \text{（元）}$$

3）众数的特点及应用众数注意的问题

- 由于众数是根据变量值出现次数的多少来确定的，不需要通过全部变量值来计算，因此称其为位置平均数，它不受极端变量值的影响。
- 在组距数列中，各组分布的次数受组距大小的影响，所以，根据组距数列确定众数时，要保证各组组距相等。
- 在一个次数分布中有多个众数时，称为多重众数，此时说明总体内存在不同性质的事物。
- 当数列没有明显的集中趋势而趋于均匀分布时，不存在众数。

4. 中位数

1）中位数的概念

中位数是指将总体各单位标志值按大小排列后，处于中间位置的那个标志值。由于它的位置居中，有一半单位的标志值小于它，另一半单位的标志值大于它，其数值也不受极端数值的影响。中位数也可以用来说明社会经济现象各单位标志值的一般水平。

2）中位数的确定

根据掌握的资料不同，中位数的计算方法分两种情况，即由未分组资料确定中位数和由分组资料确定中位数。

（1）根据未分组资料确定中位数。

根据未分组资料确定中位数，首先将掌握的资料按标志值由大到小或由小到大的顺序进行排列,然后确定中位数所在的位置,与中位数所在位置相对应的标志值即为中位数。

$$中位数位置 = \frac{n+1}{2}$$

如果标志值的项数是奇数,那么中间位置的那个标志值,就是中位数。假如有 7 个标志值按顺序排列为:68、72、75、77、81、84、88,则中位数所在位置为第 4 位〔(7+1)/2〕,第 4 位所对应的标志值,即 77 就是中位数,它代表了这 7 个标志值的一般水平。

如果标志值的项数是偶数,那么处于中间位置左右两边的标志值的算术平均数,就是中位数。假如有 8 个标志值按顺序排列为:68、72、75、76、77、81、84、88,则中位数位置为第 4、5 位〔(8+1)/2〕的中间,中位数为 76.5〔(76+77)/2〕,即第 4 位和第 5 位对应的标志值的算术平均数。

(2) 根据分组资料确定中位数。

根据分组资料确定中位数,首先确定中位数所在的组,办法是计算累计次数。计算累计次数的方法有较大制累计和较小制累计两种。较大制累计次数是由大变量值向小变量值方向累加的次数;较小制累计次数是由小变量值向大变量值方向累加的次数。包含 $\frac{\sum f}{2}$ 的最小累计次数(无论是较大制累计次数,还是较小制累计次数)的组即为中位数所在的组。其次确定中位数的值,单项数列和组距数列确定中位数的值有所不同。

① 根据单项数列确定中位数。

【例 4-22】某系 2017 年 9 月—2018 年 7 月学年共有 30 名同学获得奖学金,其分布情况见表 4-8。

表 4-8 学生奖学金分布情况及计算表

奖学金金额/(元/人)	人数/人	人数累计/人	
		较小制累计	较大制累计
3 000	3	3	30
5 000	6	9	27
8 000	8	17	21
10 000	7	24	13
15 000	6	30	6
合计	30	—	—

由表 4-8 中的资料可知,中位数位置为:30/2 = 15(人),即排队后的第 15 个同学为中位数的位置,则包含 15 的最小较小制累计次数 17(或最小较大制累计次数 21)所对应的组就是中位数所在的组,即上数第三组是中位数所在的组,标志值 8 000 元即

为中位数。

② 根据组距数列确定中位数。

【例 4-23】某年 50 座城市涉外旅游饭店餐饮收入资料见表 4-9。

表 4-9　某年 50 座城市旅游收入资料及计算表

按旅游收入分组/万元	城市数/座	累计城市数/座	
		较小制累计	较大制累计
5 000 以下	6	6	50
5 000~15 000	12	18	44
15 000~25 000	17	35	32
25 000~35 000	10	45	15
35 000 以上	5	50	5
合计	50	—	—

第一步，确定中位数所在的组。

$$中位数位置 = \frac{\sum f}{2} = \frac{50}{2} = 25（座）$$

即排队后的第 25 座城市为中位数的位置，同理可知，中位数在 150 000 万~25 000 万元这一组里。

第二步，确定中位数的近似值。

采用比例插入法，按下面两个公式计算中位数 M_e 的近似值。

$$下限公式：M_e = L + \frac{\frac{\sum f}{2} - S_{me-1}}{f_{me}} \times i$$

$$上限公式：M_e = U - \frac{\frac{\sum f}{2} - S_{me+1}}{f_{me}} \times i$$

式中：L 为中位数所在组的下限；U 为中位数所在组的上限；S_{me-1} 为中位数所在组下一组的较小制累计次数；f_{me} 为中位数所在组的次数；S_{me+1} 为中位数所在组上一组的较大制累计次数；i 为中位数所在组的组距；$\sum f$ 为总次数。

按下限公式计算：$M_e = 15\,000 + \frac{25-18}{17} \times (25\,000 - 15\,000) = 19\,117.64$（万元）

按上限公式计算：$M_e = 25\,000 - \frac{25-15}{17} \times (25\,000 - 15\,000) = 19\,117.64$（万元）

4.4.3 平均指标计算与应用的统计要求

在统计研究和分析中,平均指标得到了极其广泛的应用,为了保证平均指标的科学性,更好地发挥其作用,在计算与应用时必须遵守以下基本原则。

1. 在同质总体中计算和应用平均指标

同质总体是指由性质相同的同类单位构成的总体。只有在同质总体中,总体各单位才具有共同的特征,这样才能按某一数量标志计算其平均数。把本质不同的事物放在一起平均,将会形成一种虚构的平均数,它会抹杀现象之间的本质差异,歪曲现象的真实情况。因此,总体的同质性是计算应用平均指标首先要注意的问题。例如,研究商品的平均价格时,就应区分不同性质的商品来计算平均价格。

2. 用组平均数补充说明总平均数

平均数虽然它给人们以总体的、综合的数量概念,但平均数抽象。因此,如果要进一步分析研究问题,仅仅计算总体的平均数是不够的,还必须计算总体内部各种类型或各部分的平均数,以配合总平均数做出进一步的分析说明。

【例 4-24】某工业企业两个小组工人的工资情况见表 4-10。

表 4-10 各类人员工资情况统计表

按熟练程度分组	甲 组				乙 组			
	人数/人	比重/%	工资总额/元	平均工资/元	人数/人	比重/%	工资总额/元	平均工资/元
技术工	12	40	129 600	10 800	28	70	285 600	10 200
学徒工	18	60	151 200	8 400	12	30	93 600	7 800
合计	30	100	280 800	9 360	40	100	379 200	9 480

表 4-10 中的资料说明,该企业乙组平均工资比甲组高 120 元(9 480-9 360),但从技术工或学徒工的平均工资来看甲组均高于乙组。之所以会出现这种组平均数和总平均数不一致的情况,其主要原因就是各组具有不同工资水平的技术工和学徒工的比重不同。甲组中工资水平较高的技术工的人数比重比乙组少 30 个百分点,而工资水平较低的学徒工的人数比重甲组比乙组多 30 个百分点。在这种情况下,只有用技术工和学徒工各自的平均工资补充说明总平均工资,才能得出正确的结论。

3. 用分布数列补充说明平均数

由于平均数把总体各单位的数量差异给掩盖了,无法反映总体各单位的分布状况。因此,根据分析研究的需要,可以用分布数列补充说明平均数,以便多视角地观察问题。

【例 4-25】某年某市商业局所属各商业企业商品销售计划完成情况见表 4-11。

表 4-11　某年某市商业局所属各商业企业商品销售计划完成情况

按计划完成程度分组/%	商业企业数/个
80 以下	3
80~90	4
90~100	8
100~110	50
110~120	30
120~130	10
合计	105

根据该市各商业企业的全部实际销售额和全部计划销售额计算，其总平均计划完成程度为 108%，这说明该市商业企业的商品销售计划完成的比较好，平均超 8% 完成销售计划任务。如果结合分布数列观察，有 15 个企业没有完成销售计划，有 40 个企业超额 10% 以上完成了销售计划。用分布数列补充说明平均计划完成程度，便于我们进一步研究后进企业的问题，总结推广先进企业的经验。

4. 把平均数和典型事例结合起来

将一般与个别相结合是分析研究问题应遵循的一般原则。平均数是一般，典型事例是个别。所以，为了全面深入地认识事物，在应用平均数时，要结合个别的典型事例，加以深入细致的研究。

5. 选择合适平均数

平均指标很多，它们所反映的一般水平有不同的意义，因此在不同的场合，应该选择合适的平均指标。

任务 4.5　变异指标

4.5.1　变异指标的意义

变异指标又称标志变动度，它是反映总体各单位某种标志值之间差异程度的统计分析指标。变异指标和平均指标有着密切的联系。平均指标是反映总体各单位某一标志值一般水平的指标，它把各单位数量差异抽象掉了，是总体各单位某一标志值的代表值。但总体各单位数量之间的差异是客观存在的，它们之间差异程度的大小直接影响到平均指标的代表性高低。因此，在研究平均指标的同时，还必须对总体各单位标志值之间的差异程度进行测定，所以变异指标应运而生。如果用平均指标说明总体各单位标志值分布的集中趋势，则变异指标说明了总体各单位标志值的离中趋势。所以，在统计研究中，常把平均指标和变异指标结合起来应用。变异指标在统计研究中的作用主要有以下几个方面。

1. 变异指标是衡量平均指标代表性的尺度

平均指标作为某一数量标志值的代表值,其代表性的高低与总体各单位标志值的差异程度密切相关。平均指标代表性与变异指标的关系是:总体的变异指标越大,平均指标的代表性越低;反之,总体变异指标越小,平均指标的代表性越高。

【例 4-26】假设有三组工人的日产量数据见表 4-12。

表 4-12 三组工人的日产量数据

组 别	工人日产量/件				
甲	68	69	70	71	72
乙	50	60	70	80	90
丙	500	600	700	800	900

这三组数据中,甲乙两组的平均数均为 70 件,但各组数据的差异程度不同,平均数 70 件对各组数据的代表性就不同。甲组的差异程度明显小于乙组数据的差异程度,所以,甲组平均数 70 件的代表性显然高于乙组平均数 70 件的代表性。

常用的变异指标有全距、平均差、标准差和变异系数。当两个总体平均数相等时可以使用前三种变异指标来说明平均数的代表性高低;当两个总体平均不等时,必须使用变异系数来说明平均数的代表性高低。如例 4-26,甲乙两组的平均数都是 70 件,可用前三种变异指标来说明平均数的代表性高低,而乙丙两组的平均数不相等,就不能使用前三种标志变异指标,而必须使用变异系数来说明乙丙两组平均数的代表性高低。

2. 变异指标可以用来研究现象的稳定性和均衡性

变异指标可以表明生产过程的节奏性或经济活动过程的均衡性,以说明经济管理工作的质量。

【例 4-27】某企业两个车间某月份产品生产计划完成情况见表 4-13。

表 4-13 两个车间某月份产品生产计划完成情况

部 门	生产计划完成百分数/%			
	全月	上旬	中旬	下旬
甲车间	100	33	34	33
乙车间	100	12	38	50

甲乙两车间虽然都完成了全月生产计划,但两车间在执行计划的均衡性方面差异较大。甲车间各旬比较均衡,而乙车间表现为前松后紧。

3. 变异指标是确定抽样误差和必要样本数目的必要依据

这部内容将在项目 7 的统计抽样中阐述。

4.5.2 变异指标的计算

1. 全距

全距也称极差,它是总体各单位标志值中的最大值与最小值之差,一般用 R 表示。

$$R = 最大标志值 - 最小标志值$$

例如,例4-26中甲乙两组工人日产量资料的全距为:

$$R_甲 = 72 - 68 = 4 \text{(件)}$$
$$R_乙 = 90 - 50 = 40 \text{(件)}$$

可见,虽然甲乙两组工人平均日产量都为70件,但两组工人日产量的变动范围不一样。乙组的全距比甲组大,说明甲组的平均日产量70件的代表性比乙组平均日产量70件的代表性高。

全距是概括说明变异状况的简单指标,它只考虑了最大和最小两个极端数值,没有反映中间各标志值的变动情况,只是用变异幅度来说明变异状况的。因此,全距反映标志值的实际离散程度不全面、不准确。所以,测定标志值的离散程度必须考虑到所有标志值的变动。从而提出了下面的平均差和标准差。

2. 平均差

平均差是总体中各单位标志值对其算术平均数离差的绝对值的算术平均数,也叫平均离差。由于总体各个标志值对其算术平均数的离差之和恒等于零,即 $\sum(x-\bar{x})=0$ 或 $\sum(x-\bar{x})f=0$,因此,在测定离差大小时,对正负离差都取其绝对值 $|x-\bar{x}|$,然后计算平均离差。

计算平均差的步骤是:第一,求各标志值与其平均数的离差,并取其绝对值;第二,将其离差绝对值相加求和,即 $\sum|x-\bar{x}|$ 或 $\sum|x-\bar{x}|f$,再除以项数 n 或总次数 $\sum f$,得平均差。

由于掌握的资料不同,平均差的计算可分为简单式平均差与加权式平均差两种。

1) 简单式平均差

在总体各单位资料未分组的条件下,可采用简单式计算平均差,其公式为:

$$AD = \frac{\sum|x-\bar{x}|}{n}$$

式中,AD代表平均差,其他符号同前。

现以例4-26的甲乙两组工人的日产量资料为例,说明简单式平均差的计算方法,见表4-14。

表4-14 简单式平均差计算表

甲 组			乙 组		
日产量/件	离差	离差绝对值	日产量/件	离差	离差绝对值
x	$x-\bar{x}$	$\|x-\bar{x}\|$	x	$x-\bar{x}$	$\|x-\bar{x}\|$
68	-2	2	50	-20	20
69	-1	1	60	-10	10

续表

甲组			乙组		
日产量/件	离差	离差绝对值	日产量/件	离差	离差绝对值
70	0	0	70	0	0
71	1	1	80	10	10
72	2	2	90	20	20
合计	—	6	合计	—	60

前述已知甲乙两组工人平均日产量均为70件,则

甲组工人日产量的平均差:

$$AD_{甲} = \frac{\sum |x - \bar{x}|}{n} = \frac{6}{5} = 1.2 \text{(件)}$$

乙组工人日产量的平均差:

$$AD_{乙} = \frac{\sum |x - \bar{x}|}{n} = \frac{60}{5} = 12 \text{(件)}$$

计算结果表明,在甲乙两组工人平均日产量都等于70件的情况下,甲组的平均差为1.2件,乙组的平均差为12件,甲组的平均差小于乙组,因而甲组平均数的代表性比乙组的高。

2) 加权式平均差

在总体各单位资料已分组数的条件下,要采用加权式计算平均差,其计算公式为:

$$AD = \frac{\sum |x - \bar{x}|f}{\sum f}$$

【例4-28】某工厂包装车间有甲乙两个班组,工人对某产品的日包装量情况是:甲班组工人的平均日包装量为57件,工人日包装量的平均差为12件;乙班组工人的日包装量及有关计算资料见表4-15。

表4-15 加权式平均差计算表

按日包装量分组/件 乙	工人数/人 f	组中值 x	日包装总量/件 xf	离差 $x-\bar{x}$	离差绝对值 $|x-\bar{x}|$	以工人数加权的离差绝对值 $|x-\bar{x}|f$
40以下	5	35	175	−22	22	110
40~50	13	45	585	−12	12	156
50~60	18	55	990	−2	2	36
60~70	15	65	975	8	8	120
70~80	7	75	525	18	18	126
80及以上	2	85	170	28	28	56
合计	60	—	3 420	—	—	604

根据表 4-15 中的资料，则乙班组工人平均日包装量：

$$\bar{x} = \frac{\sum xf}{\sum f} = \frac{3\,420}{60} = 57 \text{（件）}$$

乙班组工人日包装量的平均差：

$$AD = \frac{\sum |x - \bar{x}|f}{\sum f} = \frac{604}{60} = 10.07 \text{（件）}$$

通过计算看出，甲乙两班组工人的平均日包装量均是 57 件，但甲班组工人日包装量的平均差大于乙班组的，所以，甲班组工人平均日包装量的代表性比乙班组的低。

平均差把所有标志值都考虑在内，测度了各个标志值之间的差异，因而能准确综合地反映总体中各单位标志值的差异程度，但由于平均差是取绝对值计算的，不便于各种代数的运算，所以在统计实际工作中应用较少。

3. 方差和标准差

方差是总体各单位标志值与其算术平均数离差平方的算术平均数，以 σ^2 表示。方差的平方根称为标准差，也称均方差，以 σ 表示。标准差的计算步骤是：第一，计算各单位标志值对算术平均数的离差；第二，把各个离差值加以平方；第三，计算这些离差平方的算术平均数即方差；第四，再把这个方差开平方，即得标准差。其计算公式依据掌握资料的实际情况不同也分为简单式标准差与加权式标准差两种。

1) 简单式标准差

在总体各单位资料未分组的条件下，按简单式计算标准差，其计算公式为：

$$\sigma = \sqrt{\frac{\sum (x - \bar{x})^2}{n}}$$

现仍以例 4-26 中甲乙两组工人日产量资料为例计算标准差，见表 4-16。

表 4-16 简单式标准差计算表

甲 组			乙 组		
日产量/件	离差	离差平方	日产量/件	离差	离差平方
x	$x-\bar{x}$	$(x-\bar{x})^2$	x	$x-\bar{x}$	$(x-\bar{x})^2$
68	-2	4	50	-20	400
69	-1	1	60	-10	100
70	0	0	70	0	0
71	1	1	80	10	100
72	2	4	90	20	400
合计	—	10	合计	—	1 000

前述已知甲乙两组工人平均日产量均为 70 件，则
甲组工人日产量的标准差：

$$\sigma_{甲} = \sqrt{\frac{\sum(x-\bar{x})^2}{n}} = \sqrt{\frac{10}{5}} = 1.41 \text{（件）}$$

乙组工人日产量的标准差：

$$\sigma_{乙} = \sqrt{\frac{\sum(x-\bar{x})^2}{n}} = \sqrt{\frac{1\,000}{5}} = 14.14 \text{（件）}$$

计算结果表明，甲组标准差为 1.41 件，乙组标准差为 14.14 件。这说明甲组标志值的变动小于乙组，可见甲组平均日产量的代表性比乙组的高。

2）加权式标准差

在总体各单位资料已分组的条件下，要按加权式计算标准差，其计算公式为：

$$\sigma = \sqrt{\frac{\sum(x-\bar{x})^2 f}{\sum f}}$$

【例 4-29】例 4-28 的某工厂包装车间有甲乙两个班组，工人对某产品的日包装量情况是：甲班组工人的平均日包装量为 57 件，工人日包装量的标准差为 14.73 件；乙班组工人的日包装量及有关计算资料见表 4-17。

表 4-17 加权式标准差计算表

按日包装量分组/件	工人数/人	组中值	日包装总量/件	离差	离差平方	以工人数加权的离差平方
乙	f	x	xf	$x-\bar{x}$	$(x-\bar{x})^2$	$(x-\bar{x})^2 f$
40 以下	5	35	175	-22	484	2 420
40~50	13	45	585	-12	144	1 872
50~60	18	55	990	-2	4	72
60~70	15	65	975	8	64	960
70~80	7	75	525	18	324	2 268
80 及以上	2	85	170	28	784	1 568
合计	60	—	3 420	—	—	9 160

根据表 4-17 中的资料，则

乙班组工人平均日包装量：

$$\bar{x} = \frac{\sum xf}{\sum f} = \frac{3\,420}{60} = 57 \text{（件）}$$

乙班组工人日包装量的标准差：

$$\sigma = \sqrt{\frac{\sum(x-\bar{x})^2 f}{\sum f}} = \sqrt{\frac{9\,160}{60}} = 12.36 \text{（件）}$$

通过计算看出，甲乙两班组工人的平均日包装量均是 57 件，但甲班组工人日包装量的标准差大于乙班组的，所以，甲班组工人平均日包装量的代表性比乙班组的低。

标准差与平均差既有相同之处又有不同之处，相同之处表现在：二者都是以平均数为中心，换句话说都是与平均数相比较，测定所有标志值变动程度的。不同之处表现在：① 平均差是以绝对值消除离差正负号的，标准差是以平方消除离差正负号的，以平方消除离差正负号在代数变换上优于绝对值的办法；② 同一个资料的标准差一定大于平均差，这正是标准差的放大作用，方差的放大效果更好。标准差将标志值的差别程度放大后，并不影响对问题的分析结论，如例 4-28 与例 4-29，根据标准差与平均差的分析结论是一致的，由此可知，标准差代数变换的优越性和数值的放大作用在统计分析中得到了比较广泛的应用。

4. 变异系数

标准差数值的大小，不仅受标志值离散程度大小的影响，而且还受标志值水平高低的影响。因此，为了对比分析不同水平的两个总体标志值的变异程度及平均数的代表性，必须消除标志值水平高低的影响，以真正反映总体各单位标志值的离散程度，这就需要计算变异系数。

变异系数又称离散系数，它是用相对数表现其标志值变异程度的，是标准差与算术平均数的比值，其计算公式为：

$$V = \frac{\sigma}{\bar{x}} \times 100\%$$

式中，V 代表变异系数，其他符号同前。

【例 4-30】仍以例 4-26 的乙丙两组资料为例说明之。乙组的平均数和标准差前已述及，丙组的平均数和标准差的计算资料见表 4-18。

表 4-18 丙组的平均数和标准差计算表

序号	日产量/件	离差	离差平方
丙	x	$x-\bar{x}$	$(x-\bar{x})^2$
1	500	-200	40 000
2	600	-100	10 000
3	700	0	0
4	800	100	10 000
5	900	200	40 000
合计	3 500	—	100 000

根据表 4-18 中的资料，则

$$\bar{x}_{丙} = \frac{\sum x}{n} = \frac{500+600+700+800+900}{5} = 700 \text{（件）}$$

$$\sigma_{丙} = \sqrt{\frac{\sum(x-\bar{x})^2}{n}} = \sqrt{\frac{100\,000}{5}} = 141.4 \text{（件）}$$

从计算结果看出，乙丙两组的平均日产量不同，因此，不能直接用标准差比较两组工人日产量的差异程度和平均日产量的代表性高低,必须消除日产量水平高低对标准差的影响,这就要计算变异系数。

$$V_乙 = \frac{\sigma}{\bar{x}} \times 100\% = \frac{14.14}{70} = 20.14\%$$

$$V_丙 = \frac{\sigma}{\bar{x}} \times 100\% = \frac{141.4}{700} = 20.14\%$$

例 4-30 中,乙丙两组变异系数的含义是,不论乙丙两组的平均日产量具体是多少,假设平均日产量都是 100 件,它们的标准差都是 20.14 件,所以,两组的工人日产量的差别程度相同,平均日产量的代表性相同。其实,丙组的标准差数值是乙组的十倍,是由于丙组工人日产量是在乙组工人日产量基础上放大 10 倍后的结果,因此两组工人日产量的差别程度本质上是一致的,计算了变异系数回归了标志值差别程度的本来面目。

【例 4-31】甲乙两个工厂生产某产品及相关计算资料见表 4-19。

表 4-19 甲乙两个工厂某产品的生产情况

厂　别	工人平均月产量/件	标准差/件	变异系数/%
甲工厂	16 000	600	3.75
乙工厂	8 000	400	5.00

根据表 4-19,则甲乙两个工厂的变异系数为:

$$V_甲 = \frac{\sigma}{\bar{x}} \times 100\% = \frac{600}{16\,000} \times 100\% = 3.75\%$$

$$V_乙 = \frac{\sigma}{\bar{x}} \times 100\% = \frac{400}{8\,000} \times 100\% = 5\%$$

从上例看出,甲厂的标准差大于乙厂,但由于两个工厂的工人平均月产量水平不同,不能简单地用标准差的大小来判定乙厂工人平均月产量的代表性高于甲厂。只有计算出两厂的变异系数,消除两个工厂工人平均月产量不同的影响,才能进行比较。从算出的变异系数看,甲厂为 3.75%,乙厂为 5%,甲厂小于乙厂,所以可准确地判定甲厂工人平均月产量的代表性高于乙厂的。

项目小结

统计指标简称指标,是反映社会经济现象总体数量特征的名称及其具体数值。具有同质事物的可量性和量的综合性特点。

统计指标按其所反映总体现象数量特征的性质不同,可分为数量指标(外延指标)和质量指标(内涵指标);按其作用和表现形式的不同,可分为总量指标、相对指标、平均指标、变异指标四类。

总量指标是反映总体的总规模和总水平的统计指标。其表现形式是绝对数，故又称绝对指标或绝对数。它具有两个特点：① 直接、具体；② 数值随总体范围的大小而增减。总量指标是认识社会经济现象的起点，是编制计划、实行经济管理的主要依据，是计算相对指标和平均指标的基础。

总量指标有标志总量和单位总量、时期指标和时点指标。时期指标和时点指标的区别是：时期指标的数值大小与时期长短有直接关系，时点指标的数值大小与时点的间隔长短没有直接关系；时期指标数值可加，时点指标数值不可加；时期指标的资料通过经常性调查取得，时点指标的资料通过一次性调查取得。

相对指标又称相对数，是两个有联系的统计指标数值的比值。它有两个特点：① 它抽象掉了构成相对指标分子和分母的具体数值；② 数值不随总体范围的大小而增减。其主要作用是：反映社会经济现象之间的相对水平和联系程度；具有可比性，即通过相对数的抽象性把不可比的现象转化为可比现象。

相对指标的数值表现形式：一是无名数，包括倍数、系数、成数、番数、百分数、百分点和千分数等；二是有名数。

表 4-20 相对指标种类汇总表

指标名称	公式	主要作用	特点	注意的问题
计划完成相对数	$\dfrac{实际完成数}{计划任务数}$	反映计划的执行情况	分子、分母不能互换	注意计划指标的性质；以提高或降低率规定的计划要考虑基数 1
结构相对数	$\dfrac{总体某一部分数值}{总体的全部数值}$	反映总体的内部构成状况	分子、分母不能互换；各部分比重之和为 1	以分组为前提
比例相对数	$\dfrac{总体中某一部分数值}{总体中另一部分数值}$	反映总体内部的比例关系	分子、分母能互换	以分组为前提
比较相对数	$\dfrac{某条件下的某类指标数值}{另一条件下的同类指标数值}$	反映现象之间的差别	分子、分母能互换	常以相对数和平均数比较
强度相对数	$\dfrac{某一现象的总量指标数值}{另一现象的总量指标数值}$	反映现象的强度、密度、普遍程度	分子、分母可互换，形成正逆指标	与平均数不同

计算和应用总量指标应注意：统计总量指标要有明确的统计含义和合理的统计方法，要有统一的计量单位，计算实物指标时，要注意现象的同类性。

计算和应用相对指标应注意：要正确选择对比的基数，注意相对指标的可比性，相对指标与总量指标结合运用，多种相对指标结合运用。

平均指标有算术平均数、调和平均数、几何平均数、众数和中位数。

平均指标（静态平均数）是用来反映同质总体各单位某一数量标志值一般水平的统计指标。它有三个特点：① 它抽象掉了总体内各单位标志值的具体水平；② 它是总体各单位标志值的一般水平，对总体具有代表性；③ 数值不随总体范围的大小而增减。

加权算术平均数受变量值和次数两个因素的影响。当标志值较大而次数也较多时，平均数就靠近或趋向于标志值大的一方；当标志值比较小，而次数较多时，平均数就靠近或趋向于标志值小的一方。在变量值既定的情况下，次数对平均数的大小起着权衡轻重的作用。因此，将次数称为权数。权数有两种表现形式：一种是绝对数，另一种是比重。比重形式能更好地体现权数作用的实质。

平均数中权数的选择是正确计算平均数的关键，一要选择的权数必须具有实际意义，二要使选择的权数与标志值的乘积之和等于某现象平均数基本公式的分子资料。

在社会经济统计中，加权调和平均数实际上是加权算术平均数的变形。当掌握了算术平均数基本公式分母的直接资料，而不掌握其分子的直接资料时，应采用加权算术平均数公式计算平均数，且以分母资料为权数；当掌握了算术平均数基本公式分子的直接资料，而不掌握其分母的直接资料时，应采用加权调和平均数公式计算平均数，且以分子资料为暗含权数。

众数是总体中出现次数最多的标志值。中位数是总体各单位标志值按大小排列后，居于中间位置的那个标志值。众数和中位数都可以用来说明社会经济现象各单位标志值的一般水平。

平均指标计算和应用的统计要求：在同质总体中计算和应用平均指标，用组平均数补充说明总平均数，用分布数列补充说明平均数，把平均数和典型事例结合起来，选择合适平均数。

变异指标又称标志变动度，它是反映总体各单位某种标志值之间差异程度的统计指标。它是衡量平均数代表性的尺度，平均数的代表性高低与变异指标的数值大小成反比关系。常用的变异指标有全距、平均差、标准差和变异系数。当两个总体平均数相等时可以使用前三种变异指标来说明平均数的代表性高低；当两个总体平均数不等时，必须使用变异系数来说明平均数的代表性高低。

表 4-21　平均数和标志变异指标汇总表

指标名称及符号	计算公式				主要作用
	简单式		加权式		
	公式	应用条件	公式	应用条件	
算术平均数 ($\bar{x}$)	$\dfrac{\sum x}{n}$	未分组资料	$\dfrac{\sum xf}{\sum f}$	分组资料。不掌握基本公式的分子资料，掌握其分母资料，分母是绝对数，且以分母为权数	表明现象的一般水平
			$\sum x \dfrac{f}{\sum f}$	分组资料。不掌握基本公式的分子资料，掌握其分母资料，分母是比重形式，且以分母为权数	
调和平均数 (H)	$H = \dfrac{n}{\sum \dfrac{1}{x}}$		$\dfrac{\sum m}{\sum \dfrac{m}{x}}$	分组资料。不掌握基本公式的分母资料，掌握其分子资料。以分母为暗含权数	
标准差 (σ)	$\sqrt{\dfrac{\sum(x-\bar{x})^2}{n}}$		$\sqrt{\dfrac{\sum(x-\bar{x})^2 f}{\sum f}}$	分组资料。两总体平均数相等时使用	衡量平均数的代表性
变异系数 (V)	$V = \dfrac{\sigma}{\bar{x}} \times 100\%$，两总体平均数不等时使用				

思 考 题

1. 什么是统计指标？有什么特点？有哪些种类？
2. 什么是总量指标？有何特点与作用？
3. 举例说明时期指标与时点指标及其区别。
4. 什么是相对指标？有何特点与作用？
5. 相对数的数值表现形式中的百分数和百分点各是什么含义，二者有何区别？
6. 相对指标有几种？各有什么作用？
7. 结构相对数和比例相对数有什么区别和联系？正确计算和应用二者为什么必须以科学的分组为前提？
8. 计算和应用总量指标与相对指标应注意哪些问题？
9. 什么是平均指标？有何特点与作用？
10. 什么是权数？有几种表现形式？如何选择权数？
11. 加权算术平均数与加权调和平均数有何关系？如何应用？
12. 举例说明众数和中位数及其作用。
13. 平均指标的应用原则有哪些？
14. 什么是标志变异指标？有何作用？
15. 平均差与标准差有何异同？
16. 什么是标准差和变异系数？应用二者说明平均数代表性的条件是什么？

基础训练题

一、填空题

1. 总量指标是反映社会经济现象在一定时间、地点、条件下的（　　　　）和（　　　　）的统计指标。
2. 总量指标按反映现象的时间状态不同，可分为（　　　　）和（　　　　）。
3. 相对指标有七种，即（　　　　）、（　　　　）、（　　　　）、（　　　　）、（　　　　）、（　　　　）、（　　　　）。
4. 计划指标是以最低限额规定的，计划完成相对指标（　　　　）100%为超额完成计划；计划指标是以最高限额规定的，计划完成相对指标（　　　　）100%为超额完成计划。
5. 平均指标反映的是总体各单位变量值分布的（　　　　）。

6. 数值平均数包括（　　　　）、（　　　　　　）、（　　　　　　），位置平均数包括（　　　）、（　　　　　）。

7. 简单算术平均数是加权算术平均数的（　　　　　），平均数中权数权衡轻重作用的实质更好地体现在权数的（　　　　　）形式上。

8. 由相对数或平均数求平均数的基本公式与原相对数和平均数的算式（　　　　　）。

9. 平均数中的权数一定是求平均数基本公式中的（　　　　　）资料。

10. 众数是指总体中出现次数（　　　　　）的标志值。

11. 当两个总体平均数相等时可以使用（　　　　）、（　　　　）、（　　　　）三种标志变异指标来说明平均数的代表性高低；当两个总体平均不等时，必须使用（　　　　　）来说明平均数的代表性高低。

12. 标准差数值的大小，不仅受（　　　　　）大小的影响，而且还受（　　　　　）高低的影响。

二、单选题

1. 总量指标按其反映的内容不同可分为（　　　）。
    A. 实物指标和价值指标　　　　B. 总体单位总量和总体标志总量
    C. 时期指标和时点指标　　　　D. 时间指标和时期指标

2. 总量指标数值大小（　　　）。
    A. 随总体范围扩大而增大　　　B. 随总体范围扩大而减小
    C. 随总体范围缩小而增大　　　D. 与总体范围大小无关

3. 总体标志总量（　　　）。
    A. 说明总体单位特征　　　　　B. 表示总体本身的规模大小
    C. 是指总体各单位标志值的总和　D. 是指总体单位总量

4. 某厂某年职工劳动生产率为15 000元／（人·月），是历史最高水平的1.5倍。这里1.5倍是（　　　）。
    A. 比例相对数　　　　　　　　B. 计划完成相对数
    C. 强度相对数　　　　　　　　D. 动态相对数

5. 某市某年末总人口339.84万人，其中，城镇人口占总人口的46.1%，这两个指标（　　　）。
    A. 前者是时期指标，后者是时点指标
    B. 前者是时点指标，后者是时期指标
    C. 前者是时点指标，后者是结构相对指标
    D. 前者是时期指标，后者是结构相对指标

6. 某公司某年完成产值400万元，次年计划增长8%，实际完成480万元。超额完成计划为（　　　）。
    A. 12%　　　　B. 120%　　　　C. 20%　　　　D. 11%

7. 变量数列中各组标志值不变，每组次数均增加为120%，加权算术平均数的数值(　　)。
　　A. 增加20%　　B. 不变化　　C. 减少20%　　D. 无法判断
8. 标志变异指标中，由总体中两个极端数值大小决定的是(　　)。
　　A. 全距　　B. 平均差　　C. 标准差　　D. 变异系数
9. 反映总体单位标志值变动范围的指标是(　　)。
　　A. 平均数　　B. 标准差　　C. 变异系数　　D. 全距
10. 某班40名同学进行考试，6人耗时60分钟；20人耗时75分钟；14人耗时80分钟。要计算该班学生平均耗时应采用(　　)。
　　A. 简单算术平均数　　　　B. 加权算术平均数
　　C. 简单调和平均数　　　　D. 加权调和平均数
11. 如果两个总体平均数不相等，比较其离差程度的指标是(　　)。
　　A. 全距　　B. 平均差　　C. 标准差　　D. 变异系数
12. 已知一车间日平均劳动生产率为28件/人，标准差为3件；又知二车间日平均劳动生产率为30件/人，标准差也为3件。则劳动生产率水平的代表性(　　)。
　　A. 一车间大　　B. 二车间大　　C. 一样大　　D. 不知谁的大

三、多选题

1. 下列属于绝对数指标的是(　　)。
　　A. 某商场月末商品库存额　　B. 某地区人口净增加数
　　C. 某高等学校某年毕业生人数　　D. 某合资企业月末在册人数
　　E. 按人口平均钢产量
2. 下列属于强度相对指标的是(　　)。
　　A. 工人劳动生产率　　　　B. 铁路密度
　　C. 人均粮食产量　　　　　D. 产值利税率
　　E. 人口密度
3. 下列相对数中，属于结构相对数的有(　　)。
　　A. 小学生入学率　　　　B. 全国总人口中少数民族人口所占比重
　　C. 出勤率　　　　　　　D. 出口贸易额与进口贸易额的比率
　　E. 农轻重比例
4. 分子与分母可以互换的相对指标有(　　)。
　　A. 结构相对指标　　　　B. 比例相对指标
　　C. 比较相对指标　　　　D. 强度相对指标
　　E. 计划完成程度相对指标
5. 中位数是(　　)。
　　A. 根据各标志值计算的

B. 标志值按顺序排队后，位于中间位置的变量值
C. 最大的标志值
D. 不受极端值影响
E. 最小的变量值

6. 由总体所有单位的标志值计算的平均数有（　　）。
   A. 算术平均数　　　　　　　B. 调和平均数
   C. 几何平均数　　　　　　　D. 中位数
   E. 众数

7. 从指标的性质看，下面指标中属于平均指标的有（　　）。
   A. 人均粮食产量　　　　　　B. 人均粮食消费量
   C. 人均钢产量　　　　　　　D. 平均每一工人月收入
   E. 人均住房面积

8. 下列属于时点指标的有（　　）。
   A. 某地区年末人口数　　　　B. 某地区年内人口出生数
   C. 某地区高校在校学生数　　D. 某地区固定资产投资数
   E. 某地区每年初拖拉机台数

9. 标准差（　　）。
   A. 表明总体单位标志值对其算术平均数的平均距离
   B. 反映总体单位的一般水平
   C. 反映总体单位标志值的离散程度
   D. 反映总体分布的集中趋势
   E. 反映总体分布的离中趋势

10. 变异指标可以反映（　　）。
    A. 平均数代表性的大小　　　B. 标志值集中趋势
    C. 生产的均衡性　　　　　　D. 标志值离中趋势
    E. 生产的稳定性

四、判断题

1. 质量指标的数值大小随总体范围的大小而增减。（　　）
2. 比例相对指标是同一总体不同部分数值对比，因此，可以说明总体的构成情况。（　　）
3. 用相对指标的分子资料作权数计算平均数应采用加权算术平均法。（　　）
4. 众数是总体中出现最多的次数。（　　）
5. 对平均数起决定作用的权数是比重权数。（　　）
6. 平均差和标准差都表示各标志值对其算术平均数的平均距离。（　　）

任务训练题

1. 某商店三个门市部某年上半年商品销售资料见表 4-22。

表 4-22 某商店三个门市部某年上半年商品销售资料

店别	第一季度实际销售额/万元	第二季度				计划完成%	第二季度销售额为上季的%
		计划		实际			
		销售额/万元	比重/%	销售额/万元	比重/%		
第一门市部	90	100		110.0			
第二门市部	230	150				100	
第三门市部				237.5		95.0	
合计	450		100		100		

要求：(1) 填写表中空格数字。

(2) 指出表中的相对指标属于哪种相对指标。

2. 某企业某年销售额计划完成 105%，比上年增长 6%，问该年计划规定的销售额比上年增长百分之多少？

3. 某企业 2017 年甲产品的单位成本为 800 元，计划规定 2018 年成本降低 4.5%，实际降低 5%。试计算：(1) 甲产品 2018 年单位成本的计划数与实际数；(2) 甲产品 2018 年产品成本计划完成程度。

4. 某企业所属三个分厂某年下半年的利润额资料见表 4-23。

表 4-23 某企业所属三个分厂某年下半年的利润额资料

分厂	第三季度利润/万元	第四季度				计划完成百分比/%	第四季度为第三季度的%
		计划		实际			
		利润/万元	比重/%	利润/万元	比重/%		
甲	(1)	(2)	(3)	(4)	(5)	(6)	(7)
A 厂	1 082	1 234		1 358			
B 厂	1 418	1 724				95	
C 厂	915			1 140		105	
合计	3 415						

要求：

(1) 计算空格指标数值，并指出 (1) ~ (7) 栏是何种统计指标。

（2）如果未完成计划的分厂能完成计划，则该企业的利润将增加多少？超额完成计划多少？

（3）若B、C两个分厂都能达到A分厂完成计划的程度，该分厂将增加多少利润？超额完成计划多少？

5. 某企业生产某种产品，按五年计划规定最后一年产量应达到100万吨。计划执行情况见表4-24。

表4-24　某企业生产某种产品五年计划执行情况

指标 \ 年份	第一年	第二年	第三年		第四年				第五年			
			上半年	下半年	一季	二季	三季	四季	一季	二季	三季	四季
产量/万吨	78	82	44	45	23	24	24	25	25	26	26	27

试计算：（1）该产品产量计划完成程度；

（2）该企业提前多少时间完成了五年计划规定的指标。

6. 根据表4-25中的资料，能计算哪些强度相对指标？并计算其正指标和逆指标。

表4-25　某地区2017年和2018年有关资料

指标	单位	2017年	2018年
总人口	万人	2 823	2 867
医疗机构	个	4 876	5 059
卫生技术人员	人	81 862	84 431
医院病床数量	张	56 920	59 252

7. 某企业2011—2015年计划基本建设投资总额为2 500万元，实际执行情况见表4-26。

表4-26　某企业2011—2015年基本建设投资总额实际执行情况

年份	2011	2012	2013	2014	2015			
					一季	二季	三季	四季
基本建设投资总额/万元	480	508	600	612	120	180	250	150

试计算：（1）该企业2011—2015年基本建设投资计划完成情况相对指标；

（2）该企业提前多少时间完成了五年计划规定的指标。

8. 某车间工人日产量资料见表4-27。

表4-27　某车间工人日产量资料

日产量/件	工人数/人
12	10
13	13
14	15
15	12
合计	50

计算该车间工人的平均日产量。

9. 某商店职工销售额资料见表 4-28。

表 4-28　某商店职工销售额资料

按日销售额分组/元	职工人数/人
200 以下	15
200~300	25
300~400	50
400~500	75
500 及以上	35
合计	200

试根据上表资料计算该商店职工的平均日销售额、众数和中位数。

10. 某乡播种 2 300 亩早稻,其中 40% 的稻田使用良种,平均亩产 800 斤,其余的稻田平均亩产仅有 550 斤,试问:(1)全部耕地早稻平均亩产是多少?(2)早稻的总产量为多少?

11. 甲工厂某产品分三批生产,有关资料为:第一批出厂价格为每吨 460 元,产品占总产量的 20%;第二批出厂价格为每吨 420 元,产量占总产量的 50%;第三批出厂价格为每吨 400 元。试根据上述资料计算该厂三批产品的平均出厂价格。

12. 甲、乙两企业某月生产某产品的单位成本及产量资料见表 4-29。

表 4-29　甲、乙两企业某月生产某产品的单位成本及产量资料

批　次	甲 企 业		乙 企 业	
	单位产品成本/元	产量比重/%	单位产品成本/元	产量比重/%
第一批	10	10	12	35
第二批	11	20	11	25
第三批	12	70	10	40

试根据表 4-29 中的资料比较该月份哪个企业的平均单位成本低,并说明原因。

13. 某管理局所属企业的工人工资资料见表 4-30。

表 4-30　某管理局所属企业的工人工资资料

按月工资分组/元	企业数/个	各组工人在工人总数中所占的比重/%
6 000 以下	5	10
6 000~7 000	8	25
7 000~8 000	10	30
8 000~9 000	7	20
9 000 及以上	5	15
合计	35	100

试计算该管理局工人的平均工资。

14. 某地甲、乙两个农贸市场三种主要蔬菜价格及销售额资料见表 4-31。

表 4-31　某地甲、乙两个农贸市场三种主要蔬菜价格及销售额资料

品种	价格/(千克/元)	销售额/万元	
		甲市场	乙市场
甲	0.30	75.0	37.5
乙	0.32	40.0	80.0
丙	0.36	45.0	45.0

试计算比较该地区哪个农贸市场蔬菜平均价格高？并说明原因。

15. 某工业局所属企业有关资料见表 4-32。

表 4-32　某工业局所属企业有关资料

按工人劳动生产率分组/(万元/人)	企业数/个	各组产值/万元
5~6	2	220
6~7	5	650
7~8	8	825
8~9	3	255
9~10	2	190

求工人的平均劳动生产率。

16. 已知某地区各工业企业产值计划完成情况及计划产值见表 4-33。

表 4-33　某地区工业企业产值计划完成情况

计划完成程度/%	企业数/个	计划产值/万元
90 以下	10	1 200
90~100	25	2 500
100~110	55	15 000
110~120	30	5 000
120 及以上	5	600
合计	125	24 300

要求：（1）根据上表资料计算该地区所有工业企业产值计划平均完成程度；

（2）如果上述资料中所给的不是计划产值而是实际产值，试计算该地区所有工业企业产值计划平均完成程度。

17. 某纺织厂 2017 年和 2018 年的工资资料见表 4-34。

表 4-34　某纺织厂 2017 年和 2018 年的工资资料

工人构成	2017 年		2018 年	
	工人数/人	工资总额/元	工人数/人	工资总额/元
熟练工人	420	29 400	256	19 200
不熟练工人	180	9 000	384	21 200
合计	600	38 400	640	40 320

要求：(1) 计算各年各组工人平均工资和总平均工资；
(2) 从两年的组平均工资与总平均工资的比较中可以看出什么问题？并做出分析。

18. 某地甲、乙两村玉米生产情况资料见表 4-35。

表 4-35　某地甲、乙两村玉米生产情况资料

按土地自然条件分组	甲 村				乙 村			
	播种面积		总产量/吨	单产/吨	播种面积		总产量/吨	单产/吨
	绝对数/公顷	比重/%			绝对数/公顷	比重/%		
山地	100		300		170		540	
丘陵地	133.3		600		119		560	
平原地	100		525		51		285	
合计	333.3		1 425		340		1 385	

要求：(1) 填列表中空格中的数字；
(2) 简要分析说明哪个村生产情况好？为什么？

19. 某厂 400 名职工工资资料见表 4-36。

表 4-36　某厂职工工资资料

按月工资分组/元	职工人数/人
1 100 以下	60
1 100～1 300	100
1 300～1 500	140
1 500～1 700	60
1 700 及以上	40
合计	400

试根据上述资料计算该厂职工的平均工资和标准差。

20. 某县某年的粮食产量资料见表 4-37。

表 4-37　某县某年的粮食产量资料

按单位面积产量分组/(千克/公顷)	播种面积比重
3 000 以下	0.05
3 000～3 750	0.35
3 750～6 000	0.40
6 000 及以上	0.20

试根据表 4-37 中的资料计算该县粮食平均单位面积产量和标准差。

21. 资料：① 某年甲工业局所属企业平均产值为 82 万元，企业间产值的标准差为 16 万元；② 乙工业局同年有关资料见表 4-38。

表 4-38　乙工业局有关资料

按产值分组/万元	企业数/个
40~60	3
60~80	5
80 及以上	2
合计	10

要求：比较两工业局平均产值的代表性。

22. 某工业局全员劳动生产率的标准差为 512 元，变异系数为 8.4%。试求该工业局全员劳动生产率的平均水平。

项目训练题

根据项目的整理资料进行相关统计指标的计算与分析。

项目 5 动态数列

学习目标

能力目标
- 能根据所掌握的历史数据，计算相关的动态分析指标，判断现象的发展变化趋势与规律
- 能根据所掌握的历史数据，对现象未来的发展变化做出预测

知识目标
- 理解动态数列的概念、作用、种类及编制原则
- 掌握时期数列和时点数列的区别
- 理解动态数列的水平指标，掌握平均发展水平指标的计算与应用
- 理解动态数列的速度指标，掌握水平法平均发展速度指标的计算与应用
- 掌握现象长期趋势、季节变动的测定方法

任务 5.1 认知动态数列的基本问题

5.1.1 动态数列的概念

社会经济现象经常随时间的变化而发生变化。例如，工业企业在其生产经营的过程中，产品的产量、工人的工资、工业总产值等都会因时间的变化而呈现出动态变化的过程。社会经济统计作为认识社会的有力武器，不仅从社会经济现象的相互联系和相互制约中进行研究，而且还要从它们的发展变化中去研究、探寻规律，发现社会经济现象的本质特征。要完成这一项任务，就需要我们编制动态数列、计算各项动态分析指标、进行动态数列分析，这些也正是我们这一项目所要学习的内容。

动态是指现象在时间上的发展变化。所谓动态数列，即把反映某种社会经济现象的

一系列统计指标数值按时间先后顺序编排所形成的数列，也称时间数列或时间序列。动态数列由两个基本要素所构成：一是资料所属的时间；二是对应时间上的统计指标数值，二者缺一不可。例如，表 5-1 是一个有关我国 2012—2016 年国民经济某些主要指标的动态数列。

表 5-1 我国 2012—2016 年国民经济主要指标

年 份	2012	2013	2014	2015	2016
国内生产总值/亿元	519 470.1	568 845.2	643 974.0	676 708.0	744 127.0
年末总人口数/万人	135 404	136 072	136 782	137 462	138 271
第一产业增加值占国内生产总值的比重/%	10.1	10.0	9.1	8.8	8.6
城镇单位在岗职工年平均工资/元	46 769	51 483	56 360	62 029	67 569

资料来源：《2017 年中国统计年鉴》。

5.1.2 动态数列的作用

编制和研究动态数列在社会经济统计中具有十分重要的作用。
（1）可以反映社会经济现象的发展变化过程，描述现象的发展状态和结果。
（2）可以研究社会经济现象的发展趋势和发展速度。
（3）可以探索现象发展变化的规律，并对社会经济现象进行预测。
（4）可以对比分析不同的时间序列，以对社会经济现象的不同方面、不同区域的社会经济现象进行比较。

总之，时间序列是计算动态分析指标、考察现象发展方向和速度、预测现象发展趋势的基础。时间序列的分析有助于我们了解事物过去的活动规律、评价当前、安排未来，是社会经济分析中的重要分析方法之一。

5.1.3 动态数列的种类

动态数列按统计指标的表现形式不同，可分为总量指标动态数列、相对指标动态数列和平均指标动态数列三种类型。其中，总量指标动态数列是基本数列，相对指标动态数列和平均指标动态数列则是由总量指标动态数列形成的派生数列。

1. 总量指标动态数列

所谓总量指标动态数列，是指将现象某一总量指标按时间先后顺序编排所形成的动态数列，也称为绝对数动态数列。按照统计指标所表明的社会经济现象所属的时间不同，总量指标动态数列又分为时期数列和时点数列。

（1）时期数列。在总量指标动态数列中，如果各项指标都反映某种现象在一段时期内发展过程的总量，这样的总量指标动态数列就称为时期数列。例如，表 5-1 中所列的国内生产总值就是一个时期数列。

（2）时点数列。在总量指标动态数列中，如果各项指标都反映某种现象在某一时点上的数量水平，这样的总量指标动态数列就称为时点数列。例如，表 5-1 中所列的年末总人口数就是一个时点数列。

研究时期数列与时点数列一定要注意时期指标与时点指标的特点，关于时期指标与时点指标的特点已在 4.2.2 中阐述过了。

2. 相对指标动态数列

所谓相对指标动态数列，是指将现象某一相对指标按时间先后顺序编排所形成的动态数列，也称为相对数动态数列。它主要用来反映现象对比关系的发展变化过程。例如，表 5-1 中所列的第一产业增加值占国内生产总值的比重就是一个相对指标动态数列。在相对指标动态数列中，各个指标数值是不能相加的。

3. 平均指标动态数列

所谓平均指标动态数列，是指将现象某一平均指标按时间先后顺序编排所形成的动态数列，也称为平均数动态数列。它主要用来反映现象一般水平的发展变化过程。平均数动态数列包括静态平均数动态数列和动态平均数动态数列。静态平均数是根据同一时间总体各单位的变量值计算的平均数；而动态平均数是根据同一总体不同时间的变量值计算的平均数，也称为序时平均数（序时平均数在 5.2.6 中阐述）。例如，表 5-1 中所列的职工年平均工资就是一个静态平均数动态数列。在平均指标动态数列中，各个指标数值也是不能相加的。

为了对社会经济现象发展过程进行全面的分析，在实际工作中可以把上述各种动态数列结合起来运用。

5.1.4　动态数列的编制原则

编制动态数列的目的是通过对数列中各个指标的动态分析来研究社会经济现象的发展变化过程及其规律性。因此，保证数列中各个指标之间的可比性，就成为编制动态数列应该遵循的基本原则。具体来说，可比性包括以下几个方面的具体内容。

1. 指标数值所属的时期长短或时间间隔最好一致

由于时期数列指标数值的大小与时期的长短有直接的关系，因此各项指标数值所属的时期长短应该前后一致，时期长短不同的指标数值是不可以比较的。例如，一个月的销售额与一个季度的销售额是不能比较的。

但是，有时为了研究不同时期的经济发展水平或各个历史阶段的发展变化，也可以编制时期长短不等的时期数列，这主要是根据研究的目的而定，如表 5-2 所示的动态数列。

表 5-2　我国普通高校毕业生人数

年　份	1912—1948	1949	1965	1981	2000	2010
毕业生人数/万人	21.08	2.1	18.6	14.0	95.0	575.4

资料来源：《2014 年中国统计年鉴》。

从表 5-2 可知，恢复高考第一届毕业生人数达到 14.0 万人，是新中国成立初期 1949 年人数的 6.67 倍；2000 年普通高校毕业生人数迅速增至 95.0 万人，约相当于旧中国 37 年高等学校毕业生总和的 4.5 倍；而 2010 年我国普通高等院校毕业生人数又约相当于 2000 年普通高校毕业生人数的 6 倍。这表明我国高等教育事业所取得的巨大成就，而且其发展步伐呈现加速的趋势。

对于时点数列来说，指标数值的大小与时点间隔长短虽然没有直接的联系，但是为了明显地反映社会经济现象发展变化的规律性，时点间隔也应力求一致。

2. 指标数值所属的总体范围应该一致

总体范围是指动态数列指标数值所包括的地区范围、隶属关系范围等。在进行动态数列分析时，要查明所依据的指标数值总体范围是否一致，如果随着时间的变化，现象的总体范围发生了变化，必须进行适当的调整。例如，某省的行政辖区发生了变化，其辖区的工农业总产值指标便应随之进行适当调整，才能进行前后对比。

3. 指标的经济含义和内容应该相同

经济含义不同的指标，不能混合编成一个动态数列。例如，在编制劳动生产率动态数列时，其各年的指标数值是选择生产工人的劳动生产率，还是选择全员劳动生产率，应该前后一致。另外，随着时间的推移，同一名称的指标，其包括的经济内容可能会发生改变，不同经济内容的指标是不能编制成一个动态数列的。例如，编制产品成本的动态数列时，就应该注意 1993 年以前的产品成本是指生产产品的完全成本，而 1993 年之后的产品成本是指产品的制造成本。

4. 指标数值计算方法、计算价格和计量单位应该一致

在社会经济统计中如果指标计算方法不一致，则难以进行比较。指标的计量单位是多样的，如重量单位有吨、千克等；面积单位有公顷、亩等，在统计资料中变化很多，要注意调整一致后，再编制动态数列。

5.1.5　时间序列的影响因素

对时间序列的分析可以从影响因素入手，一般认为时间序列受以下四方面因素影响。

长期趋势（T）：是在较长时期内受某种根本性因素作用而形成的总的变动趋势。比如，我国 GDP 总量长期来看具有上升趋势。

季节性（S）：是在一年内随着季节的变化而重复出现的有规律的周期性变动。比如，通常商业上有"销售淡季"和"销售旺季"。

周期性（C）：是以若干年为周期所呈现出的围绕长期趋势的一种波浪形态的有规律的

变动。比如我们常说的经济周期，5年或者10年一个循环。

不规则变动（I）：是一种无规律可循的偶然性的变动，包括严格的随机变动和不规则的突发性影响很大的变动两种类型。比如，股票的价格波动。

传统的时间序列分析的主要内容就是将这些成分从时间序列中分离出来，并将它们之间的关系用一定的数学关系式予以表达，并进行分析。按这四种因素成分对时间序列影响的不同，可将时间序列分解成多种模型，如加法模型、乘法模型等。

加法模型的表现形式为：

$$Y_t = T_t + S_t + C_t + I_t$$

乘法模型的表现形式为：

$$Y_t = T_t \times S_t \times C_t \times I_t$$

任务 5.2　动态数列的分析指标

为了研究现象的动态变化，还需要对动态数列进行加工，计算动态数列指标。动态数列指标也称为动态数列分析指标，包括两大类，即水平指标和速度指标。动态数列的水平指标有发展水平、平均发展水平、增长量、平均增长量、增长1%的绝对值；动态数列的速度指标有发展速度、增长速度、平均发展速度、平均增长速度。

5.2.1　发展水平

发展水平是指在动态数列中的每一项具体指标数值，也称为动态数列水平。它反映某种社会经济现象在一定时间上所达到的规模或水平，是计算其他动态数列指标的基础。发展水平一般是指总量指标，如工业总产值、学生人数等；也可用相对指标表示，如产品的计划完成程度；或用平均指标来表示，如平均单位产品成本、平均工资等。

发展水平按其在动态数列中所处的次序地位不同，可分为最初水平、中间水平和最末水平。在动态数列中，第一个指标数值叫最初水平，最后一个指标数值叫最末水平，其余各项指标数值叫中间水平。如果用 $a_1, a_2, \cdots, a_{n-1}, a_n$ 表示现象各期发展水平，则 a_1 就是最初水平，a_n 就是最末水平，其余各项就是中间水平。

在动态分析中，我们将要研究时期的指标水平称为报告期水平，将用作对比基础时期的指标水平称为基期水平。具体实例见表5-3。

表 5-3　某企业某年上半年各月总产值资料

月　份	1	2	3	4	5	6
总产值/万元	4 200	4 400	4 600	4 830	4 850	4 900

在表 5-3 中，1 月份的总产值 4 200 万元是最初水平，6 月份的总产值 4 900 万元是最末水平，其余各项是中间水平。如果把 2 月份的总产值与 1 月份的总产值进行对比，那么 1 月份的总产值就是基期水平，2 月份的总产值就是报告期水平；如果把 3 月份的总产值与 2 月份的总产值进行对比，那么 2 月份的总产值就是基期水平，3 月份的总产值就是报告期水平。报告期水平与基期水平的划分是随着研究目的的改变而改变的。

5.2.2 增长量

增长量是报告期水平与基期水平之差，反映报告期比基期增加（或减少）的绝对数量。

$$增长量=报告期水平-基期水平$$

增长量的计算结果有正负之分，正数表示增长，负数则表示减少，因此，增长量又称为增减量。

由于采用的基期不同，增长量可分为逐期增长量和累计增长量。逐期增长量是报告期水平与前一期水平之差，表明报告期较前一期增减的绝对量。累计增长量是报告期水平与某一固定基期水平（通常为最初水平）之差，表明报告期较某一固定基期增减的绝对量。这两个指标可用公式表示如下：

逐期增长量：a_2-a_1，a_3-a_2，…，a_n-a_{n-1}

累计增长量：a_2-a_1，a_3-a_1，…，a_n-a_1

逐期增长量和累计增长量之间存在这样的运算关系：

（1）逐期增长量之和等于累计增长量，即：

$$(a_2-a_1)+(a_3-a_2)+\cdots+(a_n-a_{n-1})=a_n-a_1$$

（2）两个相邻的累计增长量之差等于报告期的逐期增长量，即：

$$(a_i-a_1)-(a_{i-1}-a_1)=a_i-a_{i-1}$$

具体计算见表 5-6。

在统计实践中，为了消除季节变动的影响，常采用年距增长量指标，它是报告期水平与上年同期水平之差，表明报告期水平较上年同期水平增减的绝对量，其计算公式为：

$$年距增长量=报告期水平-上年同期水平$$

【例 5-1】某企业某产品某年第三季度产量为 550 万吨，2012 年第三季度产量为 500 万吨，则

$$年距增长量=550-500=50（万吨）$$

这表明该年第三季度产品产量比上年同期增长了 50 万吨。

5.2.3 发展速度和增长速度

1. 发展速度

发展速度是以相对数形式表示的两个不同时期发展水平的比值，表明报告期水平已发展

到基期水平的几分之几或若干倍。其计算公式为：

$$发展速度 = \frac{报告期水平}{基期水平}$$

发展速度通常用百分数表示，有时也用倍数表示。若发展速度大于百分之百（或大于1），表示向上发展；若发展速度小于百分之百（或小于1），则表示向下发展。

发展速度由于采用的基期不同，可分为环比发展速度和定基发展速度。环比发展速度是报告期水平与其前一期水平之比，表明现象逐期的发展速度。定基发展速度是报告期水平与某一固定基期水平（通常为最初水平）之比，表明现象在某一较长时期的发展速度。这两个指标可用公式表示为：

环比发展速度：$\dfrac{a_2}{a_1}, \dfrac{a_3}{a_2}, \dfrac{a_4}{a_3}, \cdots, \dfrac{a_n}{a_{n-1}}$

定基发展速度：$\dfrac{a_2}{a_1}, \dfrac{a_3}{a_1}, \dfrac{a_4}{a_1}, \cdots, \dfrac{a_n}{a_1}$

环比发展速度和定基发展速度之间存在这样的运算关系：

（1）环比发展速度的连乘积等于定基发展速度，即：

$$\frac{a_2}{a_1} \times \frac{a_3}{a_2} \times \cdots \times \frac{a_n}{a_{n-1}} = \frac{a_n}{a_1}$$

（2）两个相邻定基发展速度之比等于报告期的环比发展速度，即：

$$\frac{a_i}{a_1} \bigg/ \frac{a_{i-1}}{a_1} = \frac{a_i}{a_{i-1}}$$

具体计算见表5-6。

在统计实践中，为了消除季节变动的影响，常采用年距发展速度指标，它是报告期水平与上年同期发展水平之比。其计算公式为：

$$年距发展速度 = \frac{报告期水平}{上年同期发展水平}$$

根据例5-1资料计算的年距发展速度 $= \dfrac{550}{500} = 110\%$

这表明该年第三季度的产品产量已达到上年同期的110%。

2. 增长速度

增长速度是增长量与基期水平之比，表明报告期水平比基期水平增长（或降低）了几分之几或若干倍。其计算公式为：

$$增长速度 = \frac{报告期增长量}{基期水平}$$

$$= \frac{报告期水平 - 基期水平}{基期水平}$$

$$= 发展速度 - 1（100\%）$$

增长速度指标有正负之分,当报告期增长量为正值时,则增长速度为正数,表明为递增速度;当报告期增长量为负值时,则增长速度为负数,表明为递减速度。

增长速度由于采用的增长量和对比的基期水平不同,也分为环比增长速度和定基增长速度。环比增长速度是逐期增长量与其前一期发展水平之比,表明现象逐期增长的速度。定基增长速度是累计增长量与某一固定基期水平(通常为最初水平)之比,表明现象在某一较长时期的增长速度。这两个指标可用公式表示为:

$$环比增长速度 = \frac{逐期增长量}{前一期发展水平}$$

$$= \frac{报告期水平 - 前一期发展水平}{前一期发展水平}$$

$$= 环比发展速度 - 1(100\%)$$

$$定基增长速度 = \frac{累计增长量}{固定基期水平}$$

$$= \frac{报告期水平 - 固定基期水平}{固定基期水平}$$

$$= 定基发展速度 - 1(100\%)$$

所以,只要知道环比发展速度或定基发展速度,将它们减1或100%,就可以得到环比增长速度或定基增长速度。

具体计算见表5-6。

但是需要注意的是:环比增长速度和定基增长速度之间并没有直接的换算关系。如果已知各期的环比增长速度求其相应的定基增长速度,则需先将各期环比增长速度换算成各期环比发展速度,再将它们连乘,得到各期定基发展速度,最后,将各期定基发展速度换算成各期的定基增长速度。相反,如果已知各期的定基增长速度求相应的环比增长速度,也要经过一定的变换才能求得。例如,已知某现象各期环比增长速度为3%,5%,7%,9%,则最后一期的定基增长速度为:$[(1+3\%) \times (1+5\%) \times (1+7\%) \times (1+9\%)] - 1$。

在统计实践中,为了消除季节变动的影响,也经常使用年距增长速度指标,它是报告期年距增长量与上年同期发展水平之比。其计算公式为:

$$年距增长速度 = \frac{报告期年距增长量}{上年同期发展水平}$$

$$= \frac{报告期发展水平 - 上年同期发展水平}{上年同期发展水平}$$

$$= 年距发展速度 - 1(100\%)$$

根据例5-1资料计算的年距增长速度 $= \frac{550}{500} - 1 = 110\% - 100\% = 10\%$

这表明该年第三季度的产品产量比上年同期增长了10%。

5.2.4 增长1%的绝对值

增长1%的绝对值是指每增长1%所包含的绝对量，其计算公式为：

$$\text{增长1\%的绝对值} = \frac{\text{逐期增长量}}{\text{环比增长速度} \times 100}$$

$$= \frac{\text{前一期水平}}{100}$$

具体计算见表5-6。

增长1%的绝对值具有双刃剑作用，在速度上每增长1%，绝对量就增加$\frac{\text{前一期水平}}{100}$；每降低1%，绝对量就减少$\frac{\text{前一期水平}}{100}$。如表5-6中，工业产值2016年较2015年每增长1%，其绝对量就增加0.02亿元，2018年的工业产值较2017年每降低1%，绝对量就减少0.08亿元。

为了对比分析社会经济现象的增长情况，必须将速度指标和绝对水平指标结合起来进行分析，通常是利用增长1%的绝对值来弥补速度分析中的局限性。

【例5-2】假定有两个生产条件基本相同的企业，各年的利润额及有关的速度资料见表5-4。

表5-4 甲、乙两个企业的有关资料

年 份	甲企业		乙企业	
	利润额/万元	增长率/%	利润额/万元	增长率/%
2017	500	—	60	—
2018	600	20	84	40

分析：如果不看利润额的绝对值，仅就速度对甲、乙两个企业进行分析评价，可以看出乙企业的利润增长速度比甲企业的高出了1倍，如果就此得出乙企业的生产经营业绩比甲企业好得多的结论是不切实际的。因为速度是一个相对值，它与对比的基期值的大小有很大关系。由于这两个企业的生产起点不同，也就是它们用作对比的基期值不同，所以必须通过计算增长1%的绝对值来进行对比分析。

甲企业增长1%的绝对值 $= \frac{500}{100} = 5$（万元）

乙企业增长1%的绝对值 $= \frac{60}{100} = 0.6$（万元）

这表明，甲企业每增长1%增加的利润额为5万元，而乙企业每增长1%增加的利润额则为0.6万元，甲企业远高于乙企业。这表明甲企业增长带来的绝对效果要比乙企业的好。

【例 5-3】已知某地区 2015—2018 年的工业产值资料见表 5-5。

表 5-5 某地区 2015—2018 年的工业产值资料

年 份	2015	2016	2017	2018
工业产值/亿元	2	5	8	6

要求：计算增长量、发展速度、增长速度和增长 1% 的绝对值。
有关动态指标计算见表 5-6。

表 5-6 动态数列有关分析指标计算表

年 份	工业产值/亿元	增长量/亿元		发展速度/%		增长速度/%		增长 1% 的绝对值
		逐期	累计	环比	定基	环比	定基	
2015	2	—	—	—	100.00	—	—	—
2016	5	3	3	250.00	250.00	150.00	150.00	0.02
2017	8	3	6	160.00	400.00	60.00	300.00	0.05
2018	6	-2	4	75.00	300.00	-25.00	200.00	0.08

5.2.5 平均增长量

平均增长量是动态数列中逐期增长量的序时平均数，表明现象在一定时段内平均每期增加（或减少）的绝对量。其计算公式为：

$$\overline{\Delta} = \frac{\sum(a_i - a_{i-1})}{n-1}$$

或

$$\overline{\Delta} = \frac{a_n - a_1}{n-1}$$

式中，$\overline{\Delta}$ 代表平均增长量；n 代表动态数列发展水平的项数，其他符号同前。

【例 5-4】根据表 5-6 中的资料计算平均增长量。

平均增长量：
$$\overline{\Delta} = \frac{\sum(a_i - a_{i-1})}{n-1} = \frac{(5-2)+(8-5)+(6-8)}{4-1}$$
$$= \frac{3+3-2}{3} = \frac{4}{3} = 1.33 \text{（万吨）}$$

或
$$\overline{\Delta} = \frac{a_n - a_1}{n-1} = \frac{6-2}{4-1} = \frac{4}{3} = 1.33 \text{（万吨）}$$

5.2.6 平均发展水平

平均发展水平是对一个动态数列不同时期的发展水平求平均数，在统计上又称序时平均数或动态平均数。它与静态平均数（一般平均数）既有相同点，又存在明显的区别。相同点是：二者都是抽象现象在数量上的差异，以反映现象总体的一般水平。它们的区别是：第一，平均的对象不同，序时平均数平均的是总体在不同时间上的数量差异，一般平均数平均的是总体各单位在某一标志值上的数量差异；第二，时间状态不同，序时平均数是动态说明被研究现象本身在一段时间内的平均发展水平，一般平均数是静态说明总体各单位某个标志值的平均水平；第三，计算的依据不同，序时平均数的计算依据是时间数列，一般平均数的计算依据是变量数列。

由于动态数列中的数据资料不同，计算平均发展水平的方法也不一样，现分别介绍如下。

1. 总量指标动态数列平均发展水平的计算

总量指标动态数列包括时期数列和时点数列，这两种动态数列计算平均发展水平的方法是不一样的。

1) 时期数列平均发展水平的计算

时期数列平均发展水平的计算比较简单，采用的是简单算术平均法，其计算公式为：

$$\bar{a} = \frac{a_1 + a_2 + a_3 + \cdots + a_{n-1} + a_n}{n} = \frac{\sum a}{n}$$

式中，a_1，a_2，a_3，…，a_{n-1}，a_n 代表现象各期发展水平；$\bar{a}$ 代表平均发展水平；n 代表时期项数，其他符号同前。

【例 5-5】某年某百货公司上半年的商品销售额资料见表 5-7。

表 5-7 某年某百货公司上半年的商品销售额资料

月　份	1	2	3	4	5	6
销售额/万元	1 050	1 350	1 500	1 600	1 650	1 850

要求：计算该公司该年上半年平均每月商品销售额。

$$\bar{a} = \frac{\sum a}{n} = \frac{1\,050 + 1\,350 + 1\,500 + 1\,600 + 1\,650 + 1\,850}{6} = \frac{9\,000}{6} = 1\,500\,(万元)$$

2) 时点数列平均发展水平的计算

由时点数列计算平均发展水平时，根据掌握资料的不同而有不同的计算方法。时点可大可小，在社会经济统计实践中一般是把一天看作一个时点，即以"天"作为最小的时点单位，这样我们就把时点数列区分为连续时点数列和间断时点数列两种。如果每天都有时点数资料的就称为连续时点数列，否则就称为间断时点数列。

(1) 由连续时点数列计算平均发展水平。根据连续时点数列的登记间隔不同，又分为以下两种情况。

① 间隔相等的连续时点数列：这种时点资料是逐日登记的，如已知每天职工的出勤资料，求平均每天出勤人数，可采用简单算术平均法，其计算公式为：

$$\bar{a} = \frac{\sum a}{n}$$

【例 5-6】 某单位职工星期一至星期五出勤资料见表 5-8。

表 5-8　某单位职工出勤人数资料

时　　间	星期一	星期二	星期三	星期四	星期五
人数/人	423	418	425	422	417

要求：试计算该单位职工本周平均每天的出勤人数。

$$\bar{a} = \frac{\sum a}{n} = \frac{423 + 418 + 425 + 422 + 417}{5} = \frac{2\,105}{5} = 421（人）$$

② 间隔不等的连续时点数列：有些现象不用每日登记，只需在发生变动时记录即可，例如，单位的人事变动资料，可采用加权算术平均法，其计算公式为：

$$\bar{a} = \frac{\sum at}{\sum t}$$

式中，t 为各时点水平所持续的间隔长度，其他符号同前。

【例 5-7】 某企业某年 6 月份职工人数资料见表 5-9。

表 5-9　某企业某年 6 月份职工人数资料

日　期	1—6	7—16	17—26	27—30
职工人数/人	480	490	495	485

要求：试计算该企业 6 月份的平均职工人数。

$$\bar{a} = \frac{\sum at}{\sum t} = \frac{480 \times 6 + 490 \times 10 + 495 \times 10 + 485 \times 4}{6 + 10 + 10 + 4}$$

$$= \frac{14\,670}{30} = 489（人）$$

(2) 由间断时点数列计算平均发展水平。间断时点数列也分为间隔相等和间隔不相等两种情况。

① 间隔相等的间断时点数列：根据间隔相等的间断时点数列计算平均发展水平，假设相邻两个时点数之间的变动是均匀的，这样就可用两个相邻时点数的简单算术平均数作为这段时间的平均数，由于间隔相等，无须加权，只需将所有两两相邻时点数的平均数再进行简单算术平均（简称两次平均）便可求得全部时点数的平均数。例如，已知各月月初或月末职工人数，求平均职工人数，采用的就是这种办法，其计算公式为：

$$\bar{a} = \frac{\dfrac{a_1 + a_2}{2} + \dfrac{a_2 + a_3}{2} + \cdots + \dfrac{a_{n-1} + a_n}{2}}{n - 1}$$

$$= \frac{\frac{a_1}{2}+a_2+a_3+\cdots+a_{n-1}+\frac{a_n}{2}}{n-1}$$

由于这个公式采用的是"两头一半加中间除以项数减一"的办法,故俗称首末折半法。

【例5-8】某企业某年第一季度职工人数见表5-10。

表5-10 某企业某年第一季度职工人数资料

日期	1月1日	2月1日	3月1日	4月1日
职工人数/人	800	820	830	880

要求:试计算该企业第一季度平均每月职工人数。

$$\bar{a} = \frac{\frac{a_1}{2}+a_2+a_3+\cdots+a_{n-1}+\frac{a_n}{2}}{n-1}$$

$$= \frac{\frac{800}{2}+820+830+\frac{880}{2}}{4-1} = \frac{2\,490}{3} = 830（人）$$

② 间隔不等的间断时点数列:假如掌握的是间隔不等的间断时点资料,在间隔相等的间断时点数列的基础上需用不同的时点间隔长度作权数,用加权算术平均法计算平均发展水平,其公式为:

$$\bar{a} = \frac{\frac{a_1+a_2}{2}t_1 + \frac{a_2+a_3}{2}t_2 + \cdots + \frac{a_{n-1}+a_n}{2}t_{n-1}}{\sum_{i=1}^{n-1} t_i}$$

【例5-9】某企业某年钢材库存量资料见表5-11。

表5-11 某企业某年钢材库存量资料

日期	1月1日	4月1日	9月1日	12月31日
钢材库存量/吨	22	24	18	16

要求:试计算该企业该年平均每月钢材库存量。

$$\bar{a} = \frac{\frac{a_1+a_2}{2}t_1 + \frac{a_2+a_3}{2}t_2 + \cdots + \frac{a_{n-1}+a_n}{2}t_{n-1}}{\sum_{i=1}^{n-1} t_i}$$

$$= \frac{\frac{22+24}{2}\times 3 + \frac{24+18}{2}\times 5 + \frac{18+16}{2}\times 4}{12}$$

$$= \frac{69+105+68}{12} = \frac{242}{12} = 20.17（吨）$$

2. 相对指标动态数列平均发展水平的计算

相对指标分为静态相对指标和动态相对指标，相应的动态数列就有静态相对指标动态数列和动态相对指标动态数列之分。在这里，我们仅介绍静态相对指标动态数列平均发展水平的计算。动态相对指标动态数列平均发展水平的计算在平均发展速度中介绍。

前面已经讲到，静态相对数动态数列中的指标数值不能相加，因此，它的平均发展水平的计算不能由数列中的相对指标数值直接计算得到，由于静态相对指标动态数列中的每一个指标数值都是由两个总量指标数值对比得到的，所以计算其平均发展水平时，应先计算出其分子数列和分母数列的序时平均数，然后再将两个序时平均数加以对比得到。相对数动态数列的平均发展水平 $\bar{c}$ 的计算公式为：

$$\bar{c} = \frac{\bar{a}}{\bar{b}}$$

式中，$\bar{a}$ 为分子数列的平均发展水平；

$\bar{b}$ 为分母数列的平均发展水平。

应用这个公式的关键是计算 $\bar{a}$ 和 $\bar{b}$。根据对比的分子和分母指标的性质不同，相对指标动态数列分为两个时期指标对比形成的、两个时点指标对比形成的和一个时期指标与一个时点指标对比形成的三种情况。因而在计算其平均发展水平时应视具体的资料而采用上述相应的计算方法。

【例 5-10】某企业某年各季度销售额、利润额及利润率资料见表 5-12。

表 5-12 某企业某年各季度有关资料

季　度	销售额/万元 b	利润额/万元 a	利润率% c
一	220	70.4	32
二	240	79.2	33
三	250	87.5	35
四	280	100.8	36
合计	990	337.9	—

要求：试计算该企业该年各季度的平均利润率。

已知本例中的相对指标动态数列即利润率动态数列是由两个时期数列对比形成的。因此，各季度的平均利润率计算如下：

（1）各季度平均利润额：

$$\bar{a} = \frac{\sum a}{n} = \frac{70.4 + 79.2 + 87.5 + 100.8}{4} = \frac{337.9}{4} = 84.475 \text{（万元）}$$

（2）各季度平均销售额：

$$\bar{b} = \frac{\sum b}{n} = \frac{220 + 240 + 250 + 280}{4} = \frac{990}{4} = 247.5 \text{（万元）}$$

(3) 各季度的平均利润率：

$$\bar{c} = \frac{\bar{a}}{\bar{b}} = \frac{84.475}{247.5} = 34.13\%$$

由于例 5-10 中的相对指标动态数列是由两个时期数列对比形成的，因此，其公式可以简写为：

$$\bar{c} = \frac{\bar{a}}{\bar{b}} = \frac{\sum a/n}{\sum b/n} = \frac{\sum a}{\sum b} = \frac{337.9}{990} = 34.13\%$$

【例 5-11】某企业某年上半年职工人数及非生产人员人数资料见表 5-13。

表 5-13　某企业某年上半年职工人数及非生产人员人数资料

日期	1月1日	2月1日	3月1日	4月1日	5月1日	6月1日	7月1日
职工人数 b/人	5 000	5 050	5 070	5 100	5 130	5 180	5 200
非生产人数 a/人	824	808	798	780	806	816	844
非生产人数占职工人数的比重/%	16.48	16.00	15.74	15.29	15.71	15.75	16.23

要求：计算该企业该年上半年非生产人员占全体职工人数的平均比重。

已知本例中的相对指标动态数列即非生产人数占全体职工人数比重的动态数列是由两个间隔相等的间断时点数列对比形成的。因此，上半年非生产人员占全体职工人数的平均比重计算如下：

(1) 上半年非生产人员平均人数：

$$\bar{a} = \frac{\frac{a_1}{2} + a_2 + a_3 + \cdots + a_{n-1} + \frac{a_n}{2}}{n-1}$$

$$= \frac{\frac{824}{2} + 808 + 798 + 780 + 806 + 816 + \frac{844}{2}}{7-1} = \frac{4\ 842}{6} = 807 \text{（人）}$$

(2) 上半年全体职工平均人数：

$$\bar{b} = \frac{\frac{b_1}{2} + b_2 + b_3 + \cdots + b_{n-1} + \frac{b_n}{2}}{n-1}$$

$$= \frac{\frac{5\ 000}{2} + 5\ 050 + 5\ 070 + 5\ 100 + 5\ 130 + 5\ 180 + \frac{5\ 200}{2}}{7-1} = \frac{30\ 630}{6} = 5\ 105 \text{（人）}$$

(3) 上半年非生产人员占全体职工人数的平均比重：

$$\bar{c} = \frac{\bar{a}}{\bar{b}} = \frac{807}{5\ 105} = 15.81\%$$

【例 5-12】 某企业某年第二季度职工人数及产值资料见表 5-14。

表 5-14　某企业某年第二季度职工人数及产值资料

月　份	3	4	5	6
产值/百元	3 600	3 900	4 200	4 500
月末人数/人	60	64	68	72

要求：计算第二季度的每月平均劳动生产率。

本例中的平均指标动态数列即工人的劳动生产率动态数列虽然没有具体列出，但它是由一个时期数列和一个间隔相等的间断时点数列对比形成的。因此，第二季度的每月平均劳动生产率计算如下：

（1）第二季度平均每月产值：

$$\bar{a} = \frac{\sum a}{n} = \frac{3\,900 + 4\,200 + 4\,500}{3} = \frac{12\,600}{3} = 4\,200（百元）$$

（2）第二季度平均每月人数：

$$\bar{b} = \frac{\frac{b_1}{2} + b_2 + b_3 + \cdots + b_{n-1} + \frac{b_n}{2}}{n-1} = \frac{\frac{60}{2} + 64 + 68 + \frac{72}{2}}{4-1} = \frac{198}{3} = 66（人）$$

（3）第二季度的每月平均劳动生产率：

$$\bar{c} = \frac{\bar{a}}{\bar{b}} = \frac{4\,200}{66} = 63.64（百元/人）$$

3. 平均数动态数列平均发展水平的计算

平均数动态数列有一般（静态）平均数动态数列和序时（动态）平均数动态数列两种，这两种平均数动态数列计算平均发展水平的方法大不一样。

1）静态平均数动态数列平均发展水平的计算

如前所述，静态平均数动态数列其各项指标数值也是不能相加的，其指标数值也是由两个总量指标数值对比计算得到的，因此，其平均发展水平的计算与静态相对指标动态数列平均发展水平的计算是完全相同的。

2）序时平均数动态数列平均发展水平的计算

序时平均数动态数列的平均发展水平的计算方法有以下两种。

（1）当各平均发展水平的计算时期和间隔相等时，可采用简单算术平均法计算平均发展水平，其公式为：

$$\bar{a} = \frac{\sum a}{n}$$

【例 5-13】 某工厂 1 月份平均职工人数为 520 人，2 月份平均职工人数为 528 人，3 月份平均职工人数为 536 人，试计算第一季度月平均职工人数。

$$\bar{a} = \frac{\sum a}{n} = \frac{520+528+536}{3} = \frac{1\,584}{3} = 528\,(人)$$

（2）当各平均发展水平的计算时期和间隔不等时，可采用加权算术平均法计算平均发展水平，其计算公式为：

$$\bar{a} = \frac{\sum at}{\sum t}$$

式中，t 代表指标数值的时间长度，其他符号同前。

【例5-14】某工厂第一季度平均职工人数为520人，4月份平均职工人数为514人，5、6月份平均职工人数为532人，试计算上半年月平均职工人数。

$$\bar{a} = \frac{\sum at}{\sum t} = \frac{520 \times 3 + 514 \times 1 + 532 \times 2}{3+1+2} = \frac{3\,138}{6} = 523\,(人)$$

5.2.7　平均发展速度和平均增长速度

1. 平均发展速度和平均增长速度的意义

平均发展速度是各期环比发展速度的序时平均数，平均发展速度可以大于100%，也可以小于100%，反映社会经济现象在一定时期内逐期发展变化的一般速度。

平均增长速度是各期环比增长速度的序时平均数，平均增长速度可以为正值，也可以为负值。当平均增长速度为正值时，表明现象在一定时期内逐期增长的一般速度，也称为平均递增率；当平均增长速度为负值时，表明现象在一定时期内逐期降低的一般速度，也称为平均递减率。

平均增长速度不能直接根据环比增长速度计算，只能通过与平均发展速度的数量关系来进行，其计算公式为：

平均增长速度＝平均发展速度－1(100%)

计算平均发展速度和平均增长速度在社会经济统计中具有重要的作用。首先，可以比较分析国民经济在不同发展阶段的一般发展情况和增长情况；其次，可以为经济预测、编制年度计划和中长期规划，以及检查计划的执行情况提供数据资料；最后，可以在不同国民经济部门、不同地区、不同国家之间进行对比，找出差距、克服缺点，加速经济发展。

2. 平均发展速度和平均增长速度的计算

平均发展速度也是一种序时平均数，它不能用算术平均法来计算，根据要解决的问题不同，平均发展速度有两种计算方法，即几何法和方程法。

（1）几何法，又称为水平法，其基本思想是：现象从最初水平出发，如果各期都以平均发展速度发展，那么最末一期的理论水平应与最末一期的实际水平相等。

设 $\bar{x}$ 为平均发展速度，a_0 为初始发展水平，则

第一期的理论水平：$a_0 \bar{x}$

第二期的理论水平：$a_0\bar{x}\bar{x}=a_0\bar{x}^2$

第三期的理论水平：$a_0\bar{x}^2\bar{x}=a_0\bar{x}^3$

$\vdots$

第 n 期的理论水平：$a_0\bar{x}^{n-1}\bar{x}=a_0\bar{x}^n$

由于各期实际水平分别为：a_1，a_2，$\cdots$，a_{n-1}，a_n，按照几何法的基本思想，则

$$a_n=a_0\bar{x}^n$$

那么

$$\bar{x}=\sqrt[n]{\frac{a_n}{a_0}}$$

式中，n 代表环比发展速度的项数，其他符号同前。这个计算平均发展速度的公式适用于掌握初始发展水平（最初水平）和最末水平的资料。

由于环比发展速度的连乘积等于定基发展速度，所以当掌握各个环比发展速度时，平均发展速度又可按下式计算：

$$\bar{x}=\sqrt[n]{x_1 x_2 x_3 \cdots x_n}=\sqrt[n]{\prod x}$$

式中，x_1，x_2，x_3，$\cdots$，x_n 代表现象各期环比发展速度；$\prod$ 是连乘号，表示该符号后面的变量值连乘。

若掌握 $\dfrac{a_n}{a_0}$（$\dfrac{a_n}{a_0}$ 是最后一期的定基发展速度，也叫总发展速度）的具体数值，则平均发展速度还可以直接根据总发展速度计算，计算公式为：

$$\bar{x}=\sqrt[n]{R}$$

式中，R 代表总发展速度，它是 a_n 与 a_0 的比值。

由 4.2.1 节可知，若 $\dfrac{a_n}{a_0}=2^m$，m 是番数，则当掌握番数资料时，平均发展速度还可按下式计算：

$$\bar{x}=\sqrt[n]{2^m}$$

从上面的公式中可以看出，由于平均发展速度等于最末水平比最初水平的 n 次方根，所以按水平法计算的平均发展速度数值的大小只取决于最末水平与最初水平的比值，而不反映中间各期水平的变化情况。

【例 5-15】某地区 2013—2018 年粮食产量及其环比发展速度资料见表 5-15。

表 5-15　某地区 2013—2018 年粮食产量及其环比发展速度资料

时　　间	2013 年	2014 年	2015 年	2016 年	2017 年	2018 年
粮食产量/万吨	200	220	231	240	252	260
环比发展速度/%	—	110.00	105.00	103.90	105.00	103.17
定基发展速度/%	100.00	110.00	115.50	120.00	126.00	130.00

要求：试计算该地区以 2012 年为基期，2013—2018 年粮食产量的平均发展速度。

$$\bar{x} = \sqrt[n]{\frac{a_n}{a_0}} = \sqrt[5]{\frac{260}{200}} = 105.39\%$$

或

$$\bar{x} = \sqrt[n]{\prod x} = \sqrt[5]{110\% \times 105\% \times 103.9\% \times 105\% \times 103.17\%} = 105.39\%$$

$$\bar{x} = \sqrt[n]{R} = \sqrt[5]{130.00\%} = 105.39\%$$

【例 5-16】某企业 2012 年产品产量为 650 万吨，到 2018 年达到了 1 000 万吨，（1）问以 2012 年为基期，2013—2018 年间该企业产品产量的年平均增长速度是多少？（2）若按此速度发展，预测 2022 年的产品产量？（3）若在 2018 年产品产量的基础上到 2022 年翻两番，则平均发展速度应达到多少？

（1）因为 $a_0 = 650$　　$a_n = 1\,000$　　$n = 6$　所以

$$\bar{x} - 1 = \sqrt[n]{\frac{a_n}{a_0}} - 1 = \sqrt[6]{\frac{1\,000}{650}} - 1 = 107.44\% - 1 = 7.44\%$$

（2）由于 $\bar{x} = 107.44\%$，且 $\bar{x} = \sqrt[5]{\frac{a_{2022}}{a_{2018}}}$，所以

$$a_{2022} = a_{2018} \times (\bar{x})^5 = 1\,000 \times (107.44\%)^5 = 1\,431.63 \text{（万吨）}$$

（3）由于 $a_0 = 1\,000$，$a_n = 1\,000 \times 2^2 = 4\,000$，所以

$$\bar{x} = \sqrt[n]{\frac{a_n}{a_0}} = \sqrt[5]{\frac{4\,000}{1\,000}} = 131.95\%$$

或

$$\bar{x} = \sqrt[n]{2^m} = \sqrt[5]{2^2} \quad \bar{x} = \sqrt[n]{2^m} = \sqrt[5]{2^2} = 131.95\%$$

【例 5-17】已知某厂的产值资料见表 5-16。

表 5-16　某厂 2013—2018 年产值资料

年　份	2013	2014	2015	2016	2017	2018
产值/万元	100	(132)	(150)	(162)	(170.10)	(180)
逐期增长量/万元	—	32	18	(12)	(8.10)	(9.90)
环比增长速度/%	—	(32)	(13.64)	8	5	(5.82)
定基增长速度/%	—	(32)	(50)	(62)	(70.10)	80
增长 1% 的绝对值/万元	—	(1)	(1.32)	(1.50)	(1.62)	(1.70)

要求：利用指标间的关系填充空格中的数字，并计算该厂以 2013 年为基期，2014—2018 年间产值的年平均增长量和年平均增长速度。

注：表 5-16 中括号所在空格即需填充数字的空格，括号中的数字即为该空格的答案。

$$\bar{\Delta} = \frac{a_n - a_0}{N - 1} = \frac{180 - 100}{6 - 1} = \frac{80}{5} = 16 \text{（万元）}$$

$$\bar{x}-1=\sqrt[n]{\frac{a_n}{a_0}}-1=\sqrt[5]{\frac{180}{100}}-1=12.47\%$$

（2）方程法，又称为累计法，是运用代数的高次方程式来计算社会经济现象平均发展速度的方法。其基本思想是：现象从最初水平出发，每期都按照平均发展速度发展，则推算出来的各期发展水平总和就等于各期实际发展水平的累计数。

设 $\bar{x}$ 为平均发展速度，a_0 为初始发展水平，则

第一期的理论水平：$a_0\bar{x}$

第二期的理论水平：$a_0\bar{x}\,\bar{x}=a_0\bar{x}^2$

第三期的理论水平：$a_0\bar{x}^2\,\bar{x}=a_0\bar{x}^3$

$\vdots$

第 n 期的理论水平：$a_0\bar{x}^{n-1}\bar{x}=a_0\bar{x}^n$

因此，按照平均发展速度计算的各期理论发展水平之和为：

$$a_0\bar{x}+a_0\bar{x}^2+a_0\bar{x}^3+\cdots+a_0\bar{x}^n=a_0(\bar{x}+\bar{x}^2+\bar{x}^3+\cdots+\bar{x}^n)$$

由于，各期实际水平之和为：

$$a_1+a_2+a_3+\cdots+a_n=\sum_{i=1}^{n}a_i$$

所以，按照方程法的基本思想，理论水平总和与实际水平总和二者相等，则可列出如下方程式：

$$a_0(\bar{x}+\bar{x}^2+\bar{x}^3+\cdots+\bar{x}^n)=\sum_{i=1}^{n}a_i$$

即

$$\bar{x}+\bar{x}^2+\bar{x}^3+\cdots+\bar{x}^n=\frac{\sum_{i=1}^{n}a_i}{a_0}$$

移项，得

$$\bar{x}+\bar{x}^2+\bar{x}^3+\cdots+\bar{x}^n-\frac{\sum_{i=1}^{n}a_i}{a_0}=0$$

这是一个一元高次方程，它的正根就是所求的平均发展速度。将平均发展速度减 1，就得到平均增长速度。

以上我们介绍了计算平均发展速度和平均增长速度的两种方法，这两种方法的侧重点不同，应该根据研究对象的不同特点来选用。如果研究的主要目的侧重于考察现象最末一期的发展水平，则宜采用水平法计算平均发展速度，如产品产量、工业总产值、商品销售额和职工人数等均可采用这种方法。如果研究的主要目的侧重于考察现象发展的整个过程的总和，则宜采用累计法计算平均发展速度，如固定资产投资额、住宅面积、造林面积、人员培训数等均可采用这种方法。

任务 5.3　动态数列的趋势分析

对社会经济现象进行动态分析，除了编制动态数列、计算各种动态分析指标之外，还需要进一步揭示现象的长期趋势和季节变动的规律，这对于克服盲目性、预见未来，做好各项工作等都具有十分重要的现实意义。

5.3.1　长期趋势分析

1. 长期趋势分析的意义

所谓长期趋势，就是指由于某种根本性原因的影响，使社会经济现象在较长时期内，呈现持续增加向上发展或持续减少向下发展的一种趋势或状态。它是动态数列趋势分析的重点。如随着我国社会主义市场经济的发展，我国国内生产总值、人均粮食产量、人均纯收入等近些年来都呈不断上升的趋势。

长期趋势分析是指测定动态数列在根本原因影响下，在相当长的时间内沿着一定方向有倾向性变动的规律性。长期趋势分析的主要目的和意义体现在两个方面：第一是能够正确反映社会经济现象发展变化的方向和趋势，认识其发展变化的规律性；第二是能够为统计预测和决策提供必要的依据。

2. 长期趋势分析的方法

长期趋势分析的方法有很多，常用的有时距扩大法、移动平均法、最小平方法。现分别介绍如下。

1) 时距扩大法

时距扩大法也称为间隔扩大法，是测定长期趋势最原始、最简单的方法。它是指将原动态数列中若干时期资料加以合并，得出扩大间隔的较大时距单位的新动态数列，以消除由于时距较短而受偶然因素影响所引起的不规则变动，反映现象发展变化长期趋势的分析方法。

【例 5-18】某商场各月商品销售额资料见表 5-17。

表 5-17　某商场各月商品销售额资料

月　份	1	2	3	4	5	6	7	8	9	10	11	12
销售额/万元	40	43	52	43	44	52	53	47	51	55	54	56

从表 5-17 中可以看出，数列变化并不均匀，即各月之间的商品销售额起伏不定，用该动态数列并不能清楚地反映出该商场商品销售额的变动趋势，现将月商品销售额资料整理为季商品销售额资料，见表 5-18。

表 5-18　某商场各季度商品销售额资料

季　度	第一季度	第二季度	第三季度	第四季度
销售额/万元	135	139	151	165

从表 5-18 中可以看出，时距扩大后的资料，可以明显地显示出该商场商品销售额呈现出逐渐增长的趋势。

在使用时距扩大法时，应注意三点：第一，扩大的时距单位的大小，应以时距扩大后的数列能正确反映长期趋势为准。若现象有明显变动周期的，扩大后的时距一般与现象的变动周期相同；若现象无明显变动周期的，可以逐步扩大时距，直至显现出现象变动的长期趋势。第二，为了保持动态数列资料的可比性，同一数列前后的时距单位应当一致。第三，时距扩大法只适用时期数列。

2）移动平均法

移动平均法是根据动态数列资料，采用逐项递推移动的方法，分别计算一系列指标数值的序时平均数，形成一个新的动态数列，以反映现象长期趋势的方法。采用移动平均法修匀动态数列可以削弱或消除短期的偶然因素的影响，从而呈现出明显的长期趋势。

现以表 5-19 中某商场某年的商品销售额资料为例，采用三项移动平均和五项移动平均来对原动态数列进行修匀，见表 5-20。

表 5-19　某商场某年商品销售额资料

月　份	1	2	3	4	5	6	7	8	9	10	11	12
销售额/万元	4	7	8	6	9	8	12	10	8	14	17	15

表 5-20　移动平均法计算表

月　份	销售额/万元	三项移动平均数	五项移动平均数
1	4	—	—
2	7	6.33	—
3	8	7.0	6.8
4	6	7.67	7.6
5	9	7.67	8.6
6	8	9.67	9.0
7	12	10	9.4
8	10	10	10.4
9	8	10.67	12.2
10	14	13	12.8
11	17	15.33	—
12	15	—	—

从表 5-20 中可以看出,利用移动平均法修匀后的动态数列资料,可以明显地显示出该商场商品销售额呈现出逐渐增长的趋势。

在运用移动平均法修匀动态数列时,应当注意以下三点:

- 采用移动平均法计算出来的新数列比原动态数列的项数要少,为了便于看出发展趋势,确定移动平均的项数要视具体情况而定,一般不易太多;
- 一般情况下,如果现象的发展具有一定的自然周期,应根据周期确定被移动平均的项数;
- 采用奇数项移动平均法比较简单方便,一次即可得到趋势值;采用偶数项移动平均法,需要二次平均才可得到趋势值。

3) 最小平方法

最小平方法又称为最小二乘法,是长期趋势分析中较常用的统计方法。这种方法的基本原理是,运用一定的数学模型,对原动态数列配合一条适当的趋势线,据以进行长期趋势分析。根据最小平方法的基本原理,若要找到一条最佳趋势线,必须使原动态数列的实际观测值 y 与趋势线方程式中的趋势值 y_c 离差平方之和为最小,即

$$\sum(y - y_c)^2 = 最小值$$

上述等式表明,用最小平方法拟合的趋势线比其他任何方法拟合的趋势线都理想。用最小平方法既可以拟合直线趋势方程,也可以拟合曲线趋势方程,这里只讲授直线趋势方程的拟合方法。

设直线趋势方程为:

$$y_c = a + bt$$

式中,y_c 为趋势值;t 为时间序号;a 为截距,即 $t=0$ 时 y_c 的初始值;b 为斜率,表示时间 t 每变动一个单位时趋势值 y_c 的平均变动数量。

在动态数列不同时间的观察值的基础上,根据最小平方法的基本原理,若 $\sum(y-y_c)^2$ =最小值,便可推导出关于 a、b 的二元一次方程组:

$$\begin{cases} \sum y = na + b\sum t \\ \sum ty = a\sum t + b\sum t^2 \end{cases}$$

解上面这个方程组,可推导出直线趋势方程中两个待定参数 a、b 的直接计算公式为:

$$b = \frac{n\sum ty - \sum t \sum y}{n\sum t^2 - (\sum t)^2}$$

$$a = \frac{\sum y}{n} - b\frac{\sum t}{n} = \bar{y} - b\bar{t}$$

【例 5-19】 某地区 2009—2018 年粮食产量资料见表 5-21。

表 5-21　某地区 2009—2018 年粮食产量资料

年　份	产量/吨	年　份	产量/吨
2009	230	2014	257
2010	236	2015	262
2011	241	2016	276
2012	246	2017	281
2013	252	2018	286

要求：用最小平方法建立直线趋势方程，测定该地区粮食产量的长期趋势值，并预测 2021 年的粮食产量。

现根据表 5-21 中的资料列出最小平方法的计算数据，见表 5-22。

表 5-22　最小平方法计算表

年　份	时间变量 t	粮食产量/吨 y	ty	t^2	y_c
2009	1	230	230	1	228.15
2010	2	236	472	4	234.49
2011	3	241	723	9	240.84
2012	4	246	984	16	247.18
2013	5	252	1 260	25	253.53
2014	6	257	1 542	36	259.87
2015	7	262	1 834	49	266.22
2016	8	276	2 208	64	272.56
2017	9	281	2 529	81	278.91
2018	10	286	2 860	100	285.25
合计	55	2 567	14 642	385	2 567.00

依据表 5-22 中数据可得：

$$b=\frac{n\sum ty - \sum t \sum y}{n \sum t^2 - (\sum t)^2}$$

$$=\frac{10\times 14\ 642 - 55\times 2\ 567}{10\times 385 - 55^2}=\frac{146\ 420 - 141\ 185}{3\ 850 - 3\ 025}=\frac{5\ 235}{825}=6.345\ 5\text{（吨）}$$

$$a=\frac{\sum y}{n}-b\frac{\sum t}{n}$$

$$=\frac{2\ 567}{10}-6.35\times\frac{55}{10}=\frac{2\ 567-6.35\times 55}{10}=221.8\text{（吨）}$$

那么，直线趋势方程就是：$y_c = 221.8 + 6.345\ 5t$

该地区 2009—2018 年粮食产量的趋势值见表 5-23 最后一列。

若要预测 2021 年的粮食产量，取 $t = 13$，则：

$$y_c = 221.8 + 6.345\ 5 \times 13 = 304.29 \text{（吨）}$$

在以上计算中，我们把时间变量 t 是从小到大排列的，若能使 $\sum t = 0$，则可简化求 a、b 的计算，其公式为：

$$b = \frac{n\sum ty - \sum t \sum y}{n\sum t^2 - (\sum t)^2} = \frac{\sum ty}{\sum t^2}$$

$$a = \frac{\sum y}{n} - b\frac{\sum t}{n} = \frac{\sum y}{n} = \bar{y}$$

为了做到使 $\sum t = 0$，当动态数列为奇数项时，可取动态数列的中间一项序号为 0，以上各项依次为：-1，-2，-3，…；以下各项依次为：1，2，3，…。当动态数列为偶数项时，可把动态数列居中的两项分别编号为 -1 和 1，以上各项依次为：-3，-5，-7，…；以下各项依次为：3，5，7，…。

现仍以表 5-21 中某地区 2009—2018 年粮食产量资料为例进行说明，编制最小平方法计算数据，见表 5-23。

表 5-23 简化最小平方法计算表

年　份	时间变量 t	粮食产量/吨 y	ty	t^2	y_c
2009	-9	230	-2 070	81	228.15
2010	-7	236	-1 652	49	234.49
2011	-5	241	-1 205	25	240.84
2012	-3	246	-738	9	247.18
2013	-1	252	-252	1	253.53
2014	1	257	257	1	259.87
2015	3	262	786	9	266.22
2016	5	276	1 380	25	272.56
2017	7	281	1 967	49	278.91
2018	9	286	2 574	81	285.25
合计	0	2 567	1 047	330	2 567.00

依据表 5-23 中数据可得：

$$b = \frac{\sum ty}{\sum t^2} = \frac{1\ 047}{330} = 3.172\ 7 \text{（吨）}$$

$$a = \frac{\sum y}{n} = \frac{2\,567}{10} = 256.7\text{（吨）}$$

那么，直线趋势方程就是：$y_c = 256.7 + 3.171\,2t$

若要预测2021年粮食产量，取 $t = 15$，则：

$$y_c = 256.7 + 3.171\,2 \times 15 = 304.29\text{（吨）}$$

上例中用两种方法计算出的直线趋势方程是不一样的，一个是 $y_c = 221.8 + 6.345\,5t$，另一个是 $y_c = 256.7 + 3.171\,2t$，这是因为所取的原点和时间距离不同所致，第一种方法的原点是2009年年初，时间距离是1，而第二种方法的原点是2013年年末或2014年年初，时间距离是2。但是不管采取哪种方法所得出的预测值是一样的，两种方法测算的该地区2009—2018年粮食产量的趋势值分别见表5-22与表5-23，结果是一样的，2021年的粮食预测产量都是304.29吨。

5.3.2 季节变动分析

1. 季节变动及其测定的目的

所谓季节变动，是指客观现象由于受自然因素和生产或生活条件的影响，在一年内随着季节的更换而引起的有规律的周期性变动。在现实生活中，季节变动是一种极为普遍的现象，例如，农业生产，有农忙农闲和淡、旺季之分，并且年复一年，大体相同；又如冬季取暖器、围巾、手套等的销售量就比较大；铁路客运量的高峰期出现在春节和"黄金周"前后等。

对现象季节变动进行分析和研究，可以确定现象过去的季节变化规律，根据这种规律性以便做好预测和决策，及时组织生产和运输，安排好市场供应。

2. 季节变动分析的方法

测定季节变动的方法很多，从其是否考虑受长期趋势的影响来看，有两种方法：一种不考虑长期趋势的影响，直接根据原始的动态数列来计算，常用的方法是按月（季）平均法；另一种是先将动态数列中的长期趋势予以消除，而后再根据新动态数列进行计算，常用的方法是移动平均趋势剔除法。这里只讲授按月（季）平均法。但不管采用哪种方法来测定季节变动，都必须用至少三年的资料作为基本数据进行计算分析，这样才能较好地消除偶然因素的影响，更为准确地反映现象季节变动的规律性。

【例5-20】某商业企业某商品2016—2018年各月的销售量资料见表5-24。

表5-24 某商业企业某商品2016—2018年各月的销售量资料　　　　单位：百件

月　　份	2016年	2017年	2018年
1	116	145	180
2	154	210	245

续表

月 份	2016 年	2017 年	2018 年
3	220	312	325
4	392	520	535
5	642	684	710
6	1 642	1 872	1 923
7	2 810	3 120	3 350
8	1 204	1 382	1 576
9	3 84	482	625
10	183	248	437
11	125	130	258
12	95	112	166

要求：采用按月平均法计算季节指数。

按月（季）平均法是直接根据原动态数列通过简单算术平均来计算季节指数的一种方法。其具体的计算步骤如下：

第一步，列表，将各年同月（季）的数值列在同一行（或同一列）内；

第二步，根据各年的月（季）数值计算出历年同月（季）的平均数，即表 5-25 中的（5）栏；

第三步，根据每年 12 个月（4 个季）的数值计算出每年的月（季）平均数，即表 5-25 中的 14 行；

第四步，计算出全部数值总的月（季）平均数，表 5-25 中三年 36 个月的月平均数为 764.28 百件；

第五步，计算出各月（季）平均数与总月（季）平均数的百分比，即季节指数。其计算公式为：

$$季节指数(S)=\frac{同月（季）平均数}{总月（季）平均数}\times 100\%$$

例如，1 月份的季节指数为：$\frac{147}{764.28}\times 100\%=19.23\%$；2 月份的季节指数为：$\frac{203}{764.28}\times 100\%=26.56\%$，余者依次类推，见表 5-25 的（6）栏。

由于本例中是月资料，季节指数之和就等于 1 200%，并且本例的季节指数之和正好等于 1 200%。若相差过大，应做调整，调整方法是先求出校正系数$\left(校正系数=\frac{1\ 200}{12\ 个月季节比率之和}\right)$，再用此系数乘原来的各月季节指数。如果是季资料，则季节指数之和应等于 400%。

表 5-25 中的季节指数说明：该企业的该种商品销售量从 1 月份逐渐上升，到 7 月份达到最高峰，随后，又逐月下降，到 12 月份最低。掌握了这些规律，该企业就可以按各月的

情况合理安排人力、物力和财力，组织好购销活动，这样既可以满足市场的需求，又可以增加企业的收益。

表 5-25　季节指数计算表　　　　　　　　　　　　　　　单位：百件

顺序	年份＼月份	2016	2017	2018	合计	同月平均数	季节指数/%
甲	乙	(1)	(2)	(3)	(4)	(5)	(6)
1	1	116	145	180	441	147	19.23
2	2	154	210	245	609	203	26.56
3	3	220	312	325	857	285.67	37.38
4	4	392	520	535	1 447	482.33	63.11
5	5	642	684	710	2 036	678.67	88.80
6	6	1 642	1 872	1 923	5 437	1 812.33	237.13
7	7	2 810	3 120	3 350	9 280	3 093.33	404.74
8	8	1 204	1 382	1 576	4 162	1 387.33	181.52
9	9	384	482	625	1 491	497	65.03
10	10	183	248	437	868	289.33	37.86
11	11	125	130	258	513	171	22.37
12	12	95	112	166	373	124.33	16.27
13	合计	7 967	9 217	10 330	27 514	9 171.32	1 200
14	月平均数	663.92	768.08	860.83	2 292.83	764.28	100

通过计算季节指数，根据其季节变动规律，结合其他预测方法，也可以预测某现象在某年的各月（季）的发展情况。具体方法是：将年预测值除以 12（或 4），求得各月（季）的平均预测值，再将各月（季）平均预测值乘以各月（季）的季节指数，即可得到现象预测年各月（季）的预测值。

【例 5-21】某地区 2016—2018 年各季度苹果销售量资料见表 5-26。

表 5-26　某地区 2016—2018 年各季度苹果销售量资料　　　　　　　　单位：吨

年份＼季度	第一季度	第二季度	第三季度	第四季度
2016	620	80	828	1 980
2017	655	86	835	2 000
2018	660	79	808	1 980

要求：根据表中资料计算季节指数，假定 2019 年苹果销售量经预测得知为 4 000 吨，计算各季度的预测值。

根据表 5-26 提供的资料，季节指数见表 5-27。

表 5-27 季节指数计算表　　　　　　　　　　　　　　　单位：吨

年份＼季度	第一季度	第二季度	第三季度	第四季度	合计	季平均数
2016	620	80	828	1 980	3 508	877
2017	655	86	835	2 000	3 576	894
2018	660	79	808	1 980	3 527	881.75
合计	1 935	245	2 471	5 960	1 0611	2 652.75
同季平均数	645	81.67	823.67	1 986.67	3 537	884.25
季节指数/%	72.94	9.24	93.15	224.67	400	100

根据表 5-27 计算结果如下：

平均每季销售量 = 4 000/4 = 1 000（吨）

第一季度销售量 = 1 000×72.94% = 729.4（吨）

第二季度销售量 = 1 000×9.24% = 92.4（吨）

第三季度销售量 = 1 000×93.15% = 931.5（吨）

第四季度销售量 = 1 000×224.67% = 2 246.7（吨）

项目小结

本项目主要讲述了动态数列的意义、动态数列的分析指标、动态数列的长期趋势和季节变动的测定等问题。

动态数列，是把反映某种社会经济现象的一系列统计指标数值按时间先后顺序编排所形成的数列，又称时间数列或时间序列，它由两个基本要素所构成：一是资料所属的时间；二是对应时间上的指标数值。动态数列包括总量指标动态数列、相对指标动态数列和平均指标动态数列三种类型。编制动态数列时必须保证数列中各个指标之间的可比性。具体来说，可比性包括四个方面的具体内容：一是时间长短应该可比；二是总体范围大小应该一致；三是指标的经济内容应该相同；四是指标计算方法、计量单位应该统一。动态数列分析指标汇总见表 5-28，趋势测定汇总见表 5-29。

表 5-28 动态数列分析指标汇总表

指标名称和适用的现象		计算公式	作用
发展水平		通常用 $a_1, a_2, \cdots, a_{n-1}, a_n$ 表示	反映现象在一定时期或时点上所达到的规模或水平
增长量	逐期增长量	报告期水平−前一期水平（$a_i - a_{i-1}$）	反映报告期比基期增加（减少）的绝对数量
	累计增长量	报告期水平−某一固定基期水平（$a_i - a_1$）	

续表

指标名称和适用的现象		计算公式	作用
发展速度	环比发展速度	$\dfrac{报告期水平}{前一期水平}\left(\dfrac{a_i}{a_{i-1}}\right)$	表明报告期水平已发展到基期水平的几分之几或若干倍
	定基发展速度	$\dfrac{报告期水平}{某一固定基期水平}\left(\dfrac{a_i}{a_1}\right)$	
增长速度	环比增长速度	环比发展速度-1（100%）	表明报告期水平比基期水平增长（或降低）了几分之几或若干倍
	定基增长速度	定基发展速度-1（100%）	
增长1%的绝对值		$\dfrac{前一期水平}{100}\left(\dfrac{a_{i-1}}{100}\right)$	表明每增长1%包含的绝对量
平均增长量		$\overline{\Delta}=\dfrac{\sum(a_i-a_{i-1})}{n-1}=\dfrac{a_n-a_1}{n-1}$	反映现象的平均增长水平
平均发展水平	时期数列	$\overline{a}=\dfrac{\sum a}{n}$	反映现象在一段较长时期内发展的一般水平，便于同类现象在不同发展阶段进行比较分析
	间隔相等的连续时点数列	$\overline{a}=\dfrac{\sum a}{n}$	
	间隔不等的连续时点数列	$\overline{a}=\dfrac{\sum at}{\sum t}$	
	间隔相等的间断时点数列	$\overline{a}=\dfrac{\dfrac{a_1}{2}+a_2+a_3+\cdots+a_{n-1}+\dfrac{a_n}{2}}{n-1}$	
	间隔不等的间断时点数列	$\overline{a}=\dfrac{\dfrac{a_1+a_2}{2}t_1+\dfrac{a_2+a_3}{2}t_2+\cdots+\dfrac{a_{n-1}+a_n}{2}t_{n-1}}{\sum_{i=1}^{n-1}t_i}$	
	静态相对（平均）数动态数列	$\overline{c}=\dfrac{\overline{a}}{\overline{b}}$	
	动态平均数动态数列	$\overline{a}=\dfrac{\sum a}{n}$ 或 $\overline{a}=\dfrac{\sum at}{\sum t}$	
平均发展速度	侧重考察最末一期的水平	$\overline{x}=\sqrt[n]{\dfrac{a_n}{a_0}}=\sqrt[n]{\prod x}=\sqrt[n]{R}=\sqrt[n]{2^m}$	反映现象在一个较长时期内逐期平均发展变化的速度
	侧重考察整个过程的总和	$\overline{x}+\overline{x}^2+\overline{x}^3+\cdots+\overline{x}^n-\dfrac{\sum_{i=1}^{n}a_i}{a_0}=0$	
平均增长速度		平均发展速度-1（100%）	反映现象在一个较长时期内逐期平均增长变化的速度

表5-29 趋势测定汇总表

趋势类型	测定方法	
	名称	内容
长期趋势	时距扩大法	将原动态数列中若干时期资料合并，得出扩大时距的新动态数列，来反映现象发展变化的长期趋势
	移动平均法	对动态数列资料，采用逐项递推移动平均的方法，计算一系列序时平均数，形成一个新的动态数列，以反映现象的长期趋势
	最小平方法	直线趋势方程为：$y_c = a + bt$ $b = \dfrac{n\sum ty - \sum t \sum y}{n\sum t^2 - (\sum t)^2}$ $a = \dfrac{\sum y}{n} - b\dfrac{\sum t}{n} = \bar{y} - b\bar{t}$
季节变动	按月（季）平均法	季节指数$(S) = \dfrac{\text{同月（季）平均数}}{\text{总月（季）平均数}} \times 100\%$

思 考 题

1. 什么是动态数列？其基本构成要素是什么？
2. 动态数列有哪些种类？
3. 什么是时期数列和时点数列？二者之间有什么区别？
4. 编制动态数列应当遵循哪些原则？
5. 什么是增长量、发展速度和增长速度？两种增长量有何关系？两种发展速度有何关系？两种增长速度有无关系？发展速度与增长速度有何关系？
6. 简述增长1%的绝对值的概念和计算方法。
7. 什么是平均发展水平？一般平均数与平均发展水平有什么异同点？
8. 什么是平均发展速度的水平法？如何计算？适用什么现象？
9. 常用的长期趋势测定的方法有哪些？
10. 什么是季节变动？研究它的意义何在？如何测定季节变动？

基础训练题

一、填空题

1. 动态数列由两个基本要素所构成：（　　　　）、（　　　　）。

2. 编制动态数列的基本原则是（　　　）。
3. 相应的逐期增长量（　　　）等于累计增长量。
4. 相应的环比发展速度的（　　　）等于定基发展速度。
5. 根据间隔相等的间断时点数列计算平均发展水平应采用的方法，俗称（　　　）。
6. 平均发展速度有两种计算方法，即（　　　）和（　　　）。
7. 常用的长期趋势分析的方法有（　　　）、（　　　）、（　　　）。
8. 测定季节变动，若不考虑长期趋势的影响，直接根据原始的动态数列来计算，常用的方法是（　　　）。

二、单选题

1. 动态数列中，每个指标数值相加有意义的是（　　　）。
   A. 时期数列　　B. 时点数列　　C. 相对数数列　　D. 平均数数列
2. 按几何平均法计算的平均发展速度侧重于考察现象的（　　　）。
   A. 期末发展水平　　　　　　B. 期初发展水平
   C. 中间各项发展水平　　　　D. 整个时期各发展水平的总和
3. 累计增长量与其相应的各逐期增长量的关系表现为（　　　）。
   A. 累计增长量等于相应各逐期增长量之和
   B. 累计增长量等于相应各逐期增长量之差
   C. 累计增长量等于相应各逐期增长量之积
   D. 累计增长量等于相应各逐期增长量之商
4. 已知某地区 2015 年的粮食产量比 2005 年增长了 1 倍，比 2010 年增长了 0.5 倍，那么 2010 年粮食产量比 2005 年增长了（　　　）。
   A. 0.33 倍　　B. 0.50 倍　　C. 0.75 倍　　D. 2 倍
5. 已知一个数列的环比增长速度分别为 3%、5%、8%，则该数列的定基增长速度为（　　　）。
   A. 3%×5%×8%　　　　　　B. 103%×105%×108%
   C. （3%×5%×8%）+1　　　D. （103%×105%×108%）-1
6. 企业生产的某种产品 2017 年比 2016 年增长了 8%，2018 年比 2016 年增长了 12%，则 2018 年比 2017 年增长了（　　　）。
   A. 3.7%　　B. 50%　　C. 4%　　D. 5%
7. 已知某地区 1949 年至 2001 年各年的平均人口数资料，计算该地区人口的年平均发展速度应开（　　　）。
   A. 50 次方　　B. 51 次方　　C. 52 次方　　D. 53 次方
8. 一个时间序列共有 30 年的数据，若采用 5 年移动平均修匀时间序列，修匀后的时间序列共有数据（　　　）。
   A. 30 项　　B. 28 项　　C. 25 项　　D. 26 项

9. 按几何平均法计算的平均发展速度，可以使（　　）。
   A. 推算的各期水平之和等于各期实际水平之和
   B. 推算的末期水平等于末期实际水平
   C. 推算的各期增长量等于实际的逐期增长量
   D. 推算的各期定基发展速度等于实际的各期定基发展速度
10. 现象若无季节变动，则季节比率应（　　）。
    A. 为 0　　　B. 为 1　　　C. 大于 1　　　D. 小于 1

三、多选题

1. 下列动态数列中，哪些属于时点数列？（　　）
   A. 全国每年大专院校毕业生人数　　B. 全国每年大专院校年末在校学生数
   C. 某商店各月末商品库存额　　　　D. 某企业历年工资总额
   E. 全国每年末居民储蓄存款余额
2. 序时平均数与一般平均数不同，它（　　）。
   A. 根据时间序列计算　　　　　　　B. 根据变量数列计算
   C. 只能根据绝对数时间序列计算　　D. 说明现象在不同时期数值的一般水平
   E. 说明总体某个数量标志的一般水平
3. 简单算术平均数适合于计算（　　）的序时平均数。
   A. 时期数列　　　　　　　　　　　B. 间隔不等的间断时点数列
   C. 间隔相等的间断时点数列　　　　D. 间隔不等的连续时点数列
   E. 间隔相等的连续时点数列
4. 用于分析现象发展水平的指标有（　　）。
   A. 发展速度　　B. 发展水平　　C. 平均发展水平
   D. 增减量　　　E. 平均增减量
5. 定基增长速度等于（　　）。
   A. 定基发展速度 −1　　　　　　　B. 环比发展速度的连乘积
   C. 环比增长速度的连乘积　　　　　D. 环比增长速度加 1 后的连乘积再减 1
   E. 累计增长量除以最初水平
6. 增长百分之一的绝对值（　　）。
   A. 表示增加一个百分点所增加的绝对量　B. 表示增加一个百分点所增加的相对量
   C. 等于前期水平除以 100　　　　　　　D. 等于前期水平除以 100%
   E. 等于环比增长量除以环比增长速度
7. 某企业 2014 年产值为 2 000 万元，2018 年产值为 2014 年的 150%，则（　　）。
   A. 年平均增长速度为 12.5%　　　　B. 年平均增长速度为 8.45%
   C. 年平均增长速度为 10.67%　　　　D. 年平均增长量为 200 万元
   E. 年平均增长量为 250 万元

8. 某现象的季节指数为260%，说明该现象（　　）。
   A. 有季节变化　　　　　　　　　B. 说明该现象无季节变化
   C. 现阶段是旺季　　　　　　　　D. 现阶段是淡季
   E. 市场前景好

四、判断题

1. 按品质标志分组形成的数列不属于动态数列。（　　）
2. 编制动态数列的可比性原则就是指一致性。（　　）
3. 两个相邻的定基发展速度，用后者除以前者等于后期的环比发展速度。（　　）
4. 环比增长速度的连乘积等于相应年份的定基增长速度。（　　）
5. 平均增长速度是环比增长速度的几何平均数。（　　）

任务训练题

1. 某农户2018年1至3月份饲养兔子552只，4月1日出售182只，6月1日购进80只，11月1日繁殖了36只，2019年1月31日出售205只，求该农户2018年平均每月兔子的饲养量。

2. 某工业企业某年一季度有关资料见表5-30。

表5-30　某工业企业某年一季度有关资料

月　份	一	二	三	四
工业总产值/万元	180	160	200	190
月初工人数/人	600	580	620	600

要求：试计算第一季度平均每月劳动生产率。

3. 某厂某年一月份某产品的库存资料见表5-31。

表5-31　某厂某年一月份某产品的库存资料

日　期	1日	4日	9日	15日	19日	26日	31日
库存量/吨	38	42	39	23	2	16	8

要求：试计算一月份的平均库存量。

4. 某企业某年职工人数资料见表5-32。

表5-32　某企业某年职工人数资料

时　间	1月1日	5月1日	8月1日	12月31日
职工人数/人	440	482	490	510

要求：试计算该企业该年平均职工人数。

5. 某企业某年上半年工业总产值和劳动生产率资料见表 5-33。

表 5-33　某企业某年上半年工业总产值和劳动生产率资料

月　份	1	2	3	4	5	6
工业总产值/万元	360	384.4	416	456.4	482.48	500
工人劳动生产率/(万元/人)	0.60	0.62	0.65	0.70	0.74	0.80

要求：试计算该企业上半年工人平均每月劳动生产率。

6. 某商场 2013—2018 年商品销售额统计数据见表 5-34。

表 5-34　某商场 2013—2018 年商品销售额统计数据

年　份	2013	2014	2015	2016	2017	2018
销售额/万元	800	895	1 070	1 342	1 785	2 356

要求计算：

（1）各年逐期增长量、累计增长量；

（2）各年环比发展速度、定基发展速度及相应的增长速度；

（3）增长 1% 的绝对值；

（4）以 2013 年为基期，2014—2018 年的年平均增长量、年平均发展速度和年平均增长速度。

7. 某企业 2011—2018 年的有关资料见表 5-35。

表 5-35　某企业 2011—2018 年的有关资料

年　份	2011	2012	2013	2014	2015	2016	2017	2018
逐期增长量/吨	2.5	3	4	5.5	2.3	3.6	4.2	3

已知该企业 2010 年的产量为 40 万吨。

要求计算：

（1）各年的产量及每年的环比发展速度；

（2）以 2011 年为基期，2012—2018 年间该企业产量的平均增长量和平均增长速度。

8. 某地区 2015 年年底人口数为 5 000 万人，假定以后每年以 8‰ 的增长率增长；又假定该地区 2015 年粮食产量为 175 亿公斤，要求到 2020 年平均每人粮食达到 1 000 斤，试计算 2020 年的粮食产量应该达到多少斤？粮食产量每年平均增长速度如何？

9. 某企业 2018 年的投资回收额为 520 万元，如果以后每年增长 25.3%，问多少年才能达到 1 000 万元？

10. 某地区粮食产量 2012 年是 2008 年的 135.98%，2014 年较 2012 年增长 30.12%，2014—2018 年每年递增 6%，试求 2009—2018 年的平均发展速度，并预测 2023 年的粮食产量。

11. 某家用电器厂 2014—2018 年的电视机产量资料见表 5-36。

表 5-36　某家用电器厂 2014—2018 年的电视机产量资料

年　　份	2014	2015	2016	2017	2018
产量/万台	240	225	270	320	340

要求计算：

(1) 电视机产量的年平均增长量；

(2) 电视机产量的年平均增长速度；

(3) 用最小平方法配合电视机产量的直线趋势方程，并预测 2021 年的电视机产量。

12. 某企业 2009—2018 年利润额资料见表 5-37。

表 5-37　某企业 2009—2018 年利润额资料

年　　份	利润额/万元	年　　份	利润额/万元
2009	40	2014	52
2010	42	2015	54
2011	44	2016	56
2012	46	2017	58
2013	48	2018	60

要求：

(1) 用移动平均法（五项移动平均）确定上表资料的长期趋势；

(2) 试用最小平方法求直线趋势方程，并预测该企业 2023 年的利润额。

13. 某地区某种商品销售额资料见表 5-38。

表 5-38　某地区某种商品销售额资料　　　　　　　　　　单位：万元

季　度 年　份	第一季度	第二季度	第三季度	第四季度
2016	40	380	560	62
2017	67	685	1 240	88
2018	142	1 070	1 450	98

要求：试计算该种商品销售额的季节指数，假定 2019 年销售额的预测值为 3 000 万元，试计算各季度销售额的预测值。

项目训练题

根据项目的整理资料进行有关的动态计算与分析。

项目 6 统计指数

学习目标

能力目标
- 利用指数能够反映复杂现象总体的数量综合变动情况
- 利用指数能对现象的变动进行因素分析

知识目标
- 理解统计指数的概念、种类和作用
- 掌握综合指数和平均指数的编制原理与方法
- 掌握指数体系及其总量指标的两因素分析
- 理解平均指标指数体系及其应用

任务 6.1　认识统计指数的一般问题

6.1.1　指数的概念

统计指数与人们的日常生活密切相关。近年来,指数一词在各种媒体中频频出现,如2018 年年初国家统计局发布数据显示,2017 年四季度企业景气指数为 123.4。此外,还有零售价格指数、国房景气指数、股票价格指数等。

统计指数不是从来就有的,它是随着社会经济的发展而产生与发展的。指数是从物价的变动中产生的,由反映一种商品价格变动的指数发展成反映多种商品价格变动的指数;由反映物价变动的指数发展成反映经济领域各个方面变动的指数;由反映现象动态变动的指数发展成反映现象静态变动的指数。当前,指数被广泛地用来进行社会经济现象变动的因素分析。

统计指数简称指数,有广义和狭义两种含义。广义指数是指同类社会经济现象数量对比的相对数,如前面讲过的计划完成相对数、比较相对数、动态相对数等都属于广义指数的范畴。狭义指数是一种特殊的相对数,是指用来说明不能直接相加、对比的复杂社会经济现象总体数量变动的相对数,如综合反映所有商品销售价格变动的相对数,就属于狭义指数的范畴。狭义指数是本项目研究的重点。

6.1.2 指数的种类

为了便于对指数的进一步分析研究,必须从不同的角度对指数加以分类。

1. 个体指数、组(类)指数和总指数

指数按说明对象的范围不同分,有个体指数、组(类)指数和总指数。

个体指数是说明个别社会经济现象数量变动的相对数,如说明某种商品价格变动的相对数,称为价格个体指数。总指数是综合说明所有社会经济现象总体数量变动的相对数,如反映全部商品价格变动的相对数,称为价格总指数。组(类)指数是介于个体指数与总指数之间的指数,实际上它是一定总体范围的总指数,如反映生活消费品价格变动的指数。

总指数具有两个性质:一是综合性,即总指数反映了全部现象综合变动的结果;二是平均性,即总指数反映的是全部现象相对变动的一般水平。

总指数的计算方法有两种:综合指数法、平均指数法。习惯上分别把这两种方法计算的总指数称为综合指数和平均指数。需要注意的是,综合指数和平均指数仅仅是总指数的两种计算方法,而不是指数的分类。

上述三种指数中,总指数是指数方法论中的重点。

2. 数量指标指数和质量指标指数

指数按说明对象的特征不同分,有数量指标指数和质量指标指数。

数量指标指数是指反映数量指标变动的相对数,如反映商品销售量变动的指数、反映工业产品产量变动的指数等。质量指标指数是指反映质量指标变动的相对数,如反映价格变动的指数、反映单位产品成本变动的指数等。

数量指标指数和质量指标指数的编制原理与方法不同。

3. 静态指数和动态指数

按对比时间不同分,可分为静态指数和动态指数(或称区域性指数和时间性指数)。

静态指数是指在同一时间条件下不同单位,或不同地区间同一社会经济现象指标值进行对比所形成的指数。动态指数则是反映某一社会经济现象在不同时间点上的变动程度。动态指数又分为定基指数、同比指数和环比指数。定基指数是在数列中以某一固定时期的水平作对比基准的指数;同比指数是以上一年度同期作为对比基准的指数;环比指数则是以其前一时期的水平作为对比基准的指数。

此外,为了不同的研究目的,可以选择不同的标准对指数进行分类。

6.1.3 指数的作用

1. 可以反映现象变动的方向和程度

现象变动的方向和程度,可以从相对数和绝对数两个方面来说明。变动的方向从相对数上说,是大于100%还是小于100%;从绝对数上说是正数还是负数。变动的程度从相对数上说,大于100%大于多少,小于100%小于多少;从绝对数上说,正数增加多少,负数减少多少。指数可以从这两个方面说明现象变动的方向和程度。

2. 可以进行因素分析

任何现象都不是孤立存在的,而是直接或者间接地与其他事物联系着,因此现象的变动总是受着许多因素的影响。其中之一,影响因素是以积的形式对现象进行影响的。如商品销售额受销售量和销售价格两个因素的影响,且销售额等于销售量与销售价格之积。指数可对现象的变动进行因素分析,就是对这种现象的变动进行因素分析,即利用指数分析商品销售额的变动中受商品销售量变动和商品销售价格变动的影响。

3. 可进行变动趋势分析

由于指数可以反映全部现象动态变动的程度,所以,将全部现象不同时间的指标值对比所形成的指数按时间先后排列成指数数列,借助指数数列就可对全部现象的发展变化趋势进行分析,以预测未来。

任务6.2 综合指数

编制总指数有综合指数法和平均指数法两大方法。本任务介绍综合指数法,下一任务介绍平均指数法。

6.2.1 综合指数的意义

综合指数是由两个综合的总量指标对比形成的总指数。所谓综合的总量指标是指其可以分解成两个或两个以上因素指标,且因素指标的关联形式是乘积式。在这两个综合的总量指标对比过程中,将其中一个或一个以上因素指标加以固定,以观察某一因素指标的变动情况。它是编制总指数的基本形式。例如,以 p 表示商品销售价格、q 表示商品销售量、"1"表示报告期、"0"表示基期,则利用公式 $\dfrac{\sum q_1 p_0}{\sum q_0 p_0}$ 计算的结果即为商品销售量总指数的综合指数形式。

在综合指数的编制中，被固定的因素指标称为同度量因素，要反映的因素指标称为指数化指标。可见，同度量因素是指使不能直接相加的现象转化为能够直接相加现象的媒介因素；指数化指标是指数所要研究的对象。如前例中，基期销售价格 p_0 为同度量因素，销售量 q 为指数化指标。可见，同度量因素是对比中同一时期的某一种或某几种因素，指数化指标是对比中不同时期的某一种因素。

同度量因素在编制综合指数中具有重要作用：第一，媒介作用，它能使不能直接相加的现象转化成可以直接相加的现象，利用可以相加现象的对比，来反映不可直接相加现象的数量总变动；第二，权数作用，同度量因素数值较大的指数化因素指标的变动在总指数中起的作用就较大，反之就较小，所以同度量因素又称作权数。

6.2.2 数量指标综合指数的编制

数量指标指数有产品产量指数、商品销售量指数等。下面以商品销售量指数为例来说明数量指标综合指数的编制。

【例 6-1】某商店三种商品的销售量和销售价格资料见表 6-1。

表 6-1 某商店三种商品的销售情况

商品	单位	销售量		销售价格/元	
		基期 q_0	报告期 q_1	基期 p_0	报告期 p_1
甲	件	100	110	8	9
乙	千克	120	114	4	5
丙	米	150	180	10	9

如果计算各种商品的销售量个体指数，则用各种商品的报告期销售量除以基期销售量即可。以 k_q 表示销售量个体指数，则：

$$k_q = \frac{q_1}{q_0}, \quad k_{q甲} = \frac{110}{100} = 110\%, \quad k_{q乙} = \frac{114}{120} = 95\%, \quad k_{q丙} = \frac{180}{150} = 120\%$$

计算结果表明，各种商品销售量报告期与基期相比的变化情况不同，甲商品销售量增加 10%，乙商品销售量减少 5%，丙商品销售量增加 20%。

研究商品销售量的变动，不仅是研究各种商品销售量的变动，而且更重要的是研究所有商品销售量的综合变动，为企业管理或国民经济的宏观管理提供必要的信息，这就需要计算商品销售量总指数。用综合指数法编制商品销售量总指数，必须解决以下两个问题。

第一，同度量因素的确定。经济学的理论告诉我们，任何商品都是使用价值和价值的对立统一体，使用价值使商品在物理、化学属性上有差别，使其不能直接相加，但价值却使商品具有同一性，因商品的价值是凝结在商品中的人类的一般劳动，所以商品的价值可以进行综合。具体而言，商品销售量不能直接相加，但商品的销售额却可以直接相加，而且我们又知道商品销售额包括商品销售量和商品价格两个因素，这样，就可以把不能直接相加的商品销售量，乘上商品价格便可过渡到能够直接相加的商品销售额。商品价格就是使不能直接相加的销售量转化成可加销售额的同度量。商品销售量是数量指标，商品价格是质量指标，这样，可得出一个结论：指数化指标是数量指标时，以质量指标为同度量因素。

第二，同度量因素时期的选择。统计指数研究的最终目的是综合反映不能直接相加现象的数量总变动，因此必须把同度量因素固定在同一时期上，使其不变。如研究商品销售量的综合变动，必须把商品价格这个同度量因素固定在同一时期上，使商品价格不变，这样两个销售额的对比才能反映商品销售量的总变动。即

$$\bar{k}_q = \frac{\sum q_1 p}{\sum q_0 p}$$

式中，$\bar{k}_q$ 为销售量总指数，其他符号同前。

商品价格有基期和报告期两个，用哪个时期的价格作同度量因素呢？按指数的编制理论，商品价格这个同度量因素应固定在基期上，其主要理由是编制商品销售量总指数不仅要研究商品销售量的综合变动，而且还要研究由于商品销售量的变动所带来的实际经济效果。以基期商品价格为同度量因素编制的销售量总指数就能反映商品销售量的纯变动所带来的经济效果，否则以报告期的商品价格为同度量因素编制的销售量总指数就没有这种实际意义。

下面以表6-1的资料加以说明，见表6-2。

表 6-2 某商店三种商品销售量指数和价格指数计算表

商品名称	计量单位	销售量		销售价格/元		销售额/元			
		基期	报告期	基期	报告期	基期实际	报告期实际	假定	假定
		q_0	q_1	p_0	p_1	$q_0 p_0$	$q_1 p_1$	$q_1 p_0$	$q_0 p_1$
甲	件	100	110	8	9	800	990	880	900
乙	千克	120	114	4	5	480	570	456	600
丙	米	150	180	10	9	1 500	1 620	1 800	1 350
合计	—	—	—	—	—	2 780	3 180	3 136	2 850

以基期的商品价格为同度量因素，则商品销售量综合指数为：

$$\bar{k}_q = \frac{\sum q_1 p_0}{\sum q_0 p_0} = \frac{3\ 136}{2\ 780} = 112.81\%$$

计算结果表明，三种商品的销售量报告期比基期平均增加了12.81%，若把上式的分子、分母结合起来分析，可以看出分子 $\left(\sum q_1 p_0\right)$ 是报告期商品销售量按基期商品价格计算的假定商品销售额，分母 $\left(\sum q_0 p_0\right)$ 是基期的商品实际销售额，分子与分母之差：

$$\sum q_1 p_0 - \sum q_0 p_0 = 3\ 136 - 2\ 780 = 356(元)$$

由分子与分母之差说明，按基期商品价格计算，由于报告期商品销售量的增长而增加销售额 356 元，这个增加的销售额有实际意义。

反之，若以报告期的商品价格为同度量因素，则商品销售量综合指数为：

$$\bar{k}_q = \frac{\sum q_1 p_1}{\sum q_0 p_1} = \frac{3\ 180}{2\ 850} = 111.58\%$$

计算结果表明，三种商品的销售量报告期比基期平均增加了 11.58%，若把上式的分子、分母结合起来分析，可以看出分子 $\left(\sum q_1 p_1\right)$ 是报告期的商品实际销售额，分母 $\left(\sum q_0 p_1\right)$ 是基期商品销售量按报告期商品价格计算的假定商品销售额，由分子与分母之差 $\left(\sum q_1 p_1 - \sum q_0 p_1 = 3\ 180 - 2\ 850 = 330(元)\right)$ 说明，在报告期价格的条件下，由于报告期比基期销售量的增加而增加的销售额。但假定销售额 $\left(\sum q_0 p_1\right)$ 是商品在基期不出售，而等到报告期出售的销售额，这样的销售额已没有现实意义了。再者，增加的销售额（330 元）不仅包含销售量的变动还包含着价格的变动。

综上所述，可得出以下两点结论：

（1）商品销售量总指数的综合指数公式为：

$$\bar{k}_q = \frac{\sum q_1 p_0}{\sum q_0 p_0}$$

（2）数量指标综合指数编制的一般原则：编制数量指标综合指数时，以基期的质量指标为同度量因素。

6.2.3 质量指标综合指数的编制

质量指标指数有产品价格指数、商品销售价格指数、产品单位成本指数等。下面以商品销售价格指数为例来说明质量指标综合指数的编制。

仍以表 6-1 的资料说明如下。

如果计算各种商品的销售价格个体指数，则用各种商品的报告期销售价格除以基期销售价格即可。以 k_p 表示销售价格个体指数，则：

$$k_p = \frac{p_1}{p_0}, \quad k_{p甲} = \frac{9}{8} = 112.5\%, \quad k_{p乙} = \frac{5}{4} = 125\%, \quad k_{p丙} = \frac{9}{10} = 90\%$$

计算结果表明，各种商品销售价格变动程度不同，甲商品销售价格上升 12.5%，乙商品销售价格上升 25%，丙商品销售价格下降 10%。

研究商品销售价格的变动，不仅是研究各种商品销售价格的变动，而且更重要的是研究所有商品销售价格的综合变动。为国家制定物价政策，研究人民生活水平的变化情况等提供必要的信息，需要计算商品销售价格总指数。用综合指数编制商品销售价格总指数同样也要解决以下两个问题。

第一，同度量因素的确定。三种商品的价格都是单位商品价值的货币表现，从表面上看，商品价格可以相加，但三种商品的使用价值不同，计算单位不同，把不同商品的价格加在一起既不能反映所有商品价格的总体情况，也没有任何意义。因此，为了综合反映三种商品销售价格的总体变动，也必须寻找同度量因素，把不能直接相加的商品销售价格转化成可以直接相加的另外一种现象。根据商品销售额等于商品销售量乘以商品销售价格的内在关系，把商品销售价格，乘上商品销售量转化成能够直接相加的商品销售额。因此，商品销售量便是计算商品销售价格指数的同度量因素。同理，也得出这样一个结论：指数化指标是质量指标时，以数量指标为同度量因素。

第二，同度量因素时期的选择。为了反映商品销售价格的综合变动，不仅要确定同度量因素，而且还要将同度量因素固定在同一时期上。目前，编制商品销售价格指数，是以报告期的商品销售量为同度量因素的。以报告期商品销售量作编制商品销售价格总指数的同度量因素，一方面具有现实经济意义，反映由于商品销售价格的变动所带来的实际经济效果；另一方面能保持指数体系的完整性。如表6-2的资料，以报告期的商品销售量为同度量因素，则商品销售价格综合指数为：

$$\bar{k}_p = \frac{\sum q_1 p_1}{\sum q_1 p_0} = \frac{3\,180}{3\,136} = 101.4\%$$

式中，$\bar{k}_p$ 为价格总指数，其他符号同前。

计算结果表明，三种商品的销售价格报告期比基期平均上升了1.4%。若把上式的分子、分母结合起来分析，可以看出分子 $\left(\sum q_1 p_1\right)$ 是报告期的商品实际销售额，分母 $\left(\sum q_1 p_0\right)$ 是基期商品销售价格按报告期商品销售量计算的假定商品销售额，分子与分母之差 $\left(\sum q_1 p_1 - \sum q_1 p_0 = 3\,180 - 3\,136 = 44(元)\right)$ 说明，报告期销售的三种商品，由于销售价格的上升而增加的商品销售额是44元，这个增加的销售额具有现实的经济意义。反之，若以基期的商品销售量为同度量因素，则商品销售价格综合指数为：

$$\bar{k}_p = \frac{\sum q_0 p_1}{\sum q_0 p_0} = \frac{2\,850}{2\,780} = 102.52\%$$

计算结果表明，三种商品销售价格报告期比基期平均上升了2.52%，若把上式的分子、分母结合起来分析，可以看出分子 $\left(\sum q_0 p_1\right)$ 是报告期的商品销售价格按基期商品销售量计算的假定商品销售额，分母 $\left(\sum q_0 p_0\right)$ 是基期的商品实际销售额，由分子与分母之差

$\left(\sum q_0p_1 - \sum q_0p_0 = 2\,850 - 2\,780 = 70(元)\right)$ 说明，假定由于报告期商品销售价格的上升而使基期销售的商品所增加的商品销售额，而基期销售的商品已是过去的事情，则以基期商品销售量为同度量因素编制的商品销售价格总指数就没有实际意义。

综上所述，同样可以得出以下两点结论。

(1) 商品销售价格总指数的综合指数公式为：

$$\bar{k}_p = \frac{\sum q_1p_1}{\sum q_1p_0}$$

(2) 质量指标综合指数编制的一般原则：编制质量指标综合指数时，以报告期的数量指标为同度量因素。

6.2.4 编制综合指数时应注意的几个问题

(1) 选择同度量因素和权数不能带主观随意性，必须根据现象之间客观存在的必然联系，结合研究目的和掌握资料的情况，经过分析后决定。

(2) 指数的分子、分母包括的范围必须一致。

(3) 综合指数需要根据全面资料编制，必须具有两个时期范围相同的对应资料才能计算。

(4) 作为编制综合指数的一般原则（数量指标指数应以基期质量指标作为同度量因素；质量指标指数应以报告期数量指标作为同度量因素），只是从一般应用意义上提出的，在实际工作中不要绝对化、机械化地应用。从理论上讲，同度量因素可采用任何时期，具体用什么时期可根据研究目的和实际情况确定。

例如，为了研究较长时期工业产品产量变动的情况，经常采用不变价格作为同度量因素。这样，工业产品产量总指数的综合指数公式为：

$$\bar{k}_q = \frac{\sum q_1p_n}{\sum q_0p_n}$$

式中，p_n 为不变价格，其他符号同前。

【例 6-2】 某地区三种产品产量及不变价格资料见表 6-3。

表 6-3 某地区三种产品的有关资料

产品名称	单 位	产品产量		1990 年不变价格/元	工业总产值/元	
		1993 年	1994 年		1993 年	1994 年
		q_0	q_1	p_n	q_0p_n	q_1p_n
甲	辆	1 000	1 200	150	150 000	180 000
乙	吨	500	550	60	30 000	33 000
丙	件	800	900	50	40 000	45 000
合计	—	—	—	—	220 000	258 000

根据表6-3资料,按1990年不变价格计算的三种产品产量总指数为:

$$\bar{k}_q = \frac{\sum q_1 p_n}{\sum q_0 p_n} = \frac{258\ 000}{220\ 000} = 117.27\%$$

以不变价格编制的产品产量指数,其同度量因素 p_n 既不是基期的,也不是报告期的,而是国家根据客观情况确定的某一年的平均出厂价格为不变价格,并在一段时间内相对稳定,长期使用。采用不变价格编制的产品产量指数的最大优点:一是使编制工作简单,二是可把产品产量作动态对比,以研究产品产量的发展变化趋势。不变价格也不是永久固定不变的,而是相对固定不变的。新中国成立以来,国家统计局先后五次制定了全国统一的工业产品不变价格和农产品不变价格,即从1949年到1957年使用1952年工(农)业产品不变价格;从1957年到1971年使用1957年不变价格;从1971年到1981年使用1970年不变价格;从1981年到1991年使用1980年不变价格;从1991年开始使用1990年不变价格。这样按不同年份的不变价格编制的产品产量总指数也不能直接对比,必须消除不变价格的变动影响后才能对比。消除的办法就是先计算换算系数再进行调整。换算系数的计算公式为:

$$\text{换算系数} = \frac{\sum (q_{\text{交替年}} \times p_{\text{新的不变价格}})}{\sum (q_{\text{交替年}} \times p_{\text{旧的不变价格}})}$$

换算系数,是新旧两种不变价格按交替年份的产量计算的总产值而对比的相对数,它实质上是一种物价指数。

【例6-3】某厂1978年至1984年的总产值资料见表6-4。

表6-4 某厂1978年至1984年总产值资料

年 份	总产值/万元 按1970年不变价格计算	总产值/万元 按1980年不变价格计算	按1980年不变价格计算的总产值	产量指数/% 定基	产量指数/% 环比
1978	180	—	144	100.0	—
1979	240	—	192	133.3	133.3
1980	280	—	224	155.6	116.7
1981	330	264	264	183.3	117.9
1982	—	290	290	201.4	109.8
1983	—	308	308	213.9	106.2
1984	—	335	335	232.6	108.8

据表6-4中的资料可得换算系数:

$$\bar{k}_p = \frac{\sum q_{1981} p_{1980}}{\sum q_{1981} p_{1970}} = \frac{264}{330} = 80\%$$

将1978年、1979年、1980年按1970年不变价格计算的总产值乘上换算系数就可调整为按 1980 年不变价格计算的总产值。如调整后的 1979 年总产值为：
$$240×80\% = 192（万元）$$

将 1978 年至 1984 年的总产值，调整为按 1980 年不变价格计算的总产值后，计算出的指数就可以比较，且定基指数等于相应的环比指数的连乘积。

例如，232.6% = 133.3%×116.7%×117.9%×109.8%×106.2%×108.8%

任务 6.3 平均指数

6.3.1 平均指数的意义

平均指数是以个体指数为变量值，利用一定的权数采用加权平均数形式而编制的总指数。利用平均指数编制总指数有三个要点：一是先计算个体指数；二是确定一个合理的权数；三是选择合适的加权平均形式。平均指数分为加权算数平均指数和加权调和平均指数两种。

平均指数是计算总指数的另一种重要方法。

6.3.2 平均指数的计算形式

1. 加权算术平均指数

以商品销售量指数为例讨论加权算术平均指数。设销售量个体指数 $k_q = \dfrac{q_1}{q_0}$，所需要的权数为 f，则商品销售量总指数的加权算术平均数指数形式为：

$$\bar{k}_q = \frac{\sum k_q f}{\sum f}$$

对上述公式讨论如下：
（1）当 $f = q_0 p_0$ 时，则：

$$\bar{k}_q = \frac{\sum k_q q_0 p_0}{\sum q_0 p_0} = \frac{\sum \dfrac{q_1}{q_0} q_0 p_0}{\sum q_0 p_0} = \frac{\sum q_1 p_0}{\sum q_0 p_0}$$

可见，当权数 f 是基期商品实际销售额 $q_0 p_0$ 时，销售量总指数的加权算术平均指数是其综合指数的变形，称为综合指数变形的加权算术平均指数。

下面以销售量总指数为例来说明作为综合指数变形的加权算术平均指数的应用。

【例 6-4】某商店三种商品的销售资料见表 6-5。

表 6-5 某商店三种商品销售量指数计算表

商品名称	计量单位	销售量		销售量个体指数	基期销售额/元	假定销售额/元
		基期	报告期			
		q_0	q_1	$k_q = \dfrac{q_1}{q_0}$	$q_0 p_0$	$k_q q_0 p_0$
甲	件	100	110	1.10	800	880
乙	千克	120	114	0.95	480	456
丙	米	150	180	1.20	1 500	1 800
合计	—	—	—	—	2 780	3 136

根据表 6-5 资料计算三种商品销售量总指数：

第一，计算三种商品销售量个体指数，公式为：$k_q = \dfrac{q_1}{q_0}$，见表 6-5；

第二，确定权数，即以各种商品基期的实际销售额（$q_0 p_0$）作权数；

第三，选择加权平均的形式，即采用加权算术平均的形式。

则三种商品销售量总指数的加权算术平均指数公式为：

$$\bar{k}_q = \frac{\sum k_q q_0 p_0}{\sum q_0 p_0} = \frac{3\ 136}{2\ 780} = 112.81\%$$

$$\sum k_q q_0 p_0 - \sum q_0 p_0 = 3\ 136 - 2\ 780 = 356(元)$$

计算结果表明，三种商品销售量报告期比基期平均增长 12.81%，由于销售量报告期比基期的增加而增加销售额 356 元。这与综合指数的计算结果是完全相同的。

（2）当 $f = W \neq q_0 p_0$ 时，则：

$$\bar{k}_q = \frac{\sum k_q W}{\sum W} \neq \frac{\sum q_1 p_0}{\sum q_0 p_0}$$

可见，当权数 f 不是基期商品实际销售额 $q_0 p_0$ 时，销售量总指数的加权算术平均指数不是其综合指数的变形，而是一种独立的总指数计算方法，称为固定权数的加权算术平均指数。

实际工作中固定权数的加权算术平均指数常用于编制商品零售物价指数（RPI）、居民消费价格指数（PPI）。计算公式为：

$$\bar{k}_p = \frac{\sum k_p W}{\sum W}$$

式中,$\bar{k}_p$ 为商品零售物价指数;k_p 为所选代表规格品的价格个体指数,计算方法同前;W 为固定权数,它是各类商品零售额在商品零售总额中所占的比重,各类的权数之和均为100,一经确定后一定时期内固定不变。商品零售物价指数采取分层逐级计算的办法。下面举例说明其计算方法与过程。

【例 6-5】 某市商品零售价格资料及相关计算资料见表 6-6。

表 6-6 某市某年某月商品零售价格指数计算表

类别及品名	代表规格品	计量单位	平均价格/元		权数	以基期价格为 100	
			上年同月	本月		指数	指数×权数
			p_0	p_1	W	k_p 或 $\bar{k}_p$	kW
			(1)	(2)	(3)	(4)=$\sum$(5)/$\sum$(3)	(5)=(3)×(4)
总指数					100	111.9	
一、食品类					51	113.8	5 803.8
1. 粮食					18	112.7	2 028.6
（1）细粮					95	112.6	10 697.0
面粉	富强	千克	2.60	2.80	8	107.7	861.6
大米	标二	千克	2.20	2.50	80	113.6	9 088.0
糯米	标二	千克	3.00	3.60	2	120.0	240.0
挂面	富强	千克	2.80	3.00	10	107.1	1 071.0
（2）粗粮					5	115.0	575.0
2. 油脂					3	110.0	330.0
3. 肉禽蛋					22	122.5	2 695.0
4. 水产品					8	105.0	840.0
5. 鲜菜					13	120.0	1 560.0
6. 干菜					2	104.5	209.0
7. 鲜果					8	108.4	867.2
8. 干果					6	110.3	661.8
9. 其他食品					20	109.6	2 192.0
二、饮料、烟酒类					12	103.0	1 236.0
⋮					⋮	⋮	⋮
十四、机电产品类					10	100.0	1 000.0

根据表 6-6 计算商品零售物价指数:

第一步,计算每一代表规格品的价格个体指数,其公式为:

$$k_p = \frac{p_1}{p_0}$$

如表6-6中面粉、大米、糯米、挂面四个代表规格品的价格个体指数分别为107.7%、113.6%、120.0%和107.1%；

第二步，用公式 $\bar{k}_p = \frac{\sum k_p W}{\sum W}$ 计算小类指数，如表6-6中细粮小类价格指数为：

$$\bar{k}_{细粮} = \frac{107.7\% \times 8 + 113.6\% \times 80 + 120\% \times 2 + 107.1\% \times 10}{8+80+2+10} = 112.6\%$$

第三步，仍用公式 $\bar{k}_p = \frac{\sum k_p W}{\sum W}$ 顺次计算中类、大类及总指数。

粮食中类价格指数为：$\bar{k}_{粮食} = \dfrac{112.6\% \times 95 + 115\% \times 5}{95+5} = 112.7\%$

食品大类价格指数为：$\bar{k}_{食品} = \dfrac{112.7\% \times 18 + 110\% \times 3 + \cdots + 109.6\% \times 20}{18+3+\cdots+20} = 113.8\%$

零售价格总指数为：$\bar{k}_{总指数} = \dfrac{113.8\% \times 51 + 103\% \times 12 + \cdots + 100\% \times 10}{51+12+\cdots+10} = 111.9\%$

2. 加权调和平均指数

以商品销售价格指数为例讨论加权调和平均指数。设价格个体指数 $k_p = \dfrac{p_1}{p_0}$，所需的权数为 m，则商品销售价格总指数的加权调和平均指数形式为：

$$\bar{k}_p = \frac{\sum m}{\sum \dfrac{m}{k_p}}$$

对上述公式讨论如下。

(1) 当 $m = q_1 p_1$ 时，则：

$$\bar{k}_p = \frac{\sum m}{\sum \dfrac{m}{k_p}} = \frac{\sum q_1 p_1}{\sum \dfrac{q_1 p_1}{\dfrac{p_1}{p_0}}} = \frac{\sum q_1 p_1}{\sum q_1 p_0}$$

可见，当权数 m 为报告期商品实际销售额 $q_1 p_1$ 时，价格总指数的加权调和平均指数是其综合指数的变形，称为综合指数变形的加权调和平均指数。

下面以价格指数为例来说明作为综合指数变形的加权调和平均指数的应用。

【例6-6】某商店三种商品的销售资料见表6-7。

表6-7 某商店三种商品销售价格指数计算表

商品名称	计量单位	销售价格/元		价格个体指数 $k_p = \dfrac{p_1}{p_0}$	报告期销售额/元 $q_1 p_1$	假定销售额/元 $\dfrac{1}{k_p} q_1 p_1$
		基期 p_0	报告期 p_1			
甲	件	8	9	1.125	990	880
乙	千克	4	5	1.250	570	456
丙	米	10	9	0.900	1 620	1 800
合计	—	—	—	—	3 180	3 136

根据表6-7资料计算三种商品销售价格总指数：

第一，计算三种商品销售价格个体指数，$k_p = \dfrac{p_1}{p_0}$，见表6-7；

第二，确定权数，即以各种商品报告期的实际销售额（$q_1 p_1$）作权数；

第三，选择加权平均的形式，即采用加权调和平均的形式。

则三种商品销售价格总指数的加权调和平均指数公式为：

$$\bar{k}_p = \frac{\sum q_1 p_1}{\sum \dfrac{1}{k_p} q_1 p_1} = \frac{3\ 180}{3\ 136} = 101.4\%$$

$$\sum q_1 p_1 - \sum \frac{1}{k_p} q_1 p_1 = 3\ 180 - 3\ 136 = 44（元）$$

计算结果表明，三种商品销售价格报告期比基期平均增长1.4%，由于报告期价格的上涨使报告期销售的商品增加销售额44元。这与综合指数的计算结果是完全相同的。

实际工作中，加权调和平均指数用于编制农副产品收购价格总指数，但须注意三点：一是价格个体指数 k_p 不是所有农副产品的，而是所选代表规格品的；二是某类农产品的报告期收购额 $q_1 p_1$ 不是所选代表规格品的报告期收购额之和，而是该类所有农产品的报告期收购总额，它大于所选代表规格品的报告期收购额之和；三是采取分层逐级计算的办法，即在所选代表规格品的价格、报告期收购额的基础上计算小类指数，再依次计算中类、大类指数，直至计算出农副产品收购价格总指数。

【例6-7】某省农产品收购价格资料及其相关计算过程和结果见表6-8。

表 6-8　某省某年农产品价格指数计算表

类别及品名	规格等级	计量单位	平均价格/元		全省收购额/万元		指数/%
			上年	本年	本年实际	按上年价格计算	
			p_0	p_1	$q_1 p_1$	$q_1 p_0$	k_p 或 $\bar{k}_p$
			(1)	(2)	(3)	$(4) = \dfrac{(3)}{(5)}$	$(5) = (2)/(1)$ 或 $(5) = \sum(3)/\sum(4)$
总指数					435 961	374 679	116.4
一、粮食类					198 246	165 205	120.0
二、经济作物类					48 925	42 079	116.3
1. 食用植物油类					16 325	13 570	120.3
花生果	中	千克	2.8	3.30	2 320	1 968	117.9
芝　麻	中	千克	4.2	5.09	4 600	3 795	121.2
油菜籽	中	千克	2.4	2.89	8 864	7 362	120.4
2. 棉花					16 356	13 495	121.2
3. 麻					4 860	4 475	108.6
4. 烟叶					6 653	6 336	105.0
5. 糖料					1 275	979	130.3
6. 茶叶					3 456	3 224	107.2
三、竹木材类					7 089	6 656	106.5
四、工业用油漆类					5 030	4 851	103.7
五、禽畜产品类					58 875	49 726	118.4
六、蚕茧蚕丝类					4 680	3 805	123.0
七、干鲜果类					10 350	9 933	104.2
八、干鲜菜及调味品类					38 948	29 845	130.5
九、药材类					3 425	2 963	115.6
十、土副产品类					40 050	40 867	98.0
十一、水产品类					20 343	18 749	108.5

根据表 6-8 某省某年农产品价格指数的计算过程及结果如下。

第一步，计算每一代表规格品的价格个体指数，其公式为：

$$k = \frac{p_1}{p_0}$$

如表 6-8 中，价格个体指数：花生果为 118.2%、芝麻为 121.0%、油菜籽为 120.4%。

第二步，计算小类指数，其公式为：

$$\bar{k}_p = \frac{\sum q_1 p_1}{\sum \dfrac{1}{k_p} q_1 p_1}$$

如 6-8 表中，食用植物油类价格指数为：

$$\bar{k}_{\text{食用植物油}} = \frac{2\,320 + 4\,600 + 8\,864}{\dfrac{2\,320}{117.9\%} + \dfrac{4\,600}{121.2\%} + \dfrac{8\,864}{120.4\%}} = 120.3\%$$

第三步，仍用公式 $\bar{k}_p = \dfrac{\sum q_1 p_1}{\sum \dfrac{1}{k_p} q_1 p_1}$ 顺次计算中类、大类及总指数。

如表 6-8 中，经济作物类价格指数为：

$$\bar{k}_{\text{经济作物}} = \dfrac{16\ 325 + 16\ 356 + \cdots + 1\ 275 + 3\ 456}{\dfrac{16\ 325}{120.3\%} + \dfrac{16\ 356}{121.2\%} + \cdots + \dfrac{1\ 275}{130.3\%} + \dfrac{3\ 456}{107.2\%}} = 116.3\%$$

农产品收购价格总指数为：

$$\bar{k}_{\text{总指数}} = \dfrac{198\ 246 + 48\ 925 + \cdots + 20\ 343}{\dfrac{198\ 246}{120\%} + \dfrac{48\ 925}{116.3\%} + \cdots + \dfrac{20\ 343}{108.5\%}} = 116.4\%$$

（2）当 $m = M \neq q_1 p_1$ 时，则：

$$\bar{k}_p = \dfrac{\sum m}{\sum \dfrac{m}{k_p}} \neq \dfrac{\sum q_1 p_1}{\sum q_1 p_0}$$

可见，当权数 m 不是报告期商品实际销售额 $q_1 p_1$，而是另外一种新的权数 M 时，价格总指数的加权调和平均指数不是其综合指数的变形，而是一种独立的总指数的计算方法，称为固定权数的加权调和平均指数。

实际工作中一般不采用固定权数的加权调和平均指数。

6.3.3 平均指数与综合指数的区别和联系

综上所述，综合指数与平均指数既有区别又有联系。

1. 区别

（1）在解决复杂总体不能直接同度量问题上，二者方法不同。综合指数是通过引进同度量因素，先计算出总量指标，然后对总量指标进行对比以计算总指数，即"先综合，后对比"；而平均指数是在个体指数的基础上计算总指数，即"先对比，后平均"。所谓"先对比"，是指先通过对比计算个体指数；所谓"后平均"，则是将个体指数赋予适当的权数，加以平均得到总指数。

（2）运用资料的条件不同。综合指数需要研究总体的全面资料，对起综合作用的同度量因素的资料要求也比较严格，一般应采用与指数化指标有明确经济联系的指标，且应有一一对应的全面实际资料。而平均指数则既适用于全面的资料，也适用于非全面的资料。如，根据一部分代表规格品的价格资料，便可用平均指数形式计算价格总指数。对于起综合作用的权数资料，只要在正确评价各要素重要性的前提下，对资料的要求比较灵活，不一定要全面。

（3）在经济分析中的作用不同。综合指数的资料是总体的有明确经济内容的总量指标，因此，综合指数除可以表明复杂总体的变动方向和程度外，还可以从指数变动的绝对效果上进行因素分析。平均指数除了作为综合指数的变形加以应用外，一般只能通过总指数表明复杂总体的变动方向和程度，而不能用于对现象进行因素分析。

2. 联系

在特定的权数下，两类指数具有转换关系。当以数量指标综合指数的分母资料 q_0p_0 为权数，对数量指标个体指数 k_q 求得的加权算术平均指数是其综合指数的变形。当以质量指标综合指数的分子资料 q_1p_1 为权数，对质量指标个体指数 k_p 求得的加权调和平均指数是其综合指数的变形。这种条件下的平均指数和其对应的综合指数具有完全相同的经济意义和计算结果。

任务 6.4　指数因素分析法

6.4.1　指数体系

1. 指数体系的概念

现象的发展变化总是受着一定因素的影响，现象与影响因素之间存在各种各样的联系。其中之一就是被影响现象的数量等于各个影响因素数量的连乘积，如商品销售额等于商品销售量与商品销售价格之积。现象之间的这种关系决定了反映这些现象变动的指数之间也存在着这样的关系。即：

若　　　　　　　　商品销售额＝商品销售量×商品销售价格

则　　　　　　　商品销售额指数＝商品销售量指数×商品销售价格指数

上述的指数等式用符号表示为：

$$\frac{\sum q_1p_1}{\sum q_0p_0} = \frac{\sum q_1p_0}{\sum q_0p_0} \times \frac{\sum q_1p_1}{\sum q_1p_0}$$

简记为：$\bar{k}_{qp} = \bar{k}_q \times \bar{k}_p$

我们把在经济上有联系、数量上保持一定对等关系的若干指数所构成的整体叫做指数体系。其中，将被影响现象的指数，如销售额指数，称为总变动指数；将影响因素的指数，如商品销售量指数和价格指数，称为因素指数。

2. 指数体系的表现形式

指数体系的数量关系分为相对数和绝对数两种形式，分别形成相对数体系和绝对数体系。如销售额指数、销售量指数和价格指数所构成的指数体系表现如下：

（1）相对数体系：

$$\frac{\sum q_1p_1}{\sum q_0p_0} = \frac{\sum q_1p_0}{\sum q_0p_0} \times \frac{\sum q_1p_1}{\sum q_1p_0}$$

据表 6-2 的资料可得：

$$\frac{3\ 180}{2\ 780} = \frac{3\ 180}{3\ 136} \times \frac{3\ 136}{2\ 780}$$

114.39% = 101.4% × 112.81%

（2）绝对数体系：

$$\sum q_1 p_1 - \sum q_0 p_0 = \left(\sum q_1 p_0 - \sum q_0 p_0\right) + \left(\sum q_1 p_1 - \sum q_1 p_0\right)$$

据表 6-2 的资料可得：

$$3\ 180 - 2\ 780 = (3\ 180 - 3\ 136) + (3\ 136 - 2\ 780)$$
$$400 = 44 + 356$$

可见，指数体系的数量关系是：总变动指数等于各因素指数的连乘积；总变动指数分子与分母的差等于各因素指数分子与分母差的和。与综合指数具有变形关系的加权算术平均指数和加权调和平均指数也具有这种数量关系，公式为：

$$\frac{\sum q_1 p_1}{\sum q_0 p_0} = \frac{\sum k_q q_0 p_0}{\sum q_0 p_0} \times \frac{\sum q_1 p_1}{\sum \frac{1}{k_p} q_1 p_1}$$

$$\sum q_1 p_1 - \sum q_0 p_0 = \left(\sum k_q q_0 p_0 - \sum q_0 p_0\right) + \left(\sum q_1 p_1 - \sum \frac{1}{k_p} q_1 p_1\right)$$

上述两个等式成立的关键是：

$$\sum k_q q_0 p_0 = \sum \frac{1}{k_p} q_1 p_1 = \sum q_1 p_0$$

3. 指数体系的作用

指数体系在经济分析中具有重要作用，主要表现在以下两个方面。

（1）利用指数体系，可以进行指数间的互相推算，即可以由已知指数推算未知指数。

假如已知商品销售额指数为 114.39%，商品销售量指数为 112.81%，则商品销售价格指数为：

$$\bar{k}_p = \bar{k}_{qp} \div \bar{k}_q = 114.39\% \div 112.81\% = 101.4\%$$

【例 6-8】某百货公司三种商品销售额及价格变动资料见表 6-9。

表 6-9 某百货公司三种商品销售资料

商品	销售额/万元		价格变动率/%	k_p	$\dfrac{q_1 p_1}{k_p}$
	基期 $q_0 p_0$	报告期 $q_1 p_1$			
甲	50	60	+2	1.02	58.82
乙	20	30	−5	0.95	31.58
丙	100	120	0	1.00	120.00
合计	170	210	—	—	210.40

根据表 6-9 资料试计算：
(1) 三种商品的价格总指数及价格变动影响的销售额。
① 价格总指数：

$$\bar{k}_p = \frac{\sum q_1 p_1}{\sum \frac{q_1 p_1}{k_p}} = \frac{210}{210.4} = 99.81\%$$

② 价格变动影响的销售额：

$$\sum q_1 p_1 - \sum \frac{q_1 p_1}{k_p} = 210 - 210.4 = -0.4 (万元)$$

(2) 三种商品的销售量总指数及销售量变动影响的销售额。
① 销售额总指数：

$$\bar{k}_{qp} = \frac{\sum q_1 p_1}{\sum q_0 p_0} = \frac{210}{170} = 123.53\%$$

② 销售量总指数：

$$\bar{k}_q = \frac{\bar{k}_{qp}}{\bar{k}_p} = \frac{123.53\%}{99.81\%} = 123.77\%$$

③ 销售量变动影响的销售额：

$$\left(\sum q_1 p_1 - \sum q_0 p_0\right) - \left(\sum q_1 p_1 - \sum \frac{q_1 p_1}{k_p}\right) = (210 - 170) - (-0.4) = 40.4 (万元)$$

(2) 利用指数体系，可以分析现象的总变动及其受各个因素变动影响的方向和程度，简称为可以进行因素分析。

6.4.2 指数因素分析法的意义

1. 指数因素分析法的概念

指数因素分析法，就是应用统计指数分析现象的总变动及其受各个因素变动影响的方向和程度的一种统计分析方法。分析的对象是被影响现象的量等于各个影响因素量的连乘积的现象。分析的依据是指数体系。分析的方法是在诸多影响因素中，假定其他因素不变，从而测定其中一个因素变动的影响。分析的目的是从相对数和绝对数两个方面测定各个因素的变动对现象影响的方向和程度。

2. 指数因素分析的种类

(1) 按分析对象包括因素的多少不同分，有两因素分析和多因素分析，前者的分析对象中只包括两个影响因素，后者的分析对象中包括两个以上的影响因素。

(2) 按分析对象的性质不同分，有总量指标的因素分析和平均指标的因素分析。

把上述两种分类组合起来，指数因素分析共有四种：总量指标的两因素分析、总量指标的多因素分析、平均指标的两因素分析、总量指标中包含平均指标的多因素分析。本任务重点介绍总量指标的两因素分析，下一任务介绍平均指标的两因素分析。

3. 指数因素分析法的步骤

1) 确定分析对象和影响因素

确定分析对象和影响因素要从研究的目的、任务出发，在定性分析的基础上，依据有关科学理论和知识确定。对同一现象可以从多种不同的角度进行影响因素的分析。例如，对产品生产总量的变动分析，既可以从劳动力要素角度，确定劳动量和劳动生产率两个影响因素；也可以从物的要素角度，确定设备投入量和设备利用率两个影响因素。

2) 确定分析对象指标和影响因素指标的指标关系式

分析对象和影响因素都可以有多种指标表现形式。例如，分析对象产品产量可用产值反映，影响因素的劳动量可用职工人数反映，劳动效率可用人均产值反映。这样，分析对象指标和影响因素指标及其关系式为：

$$产值=职工人数 \times 人均产值$$

注意，选择指标的要求是：研究对象指标必须等于各影响因素指标的连乘积。因素指标可以是两个，也可以是多个。

3) 建立分析的指数体系

建立分析的指数体系要按综合指数选择同度量因素的一般原则来编制，列出指数体系的两种表现形式。

4) 分析各因素变动对分析对象变动的影响

根据指数体系，依次分析每一个因素变动对分析对象变动影响的相对程度及绝对数量。

4. 总量指标的两因素分析

前述指数因素分析法的步骤是一种分析思路，下面讲述的是计算分析步骤。

前述商品销售额指数、销售量指数和商品销售价格指数之间形成的指数体系就是两因素分析。从其数量关系分析中可得出总量指标两因素分析的一般步骤：首先计算现象总变动指数；其次计算各个因素的变动指数；最后根据指数体系，对现象的总变动进行因素分析（包括相对数和绝对数两个方面）。

【例 6-9】某工业企业三种产品的生产情况见表 6-10。

表 6-10 某工业企业三种产品的生产情况

产品名称	计量单位	价格/百元		产量		产值/百元		
		基期 p_0	报告期 p_1	基期 q_0	报告期 q_1	$q_0 p_0$	$q_1 p_0$	$q_1 p_1$
甲	件	20	22	40	50	800	1 000	1 100
乙	千克	10	8	50	50	500	500	400
丙	米	2	2.5	20	18	40	36	45
合计	—	—	—	—	—	1 340	1 536	1 545

根据表 6-10 资料，从绝对数和相对数两个方面分析该企业三种产品总产值的变动及受产量和价格两个因素变动影响的方向和程度。

（1）总产值的变动：

$$\bar{k}_{qp} = \frac{\sum q_1 p_1}{\sum q_0 p_0} = \frac{1\,545}{1\,340} = 115.30\%$$

$$\sum q_1 p_1 - \sum q_0 p_0 = 1\,545 - 1\,340 = 205（百元）$$

（2）各因素变动的影响：

① 产量变动的影响：

$$\bar{k}_q = \frac{\sum q_1 p_0}{\sum q_0 p_0} = \frac{1\,536}{1\,340} = 114.63\%$$

$$\sum q_1 p_0 - \sum q_0 p_0 = 1\,536 - 1\,340 = 196（百元）$$

② 价格变动的影响：

$$\bar{k}_p = \frac{\sum q_1 p_1}{\sum q_1 p_0} = \frac{1\,545}{1\,536} = 100.59\%$$

$$\sum q_1 p_1 - \sum q_1 p_0 = 1\,545 - 1\,536 = 9（百元）$$

（3）综合：

$$\bar{k}_{qp} = \bar{k}_q \times \bar{k}_p$$

即 $115.30\% = 114.63\% \times 100.59\%$

$$\sum q_1 p_1 - \sum q_0 p_0 = \left(\sum q_1 p_0 - \sum q_0 p_0\right) + \left(\sum q_1 p_1 - \sum q_1 p_0\right)$$

即 205 = 196 + 9

（4）分析说明：

该企业三种产品总产值报告期比基期增加 15.3%，是由于三种产品产量报告期比基期总的增加 14.6% 和三种产品价格报告期比基期总的上涨 0.6% 两个因素共同作用的结果。

该企业三种产品总产值报告期比基期增加 205 百元，是由于三种产品报告期比基期增加产量而增加产值 196 百元和三种产品价格报告期比基期上涨使报告期生产的产品增加产值 9 百元两个因素共同作用的结果。

任务 6.5　平均指标指数

6.5.1　平均指标指数的意义

平均指标指数是同一经济内容不同时期平均指标值对比的相对数，如平均工资指数、平均单位成本指数等。

平均指标指数是综合指数确定同度量因素的理论在平均指标变动分析中的具体运用。以平均工资指数为例来说明这个问题。

平均工资指数公式为：

$$\bar{K}_{可变} = \frac{\bar{x}_1}{\bar{x}_0} = \frac{\frac{\sum x_1 f_1}{\sum f_1}}{\frac{\sum x_0 f_0}{\sum f_0}}$$

式中，x_0——基期各部分工资水平；
x_1——报告期各部分工资水平；
f_0——基期职工人数；
f_1——报告期职工人数；
$\bar{x}_0$——基期平均工资；
$\bar{x}_1$——报告期平均工资；
$\bar{K}_{可变}$——平均工资指数。

对上述公式可以演变成如下形式：

$$\bar{K}_{可变} = \frac{\bar{x}_1}{\bar{x}_0} = \frac{\sum x_1 \frac{f_1}{\sum f_1}}{\sum x_0 \frac{f_0}{\sum f_0}}$$

从这个演变后的公式中，可以清楚地看出平均工资的变动受两个因素变动的影响，一个是各部分工资水平（x）变动的影响，另一个是各部分工人数占工人总数比重 $\left(\frac{f}{\sum f}\right)$ 即工人结构变动的影响。把包含这两个因素变动影响的平均工资指数，称为平均工资可变构成指数。

【例 6-10】某企业职工工资资料见表 6-11。

表 6-11 某企业职工工资资料

工资级别	月工资水平/元		工人数/人		工资总额/元		
	基期	报告期	基期	报告期	基期实际	报告期实际	假定
	x_0	x_1	f_0	f_1	$x_0 f_0$	$x_1 f_1$	$x_0 f_1$
1	50	52	40	130	2 000	6 760	6 500
2	60	63	30	40	1 800	2 520	2 400
3	70	75	30	30	2 100	2 250	2 100
合计	—	—	100	200	5 900	11 530	11 000

从表 6-11 资料可得该企业职工的平均工资指数为：

$$\overline{K}_{可变} = \frac{\overline{x}_1}{\overline{x}_0} = \frac{\sum x_1 f_1}{\sum f_1} / \frac{\sum x_0 f_0}{\sum f_0} = \frac{11\ 530}{200} / \frac{5\ 900}{100} = \frac{57.65}{59} = 97.71\%$$

这个公式的分子与分母的差额为：

$$\frac{\sum x_1 f_1}{\sum f_1} - \frac{\sum x_0 f_0}{\sum f_0} = 57.65 - 59 = -1.35（元）$$

从表 6-11 的资料和计算结果可以看出，各级别工人工资水平的上升将使总平均工资上升，工人结构的变动即低薪工人占工人总数比重的增加将使总平均工资下降，两个因素综合后，该企业总平均工资报告期比基期下降了 2.29%，减少的绝对额为 1.35 元。

分析各部分工资水平和工人结构两个因素变动对企业总平均工资变动的影响，可以借助综合指数法确定同度量因素的理论，在可变构成指数基础上，把总体内部结构 $\frac{f}{\sum f}$ 中的 f 视为数量指标，把总体各部分水平 x 视为质量指标。因此，分析 f 的变动对总平均指标 $\overline{x}$ 的影响时，把影响因素 x 固定在基期上；分析 x 的变动对总平均指标 $\overline{x}$ 的影响时，把影响因素 f 固定在报告期上。从而形成下面的固定构成指数和结构影响指数。

6.5.2　固定构成指数

固定构成指数的计算公式为：

$$\overline{K}_{固定} = \frac{\overline{x}_1}{\overline{x}_n} = \frac{\sum x_1 f_1}{\sum f_1} / \frac{\sum x_0 f_1}{\sum f_1}$$

由于固定了总体结构，只反映了各部分水平的变动对总平均指标变动的影响，所以，将这种影响用固定构成指数表示。

根据表 6-11 的资料可得：

$$\overline{K}_{固定} = \frac{\overline{x}_1}{\overline{x}_n} = \frac{\sum x_1 f_1}{\sum f_1} / \frac{\sum x_0 f_1}{\sum f_1} = \frac{11\ 530}{200} / \frac{11\ 000}{200} = \frac{57.65}{55.00} = 104.82\%$$

这个公式的分子与分母的差额为：

$$\frac{\sum x_1 f_1}{\sum f_1} - \frac{\sum x_0 f_1}{\sum f_1} = 57.65 - 55.00 = 2.65（元）$$

计算结果表明，由于各部分工资水平的变动使总平均工资报告期比基期增加了 4.82%，增加的绝对额为 2.65 元。

6.5.3 结构影响指数

结构影响指数的计算公式为：

$$\overline{K}_{结构} = \frac{\overline{x}_n}{\overline{x}_0} = \frac{\sum x_0 f_1}{\sum f_1} \bigg/ \frac{\sum x_0 f_0}{\sum f_0}$$

由于固定了各部分水平，只反映了总体结构变动对总平均指标变动的影响，所以，将这种影响用结构影响指数表示。

根据表 6-11 的资料可得：

$$\overline{K}_{结构} = \frac{\overline{x}_n}{\overline{x}_0} = \frac{\sum x_0 f_1}{\sum f_1} \bigg/ \frac{\sum x_0 f_0}{\sum f_0} = \frac{11\,000}{200} \bigg/ \frac{5\,900}{100} = \frac{55.00}{59.00} = 93.22\%$$

这个公式的分子与分母的差额为：

$$\frac{\sum x_0 f_1}{\sum f_1} - \frac{\sum x_0 f_0}{\sum f_0} = 55.00 - 59.00 = -4.00(元)$$

计算结果表明，由于工人结构的变动，即低薪工人占工人总数比重的上升使总平均工资报告期比基期下降了 6.78%，减少的绝对额为 4 元。

6.5.4 平均指标指数体系

可变构成指数、固定构成指数和结构影响指数三者之间存在如下关系：

$$\frac{\sum x_1 f_1}{\sum f_1} \bigg/ \frac{\sum x_0 f_0}{\sum f_0} = \left(\frac{\sum x_1 f_1}{\sum f_1} \bigg/ \frac{\sum x_0 f_1}{\sum f_1}\right) \times \left(\frac{\sum x_0 f_1}{\sum f_1} \bigg/ \frac{\sum x_0 f_0}{\sum f_0}\right)$$

$$\frac{\sum x_1 f_1}{\sum f_1} - \frac{\sum x_0 f_0}{\sum f_0} = \left(\frac{\sum x_1 f_1}{\sum f_1} - \frac{\sum x_0 f_1}{\sum f_1}\right) + \left(\frac{\sum x_0 f_1}{\sum f_1} - \frac{\sum x_0 f_0}{\sum f_0}\right)$$

简记为：

$$\frac{\overline{x}_1}{\overline{x}_0} = \frac{\overline{x}_1}{\overline{x}_n} \times \frac{\overline{x}_n}{\overline{x}_0}$$

$$\overline{x}_1 - \overline{x}_0 = (\overline{x}_1 - \overline{x}_n) + (\overline{x}_n - \overline{x}_0)$$

仍以表 6-11 的资料来说明：

$$97.71\% = 104.82\% \times 93.22\%$$
$$-1.35 = 2.65 + (-4.00)$$

通过三个指数之间的关系，可对该企业总平均工资的变动做出如下综合分析说明：该企业总平均工资报告期比基期下降 2.29%，是由于各部分工资水平的变动使总平均工资提高 4.82% 和工人结构的变动使总平均工资下降 6.78% 两个因素共同影响的结果；总平均工资报告期比基期减少 1.35 元，是由于各部分工资水平的变动使总平均工资增加 2.65 元和工人结构变动使总平均工资减少 4.00 元两个因素共同影响的结果。

6.5.5 平均指标指数与平均指数的异同

1. 两个指数的不同之处

（1）两个指数的内容不同。平均指数是以个体指数为变量值，采用一定的权数，对个体指数进行加权平均而得到的总指数，它是编制总指数的一种方法。因此，平均指数既可以用来反映数量指标的总变动，编制数量指标总指数，如反映不同产品产量的总变动，可编制产品产量总指数，反映不同商品销售量的总变动，可编制商品销售量总指数；又可以用来反映质量指标的总变动，编制质量指标总指数，如反映不同产品单位成本的总变动，可编制单位成本总指数，反映不同产品价格的总变动，可编制价格总指数。平均指标指数是反映平均指标变动的指数，具体而言，平均指标指数是用来分析研究某一具体现象平均指标的变动及其受各个因素变动影响的指数。它只能用来反映质量指标中平均指标的变动，如反映某企业职工平均工资的变动，可编制平均工资指数，反映同一产品的平均单位成本的变动，可编制平均单位成本指数。

（2）两个指数的计算形式不同。平均指数的计算形式是先将个别现象报告期数值与基期数值对比以求得个体指数，然后运用一定的资料作权数对个体指数进行加权平均（算术平均或调和平均），简言之，先对比后平均。平均指标指数是某种现象两个不同时期平均指标对比的结果，即先计算平均指标，再对两个平均指标进行对比，简言之，先平均后对比。

2. 两个指数的相同之处

（1）它们都属于总指数的范畴，都是用来反映社会经济现象总体数量变动的，而不是反映个体数量变动的。对于平均指数是总指数已无须多论，对于平均指标指数是总指数，是因为任何一个平均指标都是反映社会经济现象总体的，而不是反映个体的，如平均工资是反映所有职工的工资数量特征的。因此反映平均指标变动及其受各个因素变动影响的平均指标指数当然是反映社会经济现象总体数量变动的总指数。

（2）都和综合指数发生着联系。在特定的权数下平均指数是综合指数的变形。平均指标指数编制的依据是综合指数法确定同度量因素的理论。在分析平均指标的变动时，只反映 f 的变动对总平均指标 $\bar{x}$ 的影响，把影响因素 x 固定在基期上；只反映 x 的变动对总平均指标 $\bar{x}$ 的影响，把影响因素 f 固定在报告期上。这与综合指数中编制数量指标指数把同度量因素固定在基期的质量指标上，编制质量指标指数把同度量因素固定在报告期的数量指标上是完全一致的。

任务 6.6 认识几种常用的统计指数

6.6.1 采购经理指数

采购经理指数（PMI）是通过对企业采购经理的月度调查结果统计汇总、编制而成的指数，它涵盖了企业采购、生产、流通等各个环节，是国际上通用的监测宏观经济走势的先行性指数之一，具有较强的预测、预警作用。PMI通常以50%作为经济强弱的分界点，PMI高于50%时，反映制造业经济扩张；低于50%时，则反映制造业经济收缩。例如，2018年10月，中国制造业采购经理指数为50.2%，比上月回落0.6个百分点，继续位于临界点以上。从10月份中国制造业总体情况看，企业采购活动趋于活跃，表明制造业经济总体保持增长态势，但扩张速度放缓。

采购经理指数的计算数据获取渠道为问卷调查：采用分层抽样的方法，对全国制造业的28个行业大类中的企业，按照行业规模进行样本分配，最终抽得820家企业，对企业采购经理进行月度问卷调查。

采购经理指数是一个综合指数，由5个扩散指数（分类指数）加权计算而成。5个分类指数及其权数是依据其对经济的先行影响程度确定的。具体包括：新订单指数，权数为30%；生产量指数，权数为25%；从业人员指数，权数为20%；供应商配送时间指数，权数为15%；原材料库存指数，权数为10%。

6.6.2 国房景气指数

国房景气指数是全国房地产开发景气指数的简称，由房地产开发投资、本年资金来源、土地开发面积、房屋施工面积、商品房待售面积和商品房平均销售价格6个分类指数构成。根据房地产开发统计快报数据，确定基期后，分别计算出6个分类指数，再加权计算出国房景气指数，是全国房地产开发综合发展水平的客观反映。国房景气指数以100为临界值，指数值高于100为景气空间，低于100则为不景气空间。它由国家统计局按月计算并对外发布。

国房景气指数是反映房地产市场景气变化趋势和程度的综合指数，其数据资料来源于国家统计局房地产统计机构进行的全面调查，而且数据资料可以月月更新，保证国房景气指数按月发布。同时，国房景气指数是由政府统计部门编制，是代表国家行使统计监督职能的政府行为，因此，具有及时性、综合性和权威性等特点。

国房景气指数的编制方法是根据经济周期波动理论和景气指数原理，采用合成指数的计算方法，从房地产业发展必须同时具备的土地、资金和市场需要三个基本条件出发，选择8

个具有代表性的统计指标进行分类指数测算，再以 2000 年为基期对比计算出的综合指数体系。国房景气指数的分析报告可综合反映全国房地产业运行的景气状况，政府可以据此制定房地产改革和发展的各项政策，出台调节房地产健康发展的有效措施，投资者可以接受信息的正确导向，权衡投资的得失利弊，支配自己的投资行为，这样就对房地产业的健康发展起到了信息导向作用。

6.6.3 企业景气和企业家信心指数

企业景气指数和企业家信心指数均来源于国家统计局开展的企业景气调查，其优点是行业覆盖面较广、综合性较强。

企业景气调查是一项制度性季度调查。调查范围包括工业、建筑业、批发和零售业、交通运输仓储和邮政业、住宿和餐饮业、信息传输软件业和信息服务业、房地产业、社会服务业。调查以重点调查和概率抽样相结合的方法，选取了不同行业、不同规模、不同注册类型的样本企业 2 万家。调查对象为法人企业及依照法人单位进行统计的产业活动单位负责人。

企业景气调查采用问卷调查方式，通过对企业家关于当前和预期宏观经济环境和微观经营状况判断结果进行量化加工整理得到景气指数，用以综合反映宏观经济发展状况和企业生产经营景气状况及未来发展变化的趋势。

企业家信心指数是根据企业家对企业外部市场经济环境与宏观政策的认识、看法、判断与预期而编制的指数，综合反映企业家对宏观经济的看法和信心。企业景气指数综合反映企业生产经营景气状况。

景气指数的取值范围在 0~200 之间，以 100 为临界值，指数在 100 以上，反映景气状况趋于上升或改善；低于 100，反映景气状况趋于下降或衰退；等于 100，反映景气状况变化不大。

6.6.4 消费者信心指数

20 世纪 40 年代，美国密歇根大学的调查研究中心为了研究消费需求对经济周期的影响，首先编制了消费者信心指数，随后欧洲一些国家也先后开始建立和编制消费者信心指数。1997 年 12 月，中国国家统计局景气监测中心开始编制中国消费者信心指数。

消费者信心指数是反映消费者信心强弱的指标，是综合反映并量化消费者对当前经济形势评价和对经济前景、收入水平、收入预期及消费心理状态的主观感受，预测经济走势和消费趋向的一个先行指标。

消费者信心指数由消费者满意指数和消费者预期指数构成。消费者满意指数反映了消费者对当前经济生活的评价，消费者预期指数反映的是消费者对未来经济生活发生变化的预期。消费者的满意指数和消费者预期指数分别由一些二级指标构成：对收入、生活质量、宏观经济、消费支出、就业状况、购买耐用消费品和储蓄的满意程度与未来一年的预期及未来两年在购买住房及装修、购买汽车和未来6个月股市变化的预期。

6.6.5 股票价格指数

股票价格指数亦称股价指数，是运用统计学原理中的帕氏综合指数方法编制而成的，是反映股市总体价格或某类股价变动和走势的指标。

根据股价指数反映的价格走势所涵盖的范围，可将股价指数分为反映整个市场走势的综合性指数和反映某一行业或某一类股票价格走势的分类指数。如，上证综合指数反映上海交易所全部股票的价格走势，而深证房地产指数则属分类指数。按照编制股价指数时纳入计算范围的股票样本数量，可以将股价指数划分为全部上市股票价格指数和成分指数，前者如上证综合指数，后者如深交所的成分股指数。

股价指数在计算上参考了股票发行数量或成交量对市场的影响，采用加权平均的方法进行计算。由于以股票实际平均价格作为指数不便于人们计算和使用，一般很少直接用平均价来表示指数水平，而是以某一基准日的平均价格为基准来计算，将以后各个时期的平均价格与基准日平均价格相比较，计算得出各期的比值，再用百分值或千分值来表示，以作为股价指数的值。如，沪深交易所发布的综合指数基准日指数均为100点，而两所发布的成分指数基准日指数都为1 000点。

项目小结

本项目主要阐述了两个大问题：一是总指数的编制方法，即综合指数法和平均指数法；二是指数因素分析法。

统计指数简称指数，有广义和狭义两种含义。广义指数是指同类社会经济现象数量对比的相对数。狭义指数是指用来说明不能直接相加、对比的复杂社会经济现象总体数量变动的特殊相对数。按指数说明对象的范围不同分，有个体指数、组（类）指数和总指数；按指数说明对象的特征不同分，有数量指标指数和质量指标指数；按对比时间不同分，可分为静态指数和动态指数（或称区域性指数和时间性指数）。指数具有反映现象变动的方向和程度，进行因素分析和现象变动趋势分析等重要作用。

综合指数是在两个综合的总量指标对比过程中，将其中一个或一个以上因素指标加以固定，以观察某一因素指标的变动情况，被固定的因素指标称为同度量因素，要反映的因素指标称为指数化因素。同度量因素是指使不能直接相加的现象转化为能够直接相加现象的媒介因素，它具有媒介作用和权数作用；指数化因素是指数所要研究的对象。综合指数是编制总指数的基本形式。

综合指数确定同度量因素的一般原则是：编制数量指标综合指数时，一般以基期的质量指标为同度量因素；编制质量指标综合指数时，一般以报告期的数量指标为同度量因素。

平均指数是以个体指数为变量值，利用一定的权数采用加权平均数形式而编制的总指数。利用平均指数编制总指数，首先是计算个体指数；其次是确定权数；再次是选择加权平均的形式。常用的综合指数和加权平均指数公式见表 6-12。

表 6-12 常用的综合指数和加权平均指数公式表

指数名称	指数化因素	个体指数	综合指数		加权平均指数	
			同度量因素	公式	权数	公式
产品产量指数	q	$k_q = \dfrac{q_1}{q_0}$	p_0	$\bar{k}_q = \dfrac{\sum q_1 p_0}{\sum q_0 p_0}$	$q_0 p_0$	$\bar{k}_q = \dfrac{\sum k_q q_0 p_0}{\sum q_0 p_0}$
商品销售量指数	q	$k_q = \dfrac{q_1}{q_0}$	p_0	$\bar{k}_q = \dfrac{\sum q_1 p_0}{\sum q_0 p_0}$	$q_0 p_0$	$\bar{k}_q = \dfrac{\sum k_q q_0 p_0}{\sum q_0 p_0}$
物价指数	p	$k_p = \dfrac{p_1}{p_0}$	q_1	$\bar{k}_p = \dfrac{\sum q_1 p_1}{\sum q_1 p_0}$	$q_1 p_1$	$\bar{k}_p = \dfrac{\sum q_1 p_1}{\sum \dfrac{1}{k_p} q_1 p_1}$
单位成本指数	z	$k_z = \dfrac{z_1}{z_0}$	q_1	$\bar{k}_z = \dfrac{\sum q_1 z_1}{\sum q_1 z_0}$	$q_1 z_1$	$\bar{k}_z = \dfrac{\sum q_1 z_1}{\sum \dfrac{1}{k_z} q_1 z_1}$

经济上有联系，数量上保持一定对等关系的若干指数所构成的整体就叫做指数体系，指数体系公式见表 6-13。总变动指数等于各因素指数的连乘积；总变动指数分子与分母的差等于各因素指数分子与分母差的和。与综合指数具有变形关系的加权算术平均指数和加权调和平均指数及平均指标指数也具有这种数量关系。

表 6-13 指数体系公式表

指数名称	指数体系形式	指数体系公式
综合指数	相对数	$\dfrac{\sum q_1 p_1}{\sum q_0 p_0} = \dfrac{\sum q_1 p_0}{\sum q_0 p_0} \times \dfrac{\sum q_1 p_1}{\sum q_1 p_0}$
	绝对数	$\sum q_1 p_1 - \sum q_0 p_0 = \left(\sum q_1 p_0 - \sum q_0 p_0\right) + \left(\sum q_1 p_1 - \sum q_1 p_0\right)$
加权平均指数	相对数	$\dfrac{\sum q_1 p_1}{\sum q_0 p_0} = \dfrac{\sum k_q q_0 p_0}{\sum q_0 p_0} \times \dfrac{\sum q_1 p_1}{\sum \dfrac{1}{k_p} q_1 p_1}$
	绝对数	$\sum q_1 p_1 - \sum q_0 p_0 = \left(\sum k_q q_0 p_0 - \sum q_0 p_0\right) + \left(\sum q_1 p_1 - \sum \dfrac{1}{k_p} q_1 p_1\right)$
平均指标指数	相对数	$\dfrac{\sum x_1 f_1}{\sum f_1} \bigg/ \dfrac{\sum x_0 f_0}{\sum f_0} = \left(\dfrac{\sum x_1 f_1}{\sum f_1} \bigg/ \dfrac{\sum x_0 f_1}{\sum f_1}\right) \times \left(\dfrac{\sum x_0 f_1}{\sum f_1} \bigg/ \dfrac{\sum x_0 f_0}{\sum f_0}\right)$
	绝对数	$\dfrac{\sum x_1 f_1}{\sum f_1} - \dfrac{\sum x_0 f_0}{\sum f_0} = \left(\dfrac{\sum x_1 f_1}{\sum f_1} - \dfrac{\sum x_0 f_1}{\sum f_1}\right) + \left(\dfrac{\sum x_0 f_1}{\sum f_1} - \dfrac{\sum x_0 f_0}{\sum f_0}\right)$

应用统计指数分析现象的总变动及其受各个因素变动影响的统计分析方法称为指数因素分析法。指数因素分析法的依据是指数体系。指数因素分析的重点现象是总量指标的两因素分析和平均指标的两因素分析。

平均指标指数是同一经济内容不同时期平均指标值对比的相对数。把包含各部分水平和总体结构两个因素变动影响的平均指标指数，称为可变构成指数；固定了总体结构，只反映各部分水平变动对总平均指标变动影响的指数称为固定构成指数；固定了各部分水平，只反映总体结构变动对总平均指标变动影响的指数称为结构影响指数。

思 考 题

1. 什么是统计指数？它有哪些作用？
2. 如何理解同度量因素？
3. 综合指数确定同度量因素的一般原则是什么？
4. 什么是平均指数？如何确定平均指数的形式和权数？
5. 综合指数与平均指数有何区别和联系？
6. 怎样利用固定权数的加权算术平均指数编制商品零售价格总指数？
7. 什么是指数体系？有哪些作用？
8. 什么是指数因素分析法？步骤有哪些？
9. 可变构成指数、固定构成指数和结构影响指数各说明什么问题？
10. 平均指数与平均指标指数有何异同？

基础训练题

一、填空题

1. 狭义的统计指数是一种特殊的（　　　　）。
2. 指数按说明对象的范围不同分，有（　　　　）、（　　　　）、（　　　　）；指数按说明对象的特征不同分，有（　　　　）、（　　　　）。
3. 编制总指数有（　　　　）和（　　　　）两大方法。
4. 指数公式 $\dfrac{\sum q_1 p_0}{\sum q_0 p_0}$ 中的同度量因素是（　　　　）。
5. 编制数量指标综合指数时，一般以（　　　　）为同度量因素；编制质量指标综合指数时，一般以（　　　　）为同度量因素。

6. 当权数是基期商品实际销售额时，商品销售量总指数的加权算术平均指数是其综合指数的（　　　　）；当权数为（　　　　）时，商品价格总指数的加权调和平均指数是其综合指数的变形。

7. 综合指数是先（　　　　）后（　　　　），平均指数是先（　　　　）后（　　　　）。

8. 总变动指数等于各因素指数的（　　　　）；总变动指数分子与分母的差等于各因素指数分子与分母差的（　　　　）。

9. 固定构成指数只反映（　　　　）的变动对总平均指标变动的影响。

10. 结构影响指数只反映（　　　　）对总平均指标变动的影响。

二、单选题

1. 甲产品报告期产量与基期产量的比值是110%，这是（　　　）。
   A. 综合指数　　　B. 总指数　　　C. 个体指数　　　D. 平均指数

2. 某企业总成本报告期比基期增长30%，产量增长20%，则单位成本增长（　　　）。
   A. 10%　　　B. 8.33%　　　C. 50%　　　D. 150%

3. 下列指数中属于数量指标指数的是（　　　）。
   A. 物价指数　　　　　　　B. 平均工资指数
   C. 销售量指数　　　　　　D. 单位成本指数

4. 说明现象总体规模和总水平变动的统计指数是（　　　）。
   A. 质量指标指数　　　　　B. 数量指标指数
   C. 平均指标指数　　　　　D. 环比指数

5. 商品物价上涨，销售额持平，则销售量指数（　　　）。
   A. 增长　　　B. 下降　　　C. 不变　　　D. 不能确定

6. 编制价格指数，一般作同度量因素的数量指标应是（　　　）。
   A. 基期价格　　　　　　　B. 报告期价格
   C. 基期销售量　　　　　　D. 报告期销售量

7. 某企业计划某年职工工资总额比上一年减少18%，而同期职工的平均工资若上升5%，则该企业应精简职工（　　　）。
   A. 13%　　　B. 3.6%　　　C. 13.9%　　　D. 21.9%

8. 某品牌服装有4种型号，原均按同一价格出售，现其中3种型号的价格没变，只有一种型号的价格本月比上月上涨20%，这种型号服装销售量占该品牌服装总销售量比重的10%。这样，该品牌服装的价格平均比上月上涨（　　　）。
   A. 20%　　　B. 5%　　　C. 2%　　　D. 3%

三、多选题

1. 综合指数是（　　　）。
   A. 总指数的一种形式

B. 由两个总量指标对比形成的指数

C. 可变形为平均指数

D. 由两个平均指标对比形成的指数

E. 一切现象的动态相对数

2. 统计上所讲的平均指数有（　　）。

　　A. 算术平均指数　　　　　　B. 可变构成指数

　　C. 固定构成指数　　　　　　D. 调和平均指数

　　E. 综合指数

3. 零售物价总指数是（　　）。

　　A. 综合指数　　　　　　　　B. 平均指数

　　C. 固定权数物价指数　　　　D. 实际权数物价指数

　　E. 质量指标指数

4. 在指数体系中，其数量对等关系有（　　）。

　　A. 总指数等于各因素指数的代数和

　　B. 总指数等于它各因素指数的连乘积

　　C. 与总指数相应的绝对增长额等于它的各因素指数所引起的绝对增长额的代数和

　　D. 与总指数相应的绝对增长额等于各因素指数所引起的绝对增长额的连乘积

　　E. 总指数等于各因素指数的商

5. 在综合指数编制中，确定同度量因素时期的一般规则有（　　）。

　　A. 数量指标指数以基期质量指标作同度量因素

　　B. 质量指标指数以报告期数量指标作同度量因素

　　C. 质量指标指数以基期数量指标作同度量因素

　　D. 数量指标指数以报告期质量指标作同度量因素

　　E. 数量指标指数以质量指标作同度量因素

6. 如果产品产量增加 20%，单位成本下降 12%，则（　　）。

　　A. 生产费用指数为 108%　　　B. 生产费用指数为 105.6%

　　C. 生产费用增长为 8%　　　　D. 生产费用增长为 5.6%

　　E. 生产费用增长为 32%

7. 某市商品物价指数为 108%，其分子与分母之差为 100 万元，这表明（　　）。

　　A. 该市所有商品的价格平均上涨 8%

　　B. 该市由于物价上涨使销售额增加 100 万元

　　C. 该市商品物价上涨 108%

　　D. 该市由于物价上涨使商业多收入 100 万元

　　E. 该市由于物价水平的上涨使居民多支出 100 万元

四、判断题

1. 总指数是反映复杂现象综合变动的相对数，具有平均的意义。（　　）

2. 综合指数是计算总指数的基本形式。（　　）

3. 若某企业的产量指数和单位成本指数都没有变,则该企业的总成本指数也没有发生变化。（　　）

4. 已知销售量指数是100%,销售额指数108%,则价格指数是8%。（　　）

5. 指数体系包括相对数形式和绝对数形式两种。（　　）

任务训练题

1. 某厂三种产品的单位成本及产量资料见表6-14。

表6-14　某厂三种产品资料

产品名称	计量单位	单位产品成本/元		产　　量	
		基期	报告期	基期	报告期
甲	台	180	175	2 100	1 900
乙	件	95	90	2 400	4 100
丙	套	115	100	1 800	1 900

要求：

（1）计算三种产品产量总指数及产量变动影响的总成本；

（2）计算三种产品单位成本总指数及单位成本变动影响的总成本；

（3）从相对数和绝对数两个方面计算分析三种产品产量变动和单位成本变动对总成本变动的影响。

2. 某商店三种商品销售资料见表6-15。

表6-15　某商店三种商品销售资料

商品名称	计量单位	价格/元		销　售　量	
		基期	报告期	基期	报告期
甲	件	20	22	40	50
乙	斤	10	8	50	50
丙	尺	2	2.5	20	18

要求：

（1）计算三种商品销售量总指数及销售量变动影响的销售额；

（2）计算三种商品价格总指数及价格变动影响的销售额；

（3）计算分析销售额的变动及其原因。

3. 某厂有关资料见表6-16。

表 6-16　某厂三种产品产量及生产费用资料

产品名称	计量单位	生产费用/万元		2018年较2017年产量增加/%
		2017年	2018年	
甲	件	20	26	25
乙	套	45	48	20
丙	只	35	46	30
合 计	—	100	120	—

试计算：

(1) 该厂三种产品产量总指数及由于产量增长而增加的生产费用；

(2) 三种产品单位成本总指数及单位成本变动影响的生产费用。

4. 某商店三种商品销售资料见表 6-17。

表 6-17　某商店三种商品销售资料

商品名称	计量单位	实际销售额/万元		2018年较2017年价格降低率/%
		2017年	2018年	
甲	双	80	115	10
乙	件	20	38	5
丙	米	150	187	8
合 计	—	250	340	—

试计算：

(1) 三种商品销售价格总指数及由于价格下降而减少的销售额；

(2) 三种商品销售量总指数及销售量变动影响的销售额。

5. 某商场三种商品销售资料见表 6-18。

表 6-18　某商场三种商品销售资料

商品名称	计量单位	实际销售额/万元		2018年较2017年销售价格变动率/%
		2017年	2018年	
甲	千克	400	410	+10
乙	只	600	650	+2
丙	米	150	180	−5
合 计	—	1 150	1 240	

要求：

(1) 计算三种商品销售价格总指数及价格变动影响的销售额；

(2) 计算三种商品销售量总指数及商品销售量变动影响的销售额；

(3) 计算分析三种商品销售总额的变动及受销售价格与销售量两个因素变动影响的方

向和程度。

6. 利用指数体系计算下列各题。

（1）已知商品销售额报告期比基期增加 10%，销售价格下降 10%，问商品销售量有何变化？

（2）某工厂 2018 年较 2017 年单位产品成本下降 2%，产量增长 20%，问该厂产品总成本将有何变化？

（3）某企业报告期比基期职工人数增加 5%，全员劳动生产率（千元/人）提高 3%，计算工业总产值提高幅度。

（4）某地区城乡居民 2018 年与 2017 年相比，以同样多的人民币少购商品 4%，求物价指数。

（5）某厂三种不同产品的生产费用报告期为 20 万元，比基期多 8 000 元，单位产品成本比基期降低 2%，试计算：①生产费用指数；②产品产量指数；③由于单位产品成本下降而节约的生产费用额。

（6）某市 2017 年社会商品零售额为 8 000 万元，2018 年增加 5%，零售物价上涨 8%，试推算该市零售总额变动中零售量和零售价格两个因素变动的影响。

7. 某厂有如下资料见表 6-19。

表 6-19　某厂三种产品产量和价格资料

产品名称	单位	产量		出厂价格/元	
		基期	报告期	基期	报告期
甲	吨	200	220	75.0	71.5
乙	口	1 000	1 050	2.5	2.0
丙	把	850	900	1.4	1.2

试分析该厂三种产品总产值的变动及其原因。

8. 某厂甲产品有关资料见表 6-20。

表 6-20　某厂甲产品产量和价格资料

产品等级	价格/元		产量/件	
	基期	报告期	基期	报告期
一	60	62	45	50
二	50	52	120	80
三	36	37	40	135

要求：从相对数和绝对数两个方面计算分析甲产品平均价格的变动及受各等级价格水平和产量结构两个因素变动的影响。

9. 某工厂有如下资料见表 6-21。

表 6-21 某厂职工工资资料

职工构成	工资总额/元		2018年较2017年职工人数变动率/%
	2017年	2018年	
老年职工	4 680	5 600	-10
中年职工	2 550	2 830	0
青年职工	900	1 470	20

计算固定构成指数。

10. 某企业有如下资料见表 6-22。

表 6-22 某厂工人工资资料

工人类别	工人人数/人		月工资总额/元	
	基期	报告期	基期	报告期
技术工	300	400	210 000	300 000
辅助工	200	600	80 000	270 000
合计	500	1 000	290 000	570 000

要求：分析该企业总平均工资的变动及其原因。

11. 假设某市某年某月零售商品的有关资料见表 6-23。

表 6-23 某市某年某月零售商品的资料

类别及品名	平均价格/元		权数	指数/%
	上年同月	本月		
总指数			100	
大类甲			75	
中类 A			65	
小类 A1			60	
代表品 1	5.00	6.00	70	
代表品 2	4.00	3.92	30	
小类 A2			40	125
中类 B			35	130
大类乙			25	128

要求：计算零售商品代表品 1、代表品 2、小类 A1、中类 A、大类甲的价格指数及价格总指数。

12. 假设某县农副产品收购统计资料见表 6-24。

表 6-24　某县农副产品收购资料

类别及品名	平均价格/元		本年实际收购额/万元	指数/%
	上年	本年		
总指数			11 600	
大类甲			5 600	
中类 A			3 000	120
中类 B			2 600	
小类 B1			1 200	
代表品 1	4.50	5.31	500	
代表品 2	8.00	8.80	600	
小类 B2			1 400	112
大类乙			6 000	126

要求：计算农副产品代表品 1、代表品 2、小类 B1、中类 B、大类甲的收购价格指数及收购价格总指数。

项目训练题

根据项目的整理资料进行有关指数的计算与分析。

项目 7 统计抽样

学习目标

能力目标
- 针对一项调查任务,设计抽样调查方案
- 能科学合理地抽取样本取得抽样数据
- 能依据样本资料推断总体的数量特征

知识目标
- 理解统计抽样的含义与特点
- 理解抽样误差及其影响因素
- 掌握平均抽样误差的含义及其计算
- 掌握抽样极限误差的含义、计算及区间估计
- 了解抽样的组织形式
- 掌握样本的抽选技术
- 掌握抽样方案的内容

任务 7.1 认知统计抽样的一般问题

7.1.1 统计抽样的概念与特点

统计抽样是抽样调查和抽样推断的总称,它是按照随机原则从总体中抽取部分单位进行调查,利用这部分单位的调查资料推算总体数量特征的一种统计分析方法。例如,从某地区 30 000 户职工家庭中随机抽取 300 户职工家庭,调查其收入情况,以此来推断该地区 30 000 户职工家庭的收入情况。

统计抽样具有以下几个特点。

1. 按照随机原则抽取样本单位

随机原则是指在抽样时，总体中每个单位都有同等被抽中的机会，抽中与否，完全不受主观因素的影响，所以也叫同等可能性原则。随机原则是统计抽样必须遵循的基本原则，是统计抽样的重要前提。

2. 根据部分推断总体

抽样调查是一种非全面调查，但调查的目的不是了解部分单位的情况，而是根据部分单位的调查资料推断总体的数量特征。如果不利用抽样调查资料进行抽样推断，这种抽样调查资料就不会有什么价值，抽样调查也就失去了意义。

3. 运用了概率估计的方法

统计抽样不仅可以用样本指标推断总体指标，而且还可以知道用这样的样本指标来推断总体指标其可靠程度有多大，这就是概率估计所解决的问题。

4. 抽样误差可以事先计算并加以控制

用部分单位的指标来推断总体指标，必然存在一定的抽样误差，但它可以事先通过一定的资料加以计算，并且能够采用一定的组织措施来控制这个误差的范围，保证抽样推断的结果达到一定的可靠程度。也可以说，抽样调查是根据事先给定的误差允许范围进行设计的，抽样推断是具有一定可靠程度的估计和判断，这些都是其他估算方法所做不到的。

7.1.2 统计抽样的作用

统计抽样具有节省经费、提高时效、资料准确、方法灵活等优点，所以它在社会经济调查中被广泛地应用，发挥着特有的作用。

1. 能够解决全面调查无法或难以解决的问题

对于无限总体掌握全面情况就必须运用统计抽样，如掌握空气的污染情况，大量连续生产的小件产品的质量等，必须搞抽样推断；具有破坏性的产品质量检验也不能进行全面调查，如灯泡的寿命检查、棉纱的强力、鞋子的耐穿时间、轮胎的里程试验等，都只能运用统计抽样进行试验观察，予以推断；还有一些现象由于总体范围过大，单位分布很广，实际上很难或不必要进行全面调查，也可以用统计抽样来掌握全面情况，如城乡居民的家计调查、市场的购买力调查、水库鱼苗数估计、森林的木材蓄积量调查等。

2. 可以补充和订正全面调查的结果

全面调查涉及面广，工作量大，调查只能限定少数基本项目。抽样调查范围小，组织方便，省时省力，调查项目可以更多、更深入，这样在时间和内容上可以相互补充。在全面调查后，通常采用抽样调查进行复查，计算差错率，据以修正全面调查的资料。

3. 可以在短期内取得时效性强的资料

统计抽样省时灵活，因此可以在短时间内取得时效性强的资料。如农产量调查，依靠报表制度，必须等到农作物全部收割完毕，扬净晒干，过秤入库之后，再经过层层计算、过账、填报、汇总等。而采用农产量的抽样调查可以迅速取得数字，这对于国家安排粮食收购、储运、进出口业务等都大有好处。

4. 可以应用于生产过程中产品质量的检查和控制

统计抽样不仅应用于对现象结果的核算和估计，而且在生产过程中经常起着检查和控制的作用。例如，工业生产的产品质量控制就可利用统计抽样，观察生产工艺过程是否正常，是否存在某些系统性偏误，及时提供有关信息，分析原因，采取措施。

7.1.3 统计抽样的基本概念

1. 全及总体和样本总体

全及总体简称总体，是指根据研究的目的所确定的研究事物的全体，也就是抽样调查所确定的调查对象，又叫母体，如前例中的 30 000 户职工家庭就是全及总体。全及总体单位数一般用 N 表示。

样本总体简称样本，它是从全及总体中随机抽取出来的那部分单位组成的集合体，又叫子体。如前例，抽出的 300 户职工家庭就构成一个样本总体。样本总体的单位数一般用 n 表示。

统计抽样中，全及总体是唯一确定的，但样本总体不是唯一的，而是可变的。如前例，30 000 户职工家庭是唯一确定的，而抽出的 300 户是不确定的，可能是这样的 300 户，也可能是那样的 300 户。

2. 全及指标和样本指标

根据全及总体计算的反映总体数量特征的指标称为全及指标，又叫参数。常用的总体参数有总体平均数和总体标准差（或总体方差）。用公式分别为：

$$\bar{X} = \frac{\sum X}{N} \qquad \sigma = \sqrt{\frac{\sum (X-\bar{X})^2}{N}}$$

$$\text{或}\ \bar{X} = \frac{\sum XF}{\sum F} \qquad \text{或}\ \sigma = \sqrt{\frac{\sum (X-\bar{X})^2 F}{\sum F}}$$

在社会经济统计中，有时把某种社会经济现象的全部单位分成具有某一标志的单位和不具有某一标志的单位两组。比如，全部人口按性别分为男性和女性，某种产品按质量分为合格品和不合格品等。这种用"是""否"或"有""无"来表示的标志，叫做是非标志，又称交替标志，如"性别"和"质量"两个标志就是如此。

设总体 N 个单位中，有 N_1 个单位具有某种属性，N_0 个单位不具有某种属性，则有 $N_1 + N_0 = N$，令：

$$P = \frac{N_1}{N}$$

$$Q = \frac{N_0}{N} = \frac{N-N_1}{N} = 1-P$$

式中，P 表示总体中具有某种属性的单位数占总体单位数的比重，Q 表示总体中不具有某种属性的单位数占总体单位数的比重。统计中常把这样的两种比重称为成数。

是非标志的表现既然是用"是""否"或"有""无"来表示的，则可以把它量化，用 1 表示"是"或"有"，用 0 表示"否"或"无"，这样把是非标志值的分布看成是 $X=1$ 和 $X=0$ 的分布，便可求其平均数和标准差或方差。即

$$\overline{X}_p = \frac{0 \times N_0 + 1 \times N_1}{N} = \frac{N_1}{N} = P$$

$$\sigma_p^2 = \frac{(1-P)^2 N_1 + (0-P)^2 N_0}{N}$$

$$= \frac{Q^2 N_1 + P^2 N_0}{N} = Q^2 P + P^2 Q = PQ(Q+P) = PQ = P(1-P)$$

因此
$$\sigma_p = \sqrt{P(1-P)}$$

由上述计算可知，是非标志值的平均数是具有某种属性的成数本身，是非标志值的方差是两种成数之积，是非标志值的标准差是两种成数之积的平方根。

样本指标是指根据样本总体计算的指标，又叫统计量。和总体参数相对应，统计量有样本平均数 $\overline{x}$，样本成数 p，样本标准差 s（或样本方差 s^2）。用公式表示为：

$$\overline{x} = \frac{\sum x}{n} \text{ 或 } \frac{\sum xf}{\sum f}$$

$$s = \sqrt{\frac{\sum(x-\overline{x})^2}{n}} \text{ 或 } \sqrt{\frac{\sum(x-\overline{x})^2 f}{\sum f}}$$

同理
$$\overline{x}_p = p$$
$$s_p^2 = p(1-p)$$
$$s_p = \sqrt{p(1-p)}$$

全及总体是唯一确定的，所以根据全及总体计算的全及指标也是唯一确定的，但它是未知的。样本总体是不确定的，所以根据样本总体计算的样本指标也是不确定的，它实际上是样本的函数，是个随机变量，但它是已知的。

3. 样本容量和样本个数

样本容量是指一个样本总体所包含的单位数，即 n。样本单位数的确定，必须结合调查任务的要求及总体各单位标志值的差异情况来综合考虑。通常将样本单位数不少于 30 个（$n \geq 30$）的样本称为大样本，样本单位数不及 30 个（$n<30$）的样本称为小样本。社会经济统计中的抽样调查多属于大样本调查，因此，后面的有关计算和分析都是建立大样本理论基础之上的。

样本个数又称样本可能数目,是指从一个总体中可能抽取的样本总体的个数。从一个总体中可能抽取多少个样本,与样本容量及抽样方法等因素有很大关系。从一个总体抽取多少个样本,则样本指标就有多少个取值,因而就形成了样本指标的分布。

4. 重复抽样和不重复抽样

重复抽样又称回置抽样,它是从总体中抽出一个单位后,把结果登记下来,再放回总体中参加下一次抽选。重复抽样每次都是从全部总体单位中抽选,每个单位被抽中的机会在各次中是完全相同的,且有多次被抽中的可能。

从总体 N 个单位中,用重复抽样的方法随机抽取 n 个单位构成一个样本,若考虑样本单位的前后顺序,则共有 N^n 个样本。

【例 7-1】总体有 A、B、C 三个单位,要从中随机重复抽取 2 个单位构成一个样本,先从 3 个单位中抽取 1 个,共有 3 种抽法,结果登记后再放回;然后再从相同的 3 个中抽 1 个,也有 3 种抽法。前后取两个单位构成一个样本,全部可能抽取的样本个数为 3×3=9,具体的样本是:AA、AB、AC、BA、BB、BC、CA、CB、CC。

不重复抽样又叫不回置抽样,它是指从总体中抽出一个单位之后不再放回去参加下一次抽选。在不重复抽样过程中,总体单位数依次减少,因而每个单位被抽中的可能性越来越大,但被抽中的机会只有一次。

从总体 N 个单位中,用不重复抽样方法随机抽取 n 个单位组成样本,若考虑样本单位的前后顺序,全部可能抽取的样本个数为 A_N^n 个, $A_N^n=N(N-1)(N-2)\cdots(N-n+1)$。

【例 7-2】从总体 A、B、C 三个单位中用不重复抽样方法抽取 2 个单位构成样本。先从 3 个单位中抽 1 个,共有 3 种抽法;第二次从留下的 2 个单位中抽 1 个,共有 2 种抽法。前后两个单位构成一个样本。全部可能抽取的样本个数为 3×2=6 个,具体样本是:AB、AC、BA、BC、CA、CB。

根据概率论,在相同样本容量的要求下,同一个总体的重复抽样的样本个数总是大于不重复抽样的样本个数。

任务 7.2 抽 样 误 差

7.2.1 抽样误差的意义

误差是客观现象的统计资料与客观现象真值之间的差别。抽样误差是指在遵循随机原则的前提下,抽取的样本指标与总体真值指标之间的差别或离差。如抽样平均数与总体平均数之间的离差、抽样成数与总体成数之间的离差等。

必须指出,抽样误差不同于登记误差和系统性误差。登记误差也叫工作误差,它是在调查过程中，由于观察、测量、登记、计算上的差错所引起的误差，登记误差是所有统计调查都可能发生的。系统性误差是由于违反抽样调查的随机原则，有意地抽选较好或较差的单位而造成的误差，系统误差只有在抽样调查中才有可能产生。系统性误差和登记误差都属于思想、作风、技术等方面的问题，在实际工作中是可以防止或避免的，应把它降到最低的限度，甚至为零。而抽样误差则是不包含登记误差和系统性误差，只是由于抽样的随机性而造成的误差，它是统计抽样所特有的、不可避免的，但能够加以控制。

以下是影响抽样误差大小的因素。

1. 总体各单位标志值的差异程度

总体各单位标志值的差异程度越大，则抽样误差也越大，反之则越小。假设各单位标志值没有差别，也就没有抽样误差了。

2. 样本单位数的多少

在其他条件相同的情况下，样本单位数越多，则抽样误差越小，反之则越大。假设样本单位数与总体单位数相等，也即全面调查，也就没有抽样误差了。

3. 抽样方法

重复抽样的误差大于不重复抽样的误差。

4. 抽样调查的组织形式

不同的抽样组织形式应有不同的抽样误差，而同一种组织形式的合理程度也影响抽样误差。

7.2.2 抽样平均误差

从一个总体中会抽取许多个样本，每个样本指标与总体指标之间的离差称为实际抽样误差。由于总体指标是未知的，因此，实际抽样误差是无法测算的。实际工作中是以抽样平均误差来衡量抽样误差大小的。抽样平均误差是指所有可能的样本指标与总体指标之间离差的平均数，由于每个样本指标与总体指标之间的离差有正有负，且相加后的总和恒为零，因而抽样平均误差是指所有可能的样本指标与总体指标之间离差平方的算术平均数的平方根，即所有样本指标与总体指标之间的标准差。以 μ_x 表示抽样平均数的抽样平均误差，μ_p 表示抽样成数的抽样平均误差，M 表示全部可能的样本个数，则：

$$\mu_x = \sqrt{\frac{\sum (\bar{x} - \bar{X})^2}{M}}$$

$$\mu_p = \sqrt{\frac{\sum (p - P)^2}{M}}$$

在实际工作中，由于总体平均数和总体成数的真值是未知的，也不可能抽取所有的样本以测算所有的样本指标。因此，这两个抽样平均误差的公式只能是理论意义上的，实际工作中是无法应用的。数理统计的研究与发展为社会经济统计中抽样平均误差的计算提供了以下的应用性公式。

1. 抽样平均数的抽样平均误差

（1）在重复抽样的条件下，计算公式为：

$$\mu_x = \sqrt{\frac{\sigma^2}{n}} = \frac{\sigma}{\sqrt{n}}$$

（2）在不重复抽样的条件下，计算公式为：

$$\mu_x = \sqrt{\frac{\sigma^2}{n}\left(\frac{N-n}{N-1}\right)}$$

不重复抽样与重复抽样两个抽样平均误差公式相比，前者比后者多了一个修正系数 $\left(\frac{N-n}{N-1}\right)$。这个修正系数总是小于1的，因此，不重复抽样的误差总是小于重复抽样的误差。当总体单位数 N 非常大时，N 与 $N-1$ 非常接近，因此，不重复抽样的抽样平均误差公式可以近似地简化为：

$$\mu_x = \sqrt{\frac{\sigma^2}{n}\left(1-\frac{n}{N}\right)}$$

现举例说明抽样平均误差理论性公式与数理统计的应用性公式的使用。

【例7-3】设有4个工人，其日产量分别为70，90，130，150件。这一总体的平均日产量 $\bar{X}$ 和标准差 σ 为：

$$\bar{X} = \frac{\sum X}{N} = \frac{70+90+130+150}{4} = 110（件）$$

$$\sigma = \sqrt{\frac{\sum(X-\bar{X})^2}{N}}$$

$$= \sqrt{\frac{(70-110)^2+(90-110)^2+(130-110)^2+(150-110)^2}{4}}$$

$$= \sqrt{1\,000}$$

$$= 31.62（件）$$

现在用不重复抽样的方法从4个工人中抽2个工人，求平均日产量。所有可能的样本及有关资料列表7-1。

表7-1 样本平均数及其离差计算表

序号	样本变量值 x	样本平均数 $\bar{x}$	平均数离差 $\bar{x}-\bar{X}$	离差平方 $(\bar{x}-\bar{X})^2$
1	70, 90	8	−30	900
2	70, 130	100	−10	100

续表

序 号	样本变量值 x	样本平均数 $\bar{x}$	平均数离差 $\bar{x}-\bar{X}$	离差平方 $(\bar{x}-\bar{X})^2$
3	70,150	110	0	0
4	90,70	80	−30	900
5	90,130	110	0	0
6	90,150	120	10	100
7	130,70	100	−10	100
8	130,90	110	0	0
9	130,150	140	30	900
10	150,70	110	0	0
11	150,90	120	10	100
12	150,130	140	30	900
合计	—	1 320	0	4 000

应用抽样平均误差的理论性公式计算如下：

样本平均数的平均数： $\bar{\bar{x}} = \dfrac{\sum \bar{x}}{M} = \dfrac{1\ 320}{12} = 110$（件）

抽样平均误差： $\mu_x = \sqrt{\dfrac{\sum(\bar{x}-\bar{X})^2}{M}} = \sqrt{\dfrac{4\ 000}{12}} = 18.26$（件）

现在直接用数理统计的应用性公式计算如下：

抽样平均误差： $\mu_x = \sqrt{\dfrac{\sigma^2}{n}\left(\dfrac{N-n}{N-1}\right)} = \sqrt{\dfrac{1\ 000}{2}\left(\dfrac{4-2}{4-1}\right)} = 18.26$（件）

从上面的简例中可以看出：样本指标的平均数等于总体指标，因此，抽样平均误差实质上是所有可能样本指标之间的标准差；同一个资料，用抽样平均误差的理论性公式与数理统计的应用性公式的计算结果是完全相同的。

2. 抽样成数的抽样平均误差

(1) 在重复抽样条件下，计算公式为：

$$\mu_p = \sqrt{\dfrac{P(1-P)}{n}}$$

(2) 在不重复抽样条件下，计算公式为：

$$\mu_p = \sqrt{\dfrac{P(1-P)}{n}\left(\dfrac{N-n}{N-1}\right)}$$

同理，在总体单位数 N 很大时，公式可以近似地简化为：

$$\mu_p = \sqrt{\dfrac{P \cdot (1-P)}{n}\left(1-\dfrac{n}{N}\right)}$$

从上面的抽样平均误差的数理统计应用性公式中，可以看出 σ、P 是总体的方差和成数,由于在抽样前总体的方差和成数是未知的,因此,抽样平均误差的数理统计应用性公式也是不能直接应用的。但经论证,可以用过去的总体同类资料或样本方差和样本成数来代替总体成数和总体方差。

【例7-4】某电子元件厂生产某型号的电子管,根据过去的情况,产品一级品率为60%,现从10 000件电子管中随机抽取100件进行检验,求一级品率的抽样平均误差。

已知:$P=60\%$,$N=10\ 000$,$n=100$,则有:

在重复抽样条件下,一级品率的抽样平均误差为:

$$\mu_p = \sqrt{\frac{P(1-P)}{n}} = \sqrt{\frac{60\% \times 40\%}{100}} = 4.9\%$$

在不重复抽样条件下,一级品率的抽样平均误差为:

$$\mu_p = \sqrt{\frac{P(1-P)}{n}\left(1-\frac{n}{N}\right)} = \sqrt{\frac{60\% \times 40\%}{100}\left(1-\frac{100}{10\ 000}\right)}$$
$$= 4.87\%$$

从以上计算结果可以看出,同一个资料的重复抽样的抽样平均误差大于不重复抽样的抽样平均误差。

7.2.3 抽样极限误差

样本指标与总体指标之间的抽样误差是客观存在的、不可避免的。因此,以样本指标估计总体指标,要达到完全准确毫无误差,几乎是不可能的。所以,在用样本指标估计总体指标时,应该根据所研究对象的变动程度和分析任务的要求,确定一个可允许的误差范围,在这个范围内估计的数字都算是有效的。我们把这种可允许的误差范围称作抽样极限误差,又叫允许误差。它是抽样指标和总体指标之间抽样误差的最大可能范围,它等于样本指标可允许变动的上限或下限与总体指标之差的绝对值。设 Δ_x、Δ_p 分别表示抽样平均数极限误差和抽样成数极限误差。则有:

$$\Delta_x \geq |\bar{x}-\bar{X}|$$
$$\Delta_p \geq |p-P|$$

由于总体指标是未知的,所以,从这个意义上是无法计算抽样极限误差的。基于概率估计的理论,抽样极限误差通常是以抽样平均误差 μ_x 或 μ_p 为标准单位来衡量的,把抽样平均误差 μ_x 或 μ_p 扩大或缩小 t 倍,就形成了误差的可能范围,用公式表示为:

$$\Delta_x = t\mu_x$$
$$\Delta_p = t\mu_p$$

这里的 t 称为抽样误差的概率度,概率度是扩大和缩小抽样平均误差的倍数,是衡量估计可靠程度的一个参数。它和抽样估计的置信度具有一一对应的函数关系。抽样估计的置信度是用来表明抽样指标和总体指标的误差不超过一定范围的概率保证程度。

所谓概率,是指在随机事件进行大量试验中,某种事件出现的可能性大小,也称频率。例如,投掷一枚硬币,硬币落地前,谁也不能肯定是硬币正面朝上还是反面朝上;从流水生产线上抽取一件产品进行检验,抽到的可能是合格品,也可能是不合格品。我们把可能发生也可能不发生的事件称为随机事件。在对随机事件进行大量的重复的 N 次试验中,假如某种事件出现了 n 次,则把 $\frac{n}{N}$ 称为某种事件在 N 次实验中出现的概率。比如,投掷硬币,经过很多次投掷,结果硬币正面朝上的频率接近 0.5,也就是说正面朝上的概率为 0.5。

抽样估计的概率保证程度就是指抽样误差不超过一定范围的概率大小。概率论证明,在大样本的条件下,抽样平均数的分布接近正态分布。正态分布的特点是:抽样平均数是以总体平均数为中心,两边完全对称分布,就是说抽样平均数的正误差和负误差的可能性是完全相等的。而且抽样平均数越接近总体平均数,出现的可能性越大,概率越大。反之,抽样平均数越离开总体平均数,出现的可能性越小,概率越小,而趋于 0。正态概率分布的图形如图 7-1 所示。该曲线和 x 轴所包围的面积等于 1,则抽样平均数 $\bar{x}$ 落在 $[\bar{X}-\mu, \bar{X}+\mu]$ 面积的概率为 68.27%,落在 $[\bar{X}-2\mu, \bar{X}+2\mu]$ 面积的概率为 95.45%,落在 $[\bar{X}-3\mu, \bar{X}+3\mu]$ 面积的概率为 99.73%。这表明抽样平均数与总体平均数之间极限误差不超过 μ 的概率为 68.72%,极限误差不超过 2μ 的概率为 95.45%,极限误差不超过 3μ 的概率为 99.73%。

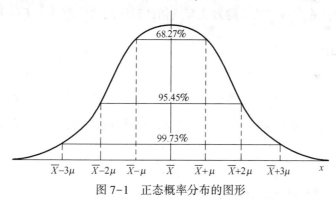

图 7-1 正态概率分布的图形

为了便于使用,现将常用的概率度、置信度(概率)和极限误差列表 7-2。

表 7-2 正态概率表(部分)

概率度(t)	置信度$[F(t)]$/%	极限误差(Δ)
0.50	38.29	0.50μ
1.00	68.27	1.00μ
1.50	86.64	1.50μ
1.96	95.00	1.96μ
2.00	95.45	2.00μ
3.00	99.73	3.00μ

由此可以看出 t 值越大，抽样估计的置信度越高，抽样误差范围越大，精确度越差；t 值越小，抽样估计的置信度越低，抽样误差范围越小，而精确度越高。抽样估计的可靠性（置信度）和精确度是一对矛盾，所以在实际工作中要二者兼顾，合理处理，以达到最佳的抽样估计效果。

现在举例说明概率度和置信度的应用。

【例 7-5】 设样本粮食平均亩产量 $\bar{x}=500$ 千克，又知抽样平均误差 $\mu_x=12.5$ 千克，求总体粮食平均亩产量 $\bar{X}$ 在（500±25）千克（即 475～525 千克）之间的估计置信度是多少？根据公式：

$$t=\frac{\Delta_x}{\mu_x}=\frac{25}{12.5}=2$$

查正态概率表，当 $t=2$ 时，置信度为 95.45%。即总体平均亩产量在 475～525 千克之间的概率保证程度为 95.45%，也就是说还有 4.55% 的可能性不在这个范围内。

任务 7.3　抽样估计的方法

抽样估计是指利用实际调查计算的样本指标数值来估计相应的总体指标数值。这个过程实现了统计抽样的目的。抽样估计的方法有点估计和区间估计两种，下面分别加以介绍。

7.3.1　点估计

点估计又称定值估计，是指不考虑抽样误差而直接以样本指标代替总体指标，也就是直接以抽样平均数 $\bar{x}$ 或抽样成数 p 代替总体平均数 $\bar{X}$ 或总体成数 P。用公式表示为：

$$\bar{x}=\bar{X}$$
$$p=P$$

【例 7-6】 在对某乡进行的农产量调查中，样本地块的平均亩产为 350 千克，以此推断该乡的平均亩产也是 350 千克；对某批产品进行质量检验，抽取的部分产品的合格率为 95%，认为这批产品的合格率也是 95%。

点估计简便、直观，但这种估计没有表明抽样估计的误差，更没有指出误差在一定范围内的概率保证程度，所以实际工作中常常采用区间估计的方法。

7.3.2　区间估计

根据前面所讲的抽样极限误差的概念和不等式：

$$\Delta_x \geq |\bar{x}-\bar{X}|$$
$$\Delta_p \geq |p-P|$$

对上面的不等式,很容易得到以下两个等价的不等式:

$$\bar{x}-\Delta_x \leq \bar{X} \leq \bar{x}+\Delta_x$$
$$p-\Delta_p \leq P \leq p+\Delta_p$$

上面第一式表示被估计的总体平均数是以抽样平均数 $\bar{x}$ 为中心,在 $\bar{x}-\Delta_x$ 至 $\bar{x}+\Delta_x$ 之间变动,区间 $[\bar{x}-\Delta_x, \bar{x}+\Delta_x]$ 称为总体平均数的估计区间或置信区间,区间总长度为 $2\Delta_x$,在这个区间内样本平均数和总体平均数之间的绝对离差不超过 Δ_x。同样,上面第二式表明被估计的总体成数是以抽样成数 p 为中心,在 $p-\Delta_p$ 至 $p+\Delta_p$ 之间变动,区间 $[p-\Delta_p, p+\Delta_p]$ 称为总体成数的估计区间或置信区间,区间总长度为 $2\Delta_p$,在这个区间内样本成数和总体成数之间的绝对离差不超过 Δ_p。

区间估计给出了抽样估计的两个问题:一是估计的精确度,即抽样极限误差的大小,抽样极限误差越大,估计的精确度越低,反之越高;二是估计的可靠度,即概率度的大小,概率度越大,估计的可靠度越高,反之越低。精确度与可靠度二者是矛盾的,具体的矛盾关系前已述及。

下面举例说明区间估计的方法与步骤。

【例7-7】 某进出口公司出口一种名茶,规定每包重量不低于150克,现在用不重复抽样的方法抽取其中的1%进行检验,结果见表7-3。

表7-3 某进出口公司出口一种名茶的抽查资料

每包重量/克	包数 f	x	xf	$(x-\bar{x})^2 f$
148~149	10	148.5	1 485	32.4
149~150	20	149.5	2 990	12.8
150~151	50	150.5	7 525	2.0
151~152	20	151.5	3 030	28.8
合　　计	100	—	15 030	76.0

要求以99.73%的概率估计这批茶叶平均每包的重量范围,以便确定该批茶叶是否达到重量规格的要求。

$$\bar{x} = \frac{\sum xf}{\sum f} = \frac{15\ 030}{100} = 150.3 \text{(克)}$$

$$s = \sqrt{\frac{\sum (x-\bar{x})^2 f}{\sum f}} = \sqrt{\frac{76}{100}} = \sqrt{0.76} = 0.87 \text{(克)}$$

$$\mu_x = \sqrt{\frac{s^2}{n}\left(1-\frac{n}{N}\right)} = \sqrt{\frac{0.76}{100}(1-0.01)} = 0.087 \text{(克)}$$

由于 $F(t) = 99.73\%$，查表得 $t = 3$。

所以 $\Delta_x = t\mu_x = 3 \times 0.087 = 0.26$（克）

平均每包重量区间为：（150.30±0.26）克，即 150.04~150.56 克。

由于估计的区间下限高于 150 克，所以这批茶叶以 99.73% 的概率估计，达到了重量规格的要求。

【例 7-8】某城市随机抽取 400 户居民进行家计调查，得每户年耐用品的消费支出的标准差为 200 元，试确定该市居民年平均每户耐品用的消费支出在 930.4 元至 969.6 元之间的概率保证程度。

已知：$n = 400$，$\sigma = 200$，$\Delta_x = \dfrac{969.6 - 930.4}{2} = 19.6$（元），则有：

$$\mu_x = \frac{\sigma}{\sqrt{n}} = \frac{200}{\sqrt{400}} = 10 \text{（元）}$$

$$t = \frac{\Delta_x}{\mu_x} = \frac{19.6}{10} = 1.96$$

查正态概率表，得置信度为：95%。

该市居民年平均每户耐用品的消费支出在 930.4 元至 969.6 元之间的概率保证程度为 95%。

【例 7-9】某企业生产一批食品罐头共 60 000 桶，随机不重复抽查 300 桶，发现其中有 6 桶不合格，试以 95.45% 的可靠性估计这批罐头合格品率的可能范围。

已知：$N = 60\,000$，$n = 300$，$n_0 = 6$，$F(t) = 95.45\%$，$t = 2$，则有：

$$p = \frac{n - n_0}{n} = \frac{300 - 6}{300} = 98\%$$

$$\mu_p = \sqrt{\frac{p(1-p)}{n}\left(1 - \frac{n}{N}\right)} = \sqrt{\frac{0.98 \times 0.02}{300}\left(1 - \frac{300}{60\,000}\right)}$$

$$= 0.8\%$$

$$\Delta_p = t\mu_p = 2 \times 0.8\% = 1.6\%$$

所以这批罐头合格品率的可能范围为：98%±1.6%，即 96.4%~99.6%。

任务 7.4　抽样方案的设计

抽样方案是统计调查方案的一种形式，是统计抽样工作的实施计划，其基本结构与一般的统计调查方案相同。这里仅就抽样方案的几个特有问题予以说明。

7.4.1 抽样框的编制

抽样框是指由现象总体的所有单位组成的一个框架,它是实施抽样推断的基础条件之一。根据调查目的确定的调查对象只是抽样调查的目标总体,如何依据目标总体抽选被调查单位,这就必须编制抽样框。抽样框的范围与被抽样的总体是一致的,但由于抽样单位可大可小,根据需要编制的抽样框不一定是目标总体的基本单位。在抽样调查的实践中,抽样框一般有三种形式:一是名录抽样框,即按总体中所有单位排列而成的抽样框,如职工调查中的职工一览表;二是区域抽样框,即按自然地理位置排列而成的抽样框,如农产品调查中,按某一标志将土地划分为若干地块单位的抽样框;三是时间抽样框,即将一个较长的时间过程划分为若干个小的时间单位所形成的抽样框,如流水线上的产品质量检查,把一天时间分为许多抽样时间单位而顺序排列的抽样框。一个理想的抽样框应该包括全部总体单位,既不重复也不遗漏。

7.4.2 抽取样本单位的方法

抽取样本单位必须严格遵循随机原则,具体做法有以下两种。

1. 抽签法

抽签法,首先将总体单位编号,通常对总体中的每个单位按自然数的顺序编为1,2,3,…,N,另制 N 个与总体各单位对应的号签。然后将全部号签充分摇匀,根据需要按重复抽样或不重复抽样的方法,从中随机抽取 n 个号签,则与之对应的单位,即为抽中的样本单位,从而组成样本。它适用于总体单位数较少的总体。

2. 随机数表法

在大规模的社会经济统计调查中,由于总体单位数目很大,使用抽签法的工作量相当大,所以通常利用随机数表来确定样本单位。随机数表是用计算机、随机数字机等方法编制的,它是从0到9的十个数码随机组合的数字表格,在这个表格里0至9的每个数码出现的概率是相同的,为了方便,可以编2个数码一组,3个数码一组,4个数码一组,5个数码一组,甚至更多个。表7-4是一个5个数码组成的部分的随机数字表。根据不同的需要,首先可按行、列划某一随机线灵活确定随机数的起始位置;然后可以竖查、横查、顺查、逆查,可以用每组数字左边的头几位数,也可以用右边的后几位数,还可以用中间的某几位数字;最后利用取得的随机数字对应编号的单位组成样本。这些都需事前定好,一经决定采用某一种具体做法,就必须保证对整个样本的抽取完全遵从同一规则。

表 7-4 随机数字表(部分)

78 226	85 384	40 527	48 987	60 602	16 085	29 971	61 279
43 021	92 980	27 768	26 916	27 783	84 572	78 483	39 820
61 459	39 073	79 242	20 372	21 048	87 088	34 600	74 636
63 171	58 247	12 907	50 303	28 814	40 422	97 895	61 421
42 372	53 183	51 546	90 385	12 120	64 042	51 320	22 983
81 500	13 219	57 941	74 927	32 798	98 600	55 225	42 059
59 408	66 368	36 016	26 247	25 965	49 487	26 968	86 021
77 681	83 458	21 540	62 651	69 424	78 197	20 643	67 297

【例 7-10】 假设要从 30 人中采用不重复抽样的方法抽 5 人进行调查。第一步,先将 30 人编号,如 00,01,02,…,28,29。第二步,确定起始点位置,假定以随机数字表的第 2 行第 4 列数组 26916 为起点数。第三步,竖着顺查,选用后两个数字,查的结果后两个数字为:16,72,03,85,27,47,51,02,83,48,14,…最后,确定样本单位,查表中重复出现的号码,只需取前面出现的一个就可以,结果最先出现的 29 以内的数码分别为:16,03,27,02,14,这就是要抽中的 5 个人。

7.4.3 抽样的组织形式

常用的抽样组织形式有简单随机抽样、类型抽样、等距抽样、整群抽样、多阶段抽样等。

1. 简单随机抽样

简单随机抽样是指对总体不作任何分类和排队,直接从 N 个单位的总体中每次随机抽取一个单位,抽取 n 次的 n 个单位组成样本的抽样组织形式,又称为纯随机抽样。简单随机抽样是最基本的抽样组织形式,它适用于均匀分布的总体。以上各节所讨论的抽样理论与方法都是就简单随机抽样组织形式而言的。

2. 类型抽样

类型抽样又称分层抽样,它是先对总体各单位按某一标志分组,然后再从各组中随机抽选一定的单位构成样本的抽样组织形式。

设总体由 N 个单位构成,总体分为 K 组,使 $N=N_1+N_2+N_3+\cdots+N_K$,然后从每组 N_i 单位中按简单随机抽样方式抽取 n_i 单位构成样本容量为 n 的样本,即 $n=n_1+n_2+\cdots+n_k$,这样的方法称为类型抽样。

类型抽样通常采用的是等比例类型抽样,即单位数较多的组多抽一些单位,单位数较少的组少抽一些单位,以保证抽样比例在各组都相等。用公式表示为:

$$\frac{n_1}{N_1}=\frac{n_2}{N_2}=\cdots=\frac{n_k}{N_K}=\frac{n}{N}$$

所以各组的样本单位数为:

$$n_i = \frac{nN_i}{N}$$

以抽样平均数为例来说明类型抽样组织形式下样本平均数、抽样平均误差和区间估计等有关问题的计算。

第 i 组样本的抽样平均数：$\bar{x}_i = \dfrac{\sum\limits_{j=1}^{n_i} x_{ij}}{n_i}$ （$i = 1, 2, \cdots, K$）

全样本的抽样平均数为：$\bar{x} = \dfrac{\sum\limits_{i=1}^{K} \bar{x}_i n_i}{n}$

由于类型抽样对各组进行的是全面调查，因此，类型抽样的抽样平均误差和组间方差无关，只取决于各组内方差的平均水平。

第 i 组内方差为：$\sigma_i^2 = \dfrac{\sum\limits_{j}^{n_i} (x_{ij} - \bar{x}_i)^2}{n_i}$ （$i = 1, 2, \cdots, K$）

平均组内方差为：$\overline{\sigma_i^2} = \dfrac{\sum\limits_{i=1}^{K} \sigma_i^2 n_i}{n}$

样本平均数的抽样平均误差 μ_x 可按下列公式计算：

在重复抽样条件下：$\mu_x = \sqrt{\dfrac{\overline{\sigma_i^2}}{n}}$

在不重复抽样条件下：$\mu_x = \sqrt{\dfrac{\overline{\sigma_i^2}}{n}\left(1 - \dfrac{n}{N}\right)}$

【例 7-11】某地区共有农村居民 3 920 户，分为粮食作物专业户、经济作物专业户和养殖专业户三种类型。用不重复抽样按 5% 的等比例抽取样本户，调查其平均收入，计算中用到的有关指标见表 7-5。求样本平均收入和抽样平均误差，并以 95.45% 的概率估计该地区所有居民平均收入的区间范围。

表 7-5　某地区农村居民抽样资料

农户类型	总户数 N_i	抽样户数 n_i	每户平均收入/元 $\bar{x}_i$	收入标准差/元 σ_i
粮食作物户	2 160	108	370	40.4
经济作物户	1 560	78	440	46.8
养殖专业户	200	10	500	38.2
合　　计	3 920	196	404.49	42.96

全样本平均数：$\bar{x} = \dfrac{\sum_{i=1}^{K} \bar{x}_i n_i}{n}$

$= \dfrac{370 \times 108 + 440 \times 78 + 500 \times 10}{196} = 404.49$（元）

平均组内方差：$\overline{\sigma_i^2} = \dfrac{\sum_{i=1}^{K} \sigma_i^2 n_i}{n} = \dfrac{40.4^2 \times 108 + 46.8^2 \times 78 + 38.2^2 \times 10}{196}$

$= 1\,845.43$（元）

抽样平均误差：

$$\mu_x = \sqrt{\dfrac{\sigma_i^2}{n}\left(1 - \dfrac{n}{N}\right)} = \sqrt{\dfrac{1\,845.43}{196}\left(1 - \dfrac{196}{3\,920}\right)} = \sqrt{8.945} = 2.99 \text{（元）}$$

由于 $F(t) = 95.45\%$，查正态概率表得 $t = 2$。

所以 $\Delta_x = 2 \times 2.99 = 5.98$（元）

则以 95.45% 的概率估计该地区所有居民平均收入的区间范围为（404.49±5.98）元，即 398.51～410.47 元。

类型抽样通过分类，可以把总体中标志值比较接近的单位归为一组，减少各组内的差异程度，再从各组抽取样本单位就有了更大的代表性，因此，抽样误差也就相对缩小了。所以在总体单位标志值差别很大的情况下，运用类型抽样比简单随机抽样可以得到更为准确的效果。

3. 等距抽样

等距抽样也称机械抽样，它是先按某一标志对总体各单位进行排队，然后根据一定顺序和间隔来抽取样本单位构成样本的抽样组织形式。由于这种抽样可以保证所取得的样本单位比较均匀地分布在总体的各个部分，所以样本的代表性较高，抽样误差较小。

等距抽样用来排队的标志可以是无关标志，也可以是有关标志。所谓无关标志，是指作为排队顺序的标志和研究的内容没有直接关系的标志。例如，调查某企业职工的平均年龄时，按职工的姓氏笔画多少排队，显然年龄与姓氏笔画之间没有必然的联系。又如居民家计调查按街道的门牌号码排队抽取调查户等。所谓有关标志，是指作为排队顺序的标志和研究的内容有直接关系的标志。例如，农产量抽样调查，利用各县或乡近几年平均亩产量或当年预计亩产量排队；又如职工家计调查，按上年职工平均工资排队等。按有关标志排队的等距抽样可以看成是分组更细、组数更多的类型抽样。

设总体由 N 个单位构成，现在需要抽取一个容量为 n 的样本。先将总体 N 个单位按某种有关或无关标志排队，然后将 N 划分为 n 个相等部分，每部分包含 T 个单位，即 $T = \dfrac{N}{n}$。现在从第一部分 $1, 2, \cdots, i, \cdots, T$ 个单位中随机抽取第 i 个单位，而在第二部分中抽取

第 $i+T$ 个单位,在第三部分中抽取第 $i+2T$ 个单位……在第 n 个部分中抽取第 $i+(n-1)T$ 个单位,每部分抽取一个单位,共 n 个单位构成一个样本。由此可见,等距抽样每个样本单位的间隔均为 T,当第一个单位确定后,其余各个单位的位置也就随之确定了。通常第一个单位确定在半距处,即 $\frac{T}{2}$ 的位置上,其余各单位的位置是依次间隔 T 个单位。

对于等距抽样的抽样平均误差的计算,一般认为,如果用来排队的标志是无关标志,可以把它近似地看作是简单随机抽样,所以采用简单随机抽样的误差公式计算;如果用来排队的标志是有关标志,可以把它近似地看成类型抽样,则采用类型抽样的误差公式计算,所不同的是等距抽样每组只抽一个样本单位,样本平均数和平均组内方差采用简单算术平均数即可。

在等距抽样中,不论是按无关标志还是按有关标志排队,都要注意避免抽样间隔与现象本身的周期性节奏相重合,引起系统性误差。例如,农产量调查,抽样间隔不宜和田间的长度相等;工业产品质量抽查,抽样间隔不宜和上下班的时间一致。

4. 整群抽样

整群抽样,它是将总体各单位划分成若干群,然后从中随机抽取部分群,对中选群的所有单位进行全面调查的抽样组织形式。例如,要了解某市中小学生的健康状况,可以把每个中小学校当作一群,从所有中小学校中随机抽取一些学校,对中选学校的所有学生逐一进行调查,这就是整群抽样。

假设将总体全部单位 N 划分为 R 群,每群包括的单位数相等,即均为 M,则有 $N=RM$,现在从总体 R 群中随机抽取 r 群组成样本,并对中选 r 群的所有 M 个单位进行调查。

以抽样平均数为例来说明整群抽样组织形式下样本平均数、抽样平均误差和区间估计等有关问题的计算。

第 i 群样本平均数:
$$\bar{x}_i = \frac{\sum_{j=1}^{M} x_{ij}}{M} \quad (i=1,2,\cdots,r)$$

全样本平均数:
$$\bar{x} = \frac{\sum_{i=1}^{r} \bar{x}_i}{r}$$

由于整群抽样是对中选群的所有单位进行的全面调查,因此,整群抽样的抽样平均误差仅取决于各群间方差,设 δ^2 为群间方差,则样本平均数的群间方差为:

$$\delta_x^2 = \frac{\sum_{i=1}^{r}(\bar{x}_i - \bar{x})^2}{r}$$

整群抽样都采用不重复抽样的方法,所以样本平均数的抽样平均误差为:

$$\mu_x = \sqrt{\frac{\delta_x^2}{r}\left(\frac{R-r}{R-1}\right)}$$

【例 7-12】 拟调查某县农户家禽饲养情况，从该县 100 个村中随机抽取 10 个村，对中选村所有农户的家禽饲养情况进行调查，测得平均每户饲养家禽 35 只，各村的平均数的方差为 16 只。试以 95.45% 的概率估计全县平均每户家禽的饲养只数。

已知：$R=100$，$r=10$，$\bar{x}=35$，$\delta^2=16$，$F(t)=95.45\%$，$t=2$。则有

抽样平均误差：

$$\mu_{\bar{x}} = \sqrt{\frac{\delta_x^2}{r}\left(\frac{R-r}{R-1}\right)} = \sqrt{\frac{16}{10}\left(\frac{100-10}{100-1}\right)} = 1.2 \text{（只）}$$

极限误差： $\Delta_{\bar{x}} = t\mu_{\bar{x}} = 2 \times 1.2 = 2.4$（只）

则以 95.45% 的概率估计全县平均每户家禽饲养只数范围为（35±2.4）只，即在 32.6～37.4 只。

整群抽样实质上是以群为单位的简单随机抽样。

整群抽样组织方便，但因抽样单位比较集中，影响了抽样单位在总体中的均匀分布，与其他抽样方法比较，抽样误差较大。所以在实际工作中，采用整群抽样时，一般要比其他抽样方式抽取更多的单位，以便减少误差，提高抽样结果的准确度。

5. 多阶段抽样

抽样调查中，如果第一次抽取的就是总体单位，称单阶段抽样。如简单随机抽样、类型抽样、等距抽样都是单阶段抽样。抽样调查中，如果第一次抽取的不是总体单位，经过两次以上抽取后抽到的是总体单位，称为多阶段抽样。整群抽样就是第二阶段抽样比为 100% 的一种特殊的两阶段抽样。在实际工作中，当总体单位很多，分布广泛，又几乎不可能从总体中直接抽取总体单位时，常采用多阶段抽样。

以调查某省粮食平均亩产推算总产量为例来加以说明。第一步，从全省所有县级单位中抽取县；第二步，从被抽中县的所有乡或村中，抽取乡或村；第三步，从被抽中乡或村的所有农户中，抽取农户；第四步，从被抽中农户的所有播种地块中，抽取样本地块，进行实割实测的调查，计算其样本平均亩产量，然后逐级综合计算平均亩产量，并推断总产量。我国许多大规模的抽样调查都是采用多阶段抽样的抽样组织形式。

7.4.4 必要样本单位数的确定

在抽样调查中，样本容量越大，样本对总体的代表性越大，抽样误差越小；样本容量减小，抽样误差就要增大。但同时，样本容量越大，抽样调查的费用也就越高，而且还影响到抽样调查的时效性。因此，在抽样调查前，必须确定一个既能满足抽样估计精度和把握程度要求的，又能使调查经费最小的样本单位数，即必要样本单位数，以取得最佳的抽样效果。

下面以简单随机抽样的组织形式为例，说明必要样本单位数目的确定。

因为，在重复抽样下，平均数的极限误差公式为：

$$\Delta_x = t\mu_x = t\sqrt{\frac{\sigma^2}{n}}$$

所以，必要的样本单位数：
$$n = \frac{t^2\sigma^2}{\Delta_x^2}$$

又因为，在不重复抽样下，样本平均数的极限误差公式为：

$$\Delta_x = t\mu_x = t\sqrt{\frac{\sigma^2}{n}\left(1-\frac{n}{N}\right)}$$

所以，必要的样本单位数：
$$n = \frac{Nt^2\sigma^2}{N\Delta_x^2 + t^2\sigma^2}$$

同理，成数必要样本单位数分别为：

重复抽样：
$$n = \frac{t^2 p(1-p)}{\Delta_p^2}$$

不重复抽样：
$$n = \frac{Nt^2 p(1-p)}{N\Delta_p^2 + t^2 p(1-p)}$$

从上面的公式中可以看出，影响必要样本单位数的因素有以下几项。

1. 总体各单位标志值的差异程度

总体各单位标志值的差异程度越大，总体单位对总体的代表性就越小，这时就要多抽一些样本单位；反之应该少抽一些。

2. 抽样极限误差的大小

允许的误差范围越小，表明要求的精确度越高，就要多抽些样本单位。反之则可少抽一些。

3. 抽样估计的置信度

要求的置信度高，就要多抽一些样本单位，要求的置信度低，则可少抽一些。

4. 抽样方法和抽样组织形式

在同样条件下，重复抽样需要多抽一些样本单位，不重复抽样可以少抽一些。简单随机抽样和整群抽样需要多抽一些样本单位，而类型抽样和等距抽样相对可少抽一些。

下面举例说明。

【例7-13】某城市组织职工家庭生活抽样调查，已知以往职工家庭平均每人每月生活费收入的标准差为11.5元，要求把握程度（置信度）为0.9545，允许误差为1元。问需要抽多少户进行调查？

已知：$F(t) = 0.9545$，$t=2$，$\Delta_x = 1$，$\sigma = 11.5$ 元（总体指标是未知的，一般可用以前的经验数据、类似的资料或试点抽样调查的数据来代替）。则有：

$$n = \frac{t^2\sigma^2}{\Delta_x^2} = \frac{2^2 \times 11.5^2}{1^2} = 529（户）$$

这就是说，按规定要求应抽529户。

【例 7-14】 调查一批机械零件的合格品率。根据过去的资料,合格品率曾有过 99%、97% 和 95% 三种情况,现在要求允许误差不超过 1%,推断的把握程度为 95%。问应抽多少个零件?

已知:$\Delta_p \leq 1\%$,$F(t) = 95\%$,$t = 1.96$,$p(1-p) = 95\%(1-95\%) = 0.0475$(有多个方差的情况下,取最大的方差值,目的是多抽一些单位,以满足抽样要求)。则有

$$n = \frac{t^2 p(1-p)}{\Delta_p^2} = \frac{1.96^2 \times 0.0475}{0.01^2} = 1825 \text{(个)}$$

这就是说至少应抽 1 825 个零件,才能符合上述要求。

在同一总体中,如果同时需要进行平均数估计和成数估计,必要的样本单位数按两个公式计算的结果不同时,为满足两种估计的共同要求,应选择较大的抽样数目。

【例 7-15】 某市开展职工家计调查,根据历史资料该市职工家庭平均每人每年收入的标准差为 250 元,而家庭消费的恩格尔系数为 65%。现在用重复抽样的方法,要求在 95.45% 的概率保证下,平均收入的极限误差不超过 20 元,恩格尔系数的极限误差不超过 4%。求必要的样本单位数。

根据相关计算公式,在重复抽样条件下,样本平均数的单位数为:

$$n = \frac{t^2 \sigma^2}{\Delta_x^2} = \frac{2^2 \times 250^2}{20^2} = 625 \text{(户)}$$

样本成数的单位数为:

$$n = \frac{t^2 p(1-p)}{\Delta_p^2} = \frac{2^2 \times 0.65 \times 0.35}{0.04^2} = 569 \text{(户)}$$

两个抽样指标所要求的单位数不同,应取其中较多的单位数,即抽取 625 户进行家计调查,以满足共同的要求。

为保障抽样估计的精确度和可靠度,无论是重复抽样,还是不重复抽样,在计算必要样本单位数时,原则上都采用重复抽样的公式计算。

项目小结

本项目主要讲授了统计抽样的一般问题、抽样平均误差、极限误差与区间估计、抽样方案的设计四个大问题。

统计抽样是按照随机原则从总体中抽取部分单位进行调查,利用这部分单位的调查资料推算总体数量特征的一种统计分析方法。统计抽样的特点是:按照随机原则抽取样本单位;根据部分推断总体;运用概率估计法;存在抽样误差但可事先计算并加以控制。统计抽样具有能够解决全面调查无法或难以解决的问题,可补充和修正全面调查的资料,用于生产过程的质量检查与控制,短期内可取得时效性强的资料等重要作用。统计抽样基本概念汇总见表 7-6。

表 7-6 统计抽样基本概念汇总表

基本概念	含义	内容	特点
总体	研究事物的全体	总体单位数 N	唯一的
样本	从总体中随机抽取的那部分单位	样本单位数 n	随机的
全及指标（参数）	据总体计算的指标	$\bar{X}$、σ、σ^2 P、Q、$P(1-P)$	唯一的 未知的
样本指标（统计量）	据样本计算的指标	$\bar{x}$、s、s^2 p、q、$p(1-p)$	随机的 已知的
样本容量	样本单位的个数	n	$n \geqslant 30$
样本个数	所有样本的数目	N^n、A_N^n	—
重复抽样	有放回的抽样	—	误差大
不重复抽样	无放回的抽样	—	误差小

抽样误差是指在遵循随机原则的前提下，抽取的样本指标与总体真值指标之间的差别或离差。影响抽样误差大小的因素有：总体各单位标志值的差异程度、样本单位数的多少、抽样方法、抽样的组织形式。

抽样平均误差是指所有可能的样本指标与总体指标之间离差平方的算术平均数的平方根，即所有样本指标与总体指标之间的标准差，实际上是所有样本指标间的标准差，其应用性公式汇总见表 7-7。

表 7-7 抽样平均误差应用性公式汇总表

现象类型	简单随机抽样		类型抽样	整群抽样
	重复抽样	不重复抽样		
平均数的抽样平均误差（μ_x）	$\sqrt{\dfrac{\sigma^2}{n}}$	$\sqrt{\dfrac{\sigma^2}{n}\left(1-\dfrac{n}{N}\right)}$	$\sqrt{\dfrac{\overline{\sigma_i^2}}{n}\left(1-\dfrac{n}{N}\right)}$	$\sqrt{\dfrac{\delta_x^2}{r}\left(\dfrac{R-r}{R-1}\right)}$
成数的抽样平均误差（μ_p）	$\sqrt{\dfrac{P(1-P)}{n}}$	$\sqrt{\dfrac{P(1-P)}{n}\left(1-\dfrac{n}{N}\right)}$	$\sqrt{\dfrac{\overline{p_i(1-p_i)}}{n}\left(1-\dfrac{n}{N}\right)}$	$\sqrt{\dfrac{\delta_p^2}{r}\left(\dfrac{R-r}{R-1}\right)}$

抽样极限误差又叫允许误差，它是抽样指标和总体指标之间抽样误差的最大可能范围，它等于样本指标可允许变动的上限或下限与总体指标之差的绝对值。

区间估计有两个问题，一是估计的精确度，即抽样极限误差的大小；二是估计的可靠度，即概率度的大小。精确度与可靠度二者是矛盾的，即概率度越大，抽样估计的置信度越高，抽样误差范围越大，精确度越低；概率度越小，抽样估计的置信度越低，抽样误差范围越小，而精确度越高。

抽样极限误差与区间估计汇总见表 7-8。

表 7-8 抽样极限误差与区间估计汇总表

	平 均 数	成 数
极限误差	$\Delta_x = t\mu_x$	$\Delta_p = t\mu_p$
区间估计	$\bar{x}-\Delta_x \leq \bar{X} \leq \bar{x}+\Delta_x$	$p-\Delta_p \leq P \leq p+\Delta_p$

统计抽样要设计好抽样方案，重点是编制好抽样框，确定样本单位的抽取方法，选择合理的抽样组织形式。

必要样本单位数是既能满足抽样估计精度和把握程度要求的，又能使调查经费最小的样本单位数。影响必要样本单位数的因素有：总体各单位标志值的差异程度、抽样极限误差的大小、抽样估计的置信度、抽样方法和抽样组织形式。简单随机抽样确定必要样本数目公式汇总见表 7-9。

表 7-9 简单随机抽样确定必要样本数目公式汇总表

现象类型	重复抽样	不重复抽样
平均数	$n = \dfrac{t^2 \sigma^2}{\Delta_x^2}$	$n = \dfrac{Nt^2 \sigma^2}{N\Delta_x^2 + t^2 \sigma^2}$
成数	$n = \dfrac{t^2 p(1-p)}{\Delta_p^2}$	$n = \dfrac{Nt^2 p(1-p)}{N\Delta_p^2 + t^2 p(1-p)}$

思 考 题

1. 什么是统计抽样？它有什么特点和作用？
2. 什么是参数？什么是统计量？二者有什么区别和联系？
3. 如何理解抽样误差，它与工作误差和系统性误差有何区别？
4. 如何理解抽样平均误差，它的理论性公式和应用性公式各是怎样？
5. 什么是抽样极限误差？它与抽样平均误差有何关系？
6. 什么是概率度和置信度？二者关系如何？
7. 怎样理解抽样估计的精确度和可靠度？二者关系如何？
8. 抽样的组织形式有哪些？它们有什么区别？
9. 类型抽样的抽样平均误差与简单随机抽样的抽样平均误差有何区别？
10. 什么是必要样本单位数？为什么要确定必要样本单位数？确定必要样本单位数应考虑哪些因素？

基础训练题

一、填空题

1. 样本是按（　　　　）原则抽选出来的。
2. 重复抽样的误差（　　　　）不重复抽样的误差。
3. 抽样平均误差是所有样本指标与总体指标之间的（　　　　）。
4. 全及指标是（　　　　）确定的，但它是（　　　　）知的；样本指标是（　　　　）确定的，但它是（　　　　）知的。
5. 区间估计给出了抽样估计的两个问题，即（　　　　）和（　　　　），二者是矛盾的。
6. 常用的抽样组织形式有：（　　　　）、（　　　　）、（　　　　）、（　　　　）、（　　　　）等。

二、单选题

1. 抽样调查的随机原则是指（　　　　）。
    A. 抽取样本时，要使每一个总体单位都被抽取到
    B. 从总体中抽取样本时，要发挥人的主观能动作用
    C. 抽取样本时，每个总体单位被抽取的可能性由他们的重要性来决定
    D. 抽取样本时，每个总体单位被抽取的可能性都相等，不受人的主观意识的影响
2. 所谓大样本是指样本单位数在（　　　　）及以上。
    A. 50 个　　　　B. 30 个　　　　C. 80 个　　　　D. 100 个
3. 抽样误差是指（　　　　）。
    A. 总体与总体指标之间数量上的差别
    B. 样本与样本指标之间数量上的差别
    C. 总体单位之间数量上的差别
    D. 样本指标和总体指标之间数量上的差别
4. 抽样误差的产生是由于（　　　　）。
    A. 调查中存在工作误差
    B. 调查中存在非随机性误差
    C. 调查中存在随机性的代表误差
    D. 计算过程中存在的误差
5. 先对总体按某一标志分组，然后再在各组中按随机原则抽取一部分单位构成样本，这种抽样组织方式称为（　　　　）。
    A. 简单随机抽样　　　　　　　B. 机械抽样

C. 类型抽样 D. 整群抽样

6. 在其他条件不变的情况下，提高抽样估计的可靠程度，其精确度将（ ）。
   A. 保持不变　　B. 随之扩大　　C. 随之缩小　　D. 无法确定

7. 对于某一项调查来说，根据客观要求应有一个允许的误差限度，这个概念是（ ）。
   A. 抽样平均误差　　　　　　B. 抽样极限误差
   C. 概率保证程度　　　　　　D. 概率度

8. 在简单随机重复抽样条件下，当误差限度扩大1倍，其他条件不变时，则抽样单位数（ ）。
   A. 只需原来的1/2　　　　　B. 只需原来的1/4
   C. 需原来的1倍　　　　　　D. 需原来的2倍

9. 在抽样调查中（ ）。
   A. 总体是客观存在的，是唯一确定的
   B. 总体不是客观存在，也不是唯一确定的
   C. 样本是客观存在的，是唯一确定的
   D. 以上三种情况都不是

10. 总体平均数和样本平均数的关系是（ ）。
    A. 总体平均数是确定值，样本平均数是随机变量
    B. 总体平均数是随机变量，样本平均数是确定值
    C. 总体平均数和样本平均数都是确定值
    D. 总体平均数和样本平均数都是随机变量

三、多选题

1. 抽样调查法的特点是（ ）。
   A. 一种非全面调查　　　　　B. 抽样误差可以事先计算并加以控制
   C. 在于了解总体基本情况　　D. 按随机原则抽选调查单位
   E. 从数量上推断总体

2. 由于统计调查组织方式各有其不同的实施范围和应用条件，因此（ ）。
   A. 抽样调查可以完全代替全面调查
   B. 抽样调查并不能完全代替全面调查
   C. 抽样调查和全面调查各有不同作用
   D. 全面调查可以取代抽样调查
   E. 抽样调查与全面调查同时进行，可以互相补充

3. 在抽样推断中，常用的样本指标有（ ）。
   A. 样本平均数　　　　　　　B. 样本成数
   C. 样本方差　　　　　　　　D. 样本标准差

E. 样本容量

4. 从1 000户居民中随机抽取100户调查其收入情况,则(　　)。
　　A. 样本单位数为100户　　　　B. 样本容量为100户
　　C. 样本可能数目为100个　　　D. 总体单位数为1 000户
　　E. 样本容量为1 000户

5. 抽样平均误差与样本指标值之间的关系是抽样平均误差(　　)。
　　A. 越小样本指标值的代表性越大
　　B. 越小样本指标值的代表性越小
　　C. 越大样本指标值的代表性越大
　　D. 越大样本指标值的代表性越小
　　E. 大小与样本指标值的代表性成反比

6. 要增大抽样估计的概率保证程度,可以(　　)。
　　A. 缩小概率度　　　　　　　　B. 扩大极限误差范围
　　C. 缩小极限误差范围　　　　　D. 增加样本容量
　　E. 增大概率度

7. 在其他条件不变的情况下,抽样极限误差的大小与概率保证程度关系为(　　)。
　　A. 允许误差限度越小,概率保证程度越大
　　B. 允许误差限度越小,概率保证程度越小
　　C. 允许误差限度越大,概率保证程度越大
　　D. 成正比关系
　　E. 成反比关系

四、判断题

1. 抽样推断中最基本的抽样组织方式是简单随机抽样。(　　)

2. 产品质量检验时,每隔10小时抽取1小时的产品进行检验,就是等距抽样组织形式的应用。(　　)

3. 抽样估计的误差范围与推断的把握程度有密切关系,扩大抽样误差范围,就会降低推断的把握程度。(　　)

4. 在简单随机抽样中,如果重复抽样的极限误差降低50%,其他条件不变,则样本单位数需要扩大到原来的4倍。(　　)

5. 在简单随机抽样下,若允许误差为原来的2/3,则样本容量将扩大为原来的3倍。(　　)

6. 从10 000件产品中随机抽取100件进行质量检验,结果有3件不合格,则样本成数方差为0.029 1。(　　)

任务训练题

1. 在 2 000 名大学生中随机抽取 200 名调查，调查的结果是：平均体重 58 千克，又据历史资料已知大学生体重的标准差是 10 千克。试用重复抽样和不重复抽样两种方法计算抽样平均误差。

2. 对某灯泡厂生产的 10 000 个灯泡进行质量检查，在随机抽取的 100 个灯泡中有 4 个不合格品。试计算合格品率的抽样平均误差。

3. 从某企业生产的机器零件中随机抽出 50 个搞产品质量检查，其平均使用寿命为 1 000 小时，历史上几次调查已知该机器零件使用寿命的标准差分别为 100 小时、150 小时、125 小时；合格率分别为 95%、92%、90%。试分别计算平均使用寿命和合格品率的抽样平均误差。

4. 随机从企业 2 000 名职工中抽出 40 人搞调查，调查结果见表 7-10。试计算抽样平均误差（重复和不重复）。

表 7-10　某企业职工抽查资料

工资/元	人数/人
3 500~4 500	8
4 500~5 500	20
5 500 及以上	12
合　　计	40

5. 从某火柴厂仓库中随机抽选 100 盒火柴检查每盒火柴支数，检验结果是：平均每盒火柴为 98 支，样本标准差为 3 支。试在 99.73% 的概率保证下，推断该仓库平均每盒火柴支数的区间范围。如果其他条件不变，允许的误差范围减少到原来的 1/4，问下次调查时需要抽查多少盒火柴？

6. 某厂对 10 000 件产品按纯随机不重复抽样的方法抽出 1 000 件进行检验，其中不合格品为 120 件，如用 0.954 5 的概率保证，问这批产品中，不合格率的区间估计范围是多大？如果其他条件不变，允许误差缩小 1/4，下次搞调查时应抽多少件产品？

7. 某市抽查 50 户职工家庭搞住户调查。调查结果月平均每人生活费为 450 元，标准差为 80 元。试在 95.45% 的概率保证下，推断该市职工家庭平均每人月生活费的所在范围，若调查者希望估计的极限误差不超过 22.187 2 元，问有多大把握程度？

8. 一个电视节目主持人想了解观众对某个电视节目的喜欢情况，他选取了 500 个观众做样本，结果发现喜欢该节目的人有 175 个。试以 95% 的概率构置一置信区间，若该节目主持人希望估计的极限误差不超过 6.39%，问有多大把握程度？

9. 某地区从 100 000 亩耕地中重复抽取 100 亩耕地搞粮食产量调查，调查结果是平均亩产 840 斤、标准差 50 斤、高产田占 70%。试在 95% 的概率保证下，推断平均亩产和高产田所占比重的区间范围；推断粮食总产量和高产田数所在的区间范围。

10. 对某鱼塘进行抽样调查。从鱼塘的不同部位同时撒网捕到鱼 150 条，其中草鱼 123 条，草鱼平均每条体重 2 千克，标准差 0.75 千克。试按 99.73% 的概率保证程度：(1) 对该鱼塘草鱼平均每条体重做区间估计；(2) 对该鱼塘草鱼所占比重做区间估计。

11. 对某型号的电子元件进行耐用性能检查，抽样的资料见表 7-11。

表 7-11　某型号电子元件抽查资料

耐用时数/小时	元件数/个
900 以下	1
900~950	2
950~1 000	6
1 000~1 050	35
1 050~1 100	43
1 100~1 150	9
1 150~1 200	3
1 200 及以上	1

要求：

(1) 耐用时数的误差范围不超过 10.382 小时，试估计该批电子元件的平均耐用时数的区间范围，并说明其可靠程度的大小。

(2) 设该厂的产品质量检验标准规定：元件耐用时数在 1 000 小时以下的产品为不合格品。如要求合格品率估计的误差范围不超过 8.58%，试估计该批电子元件合格品率的区间范围，并说明其概率保证程度。

12. 某化工机械厂日产 10 000 件标准件，过去几次抽样调查一等品率为 90%，现在要求误差范围在 2% 之内，可靠度为 95.45%。问进行简单随机抽样需要抽取多少支产品检验？

13. 对某企业三种收入类型的职工进行 5% 的不重复抽样，有关资料见表 7-12。试推断概率在 0.954 5 时全部职工月平均收入的可能范围。

表 7-12　某企业职工收入情况

收入类型	职工人数/人	抽样人数/人	抽样月平均收入/元	抽样收入标准差/元
高	200	10	1 920	48
中	1 600	80	1 440	30
低	1 200	60	1 080	45

项目训练题

根据项目的整理资料进行有关的抽样推断。

项目 8 相关关系分析

学习目标

能力目标
- 能有效地判断现象间是否相关及相关的程度
- 能较好地描述现象间的数量关系形式,并能预测

知识目标
- 理解相关关系的概念、特点和种类
- 掌握相关系数的计算及应用分析
- 掌握直线回归方程的建立与应用分析
- 掌握回归估计标准误差的计算与分析

任务 8.1 认知相关关系分析的一般问题

8.1.1 相关关系的概念及特点

1. 相关关系的概念

自然界和社会中的许多现象,彼此之间都处在相互依存、相互制约和普遍联系之中。由于这种联系和发展,形成了千变万化的自然界,构成了错综复杂的社会整体,并促进了人类社会的发展。我们如果对各种现象之间的相互联系做进一步考察,便可发现,现象之间的联系大致可以归纳成两大类:函数关系和相关关系。

1) 函数关系

函数关系是指现象之间存在的完全确定的、严格的依存关系。即对于某一变量的每一个数值,都有另一个变量唯一确定的数值与之相对应,且这种关系可以用一个数学函数式反映

出来。

例如，圆面积和它的半径之间的对应关系可用公式 $S=\pi R^2$ 表示，它表明圆面积 S 的大小是随着半径 R 的大小而变动的，且有一个半径 R，就有一个唯一确定的圆面积 S 与之相对应。

又如，在匀速直线运动条件下，路程与时间、速度的关系可写出表达式：$s=tv$。路程 s 与时间 t 或速度 v 的关系数值也是唯一确定的。

2) 相关关系

相关关系是指现象之间客观存在的、关系数值不确定的相互依存关系。即在两个变量（或两个以上变量）之间，虽不存在严格的数量关系，但彼此存在相互伴随的变动状态，并且在数量上表现为非确定性的对应关系。即当一个或几个变量发生数量上的变化时，另一个变量也会发生相应的变化，但没有一个唯一的数值与之相对应。

例如，储蓄存款与居民货币收入之间的关系。一般来说，居民货币收入提高，储蓄存款也会相应提高。但是影响储蓄存款的不单是居民货币收入一个因素，还有储蓄的种类、利率、服务质量、机构设置及生活习惯等，都会引起储蓄存款的变化，因此，收入相同的居民，存款并不一致。但是，在一般情况下，随着居民货币收入的增加，储蓄存款会呈上升的趋势。

其他如成本与劳动生产率的关系、销售量与商品价格的关系、广告支出与销售额之间的关系等，都属于这种数值不确定的依存关系。

3) 相关关系与函数关系的区别与联系

从相关关系与函数关系的概念可知，函数关系是变量值之间一种确定性的对应关系，而相关关系则是一种非确定性的依存关系，这是二者的根本区别。

在实际工作中，一方面，对于具有函数关系的某些现象也会因观察测量的误差，而使得到的数据表现为非确定性的。例如，由于量具精度、测量方法和观测者的主观因素，使得每次测量数据并不完全相同，这时，理论上的函数关系在实践中往往通过相关关系的形式表现出来；另一方面，如果对相关关系作进一步的观察，不难发现它们也是有规律可循的，这种规律是：影响因素给出一个确定的数值，被影响因素虽没有一个唯一确定的数值与之相对应，有一定的波动性，但却总是分布在它们的平均数周围，并围绕它们的平均数依照一定的规律变动；对于这种变动规律，可以借助函数关系的数学表达式来近似地描述具有相关关系现象间的相关表现形式、相关方向等，作为分析和预测的依据。此时，函数关系又成为研究相关关系不可缺少的工具了。

函数关系与相关关系虽然是两种不同类型的变量关系，但是它们之间并无严格的界限，在一定的条件下是可以互相转化的。本来具有函数关系的变量，在存在观察误差时，或认识能力尚未达到时，其函数关系往往也是以相关关系的形式表现出来的。而具有相关关系的变量之间的联系，如果我们对它们的规律性有了深刻的认识，认识的能力和手段达到了应有的程度，并且能够把影响因变量变动的因素全部纳入方程，这时的相关关系也就可能转化为函数关系。

2. 相关关系的特点

（1）现象之间确实存在数量上的依存关系。如果一个现象发生数量上的变化，则另一个现象也会相应发生数量上的变化。例如，商品销售额增加，商品流通费用一般也会增加；身材较高的人，一般体重也较重，反过来，体重较重的人，一般身材也较高。在相互依存的两个变量中，可以根据研究的目的，把其中一个变量确定为自变量，把另一个对应变化的变量确定为因变量。

（2）现象之间数量上的关系不是完全确定的。相关关系属于变量之间的一种不完全确定的关系。这意味着一个变量虽然受另一个变量的影响，却并不是由这一个变量完全决定的。例如，产品的单位成本和劳动生产率的变动之间存在一定的依存关系，劳动生产率提高产品单位成本下降。但是产品单位成本的大小除了受劳动生产率变动的影响外，还会受到材料消耗、设备折旧、能源耗用以及车间管理费用等诸多因素变动的影响。

8.1.2 相关关系的种类

现象之间的相关关系是多种多样的，根据相关关系涉及变量的多少、变化的方向、相关的程度及表现形式，相关关系有以下几种分类。

1. 单相关和复相关

相关关系按其所涉及变量的多少，可分为单相关和复相关。两个变量之间的相关关系称作单相关（也叫一元相关），它是最简单、最基本的相关关系，所以又称简单相关。两个以上变量之间的相关关系称作复相关（也叫多元相关），它是研究一个变量与两个或两个以上变量之间的相关关系。例如，只研究储蓄存款与居民货币收入之间的关系，这是一种单相关。如果同时研究储蓄存款与居民货币收入及储蓄利率之间的关系，就是一种复相关。

2. 直线相关和曲线相关

相关关系按其表现形式不同，可分为直线相关和曲线相关。虽然相关关系是一种数量关系上不严格的相互依存关系，但是在直角坐标系中，如果这种关系近似地表现为一条直线，则称为直线相关，亦称线性相关，如图8-1、图8-2所示。例如，人均消费水平与人均收入水平通常呈线性相关；如果这种关系近似地表现为一条曲线，则称为曲线相关（即非直线相关），如图8-3所示。例如，施肥量和亩产量之间的关系，在一定数量界限内，施肥量增加，亩产量相应增加，但施肥量超过一定数量，亩产量不仅不增加反而出现下降的情况，这就是一种曲线相关。曲线相关又表现为抛物线、指数曲线、双曲线等形式。

3. 正相关和负相关

相关关系按其变化的方向，可分为正相关和负相关。两个相关现象之间，当一个现象的数值增大（或减少），另一个现象的数值也显示着增大（或减少）的趋势。简言之，相关的变量呈同向变化，这种相关关系称为正相关，如图8-1所示。例如，在一般条件下，身高增加，体重也增加；在一定范围内，施肥量增多，单产也增多；在正常情况下，居民货币收入增多，商品零售额也增加，这些都是正相关。但若当一个现象数值增加（或减少）时，另一个现象却出现数值减少（或增加）的趋势。简言之，相关的变量呈反向变化，这种相关关系称为负相关，如图8-2所示。例如，一般情况下，商品价格降低，商品的销售量增多；总产量增加，产品的单位成本降低；商品的流通费用增多，销售利润额减少。这些都是负相关。

4. 完全相关、不完全相关和不相关

相关关系按其相关的程度，可分为完全相关、不完全相关和不相关。两个现象之间，当一个变量的数量完全由另一个变量的数量变化所确定时，二者之间即为完全相关。例如，在价格不变的条件下，销售额与销售量之间的正比例关系即为完全相关，此时的相关关系即为函数关系，因此，也可以说函数关系是相关关系的一个特例。当变量之间彼此互不影响，其数量变化各自独立时，则变量之间为不相关，如图8-4所示。例如，股票价格的高低与气温的高低一般情况下是不相关的。如果两个变量的关系介于完全相关和不相关之间，称为不完全相关，如图8-1、图8-2、图8-3所示。由于完全相关和不相关的数量关系是确定的或是相互独立的，因此，统计学中相关关系分析的研究对象主要是不完全相关。

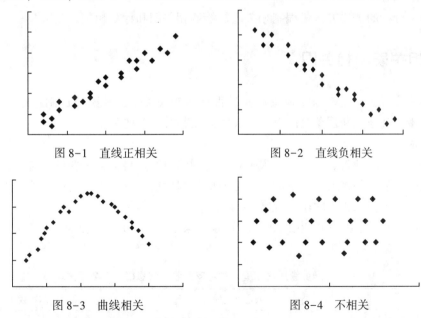

图8-1　直线正相关　　　　图8-2　直线负相关

图8-3　曲线相关　　　　图8-4　不相关

8.1.3　相关关系分析的内容

相关关系分析是对客观现象之间存在的相关关系进行分析研究的一种统计方法，其主要目的就是对现象间的相互关系的密切程度和变化规律，有一个具体量的观念，进一步找出相互关系的模式，以便进行统计预测和推算，为管理决策提供资料。具体内容包括两个部分：一是相关分析；二是回归分析。有关相关分析和回归分析的具体内容在下面的有关内容中加以详细介绍。

任务 8.2 相 关 分 析

相关分析是定性和定量分析相结合，正确选择变量，确定变量间有无相关关系，并确定相关关系的表现形式、密切程度和方向等。首先，确定现象之间有无关系，判断现象间是否存在依存关系是相关分析的起始点。存在依存关系，才有必要采用相关分析方法去研究。其次，确定相关关系的表现形式，只有判明了现象互相关系的具体表现形式后，才能运用相应的相关分析方法去进一步研究相关的密切程度。如果把曲线相关误以为是直线相关，按直线相关来分析，便会导致错误的结论。最后，判定相关关系的密切程度和方向，现象之间的相关关系是一种不严格的数量关系，相关分析就是要从这种松散的数量关系中，判定其相关关系的密切程度和方向。

进行相关分析的主要方法是编制相关表、绘制相关图和计算相关系数。

8.2.1 相关表和相关图

进行相关分析，首先要判断现象之间是否存在相关关系；其次通过制作相关表和相关图，可以初步直观地判断现象之间有无相关关系及相关关系的类型。

1. 相关表

相关表是一种统计表。它是直接根据现象之间的原始资料，将一变量的若干变量值按从小到大的顺序排列，并将另一变量的值与之对应排列形成的统计表。通过相关表可以粗略地看出相关关系的类型和相关的密切程度。

【例 8-1】对全国 1999 年至 2012 年城镇居民家庭全年人均可支配收入与恩格尔系数调查得到的资料见表 8-1。

表 8-1 全国城镇居民家庭人均可支配收入与恩格尔系数相关表

年 份	人均可支配收入/元	恩格尔系数/%
1999	5 854.0	42.1
2000	6 280.0	39.4
2001	6 859.6	38.2
2002	7 702.8	37.7
2003	8 472.2	37.1

续表

年 份	人均可支配收入/元	恩格尔系数/%
2004	9 421.6	37.7
2005	10 493.0	36.7
2006	11 759.5	35.8
2007	13 785.8	36.3
2008	15 780.8	37.9
2009	17 174.7	36.5
2010	19 109.4	35.7
2011	21 809.8	36.3
2012	24 564.7	36.2

资料来源：《2013 中国统计年鉴》。

从表 8-1 中可以粗略看出，随着人均可支配收入的增多，恩格尔系数有减少的趋势。因此，可以认为人均可支配收入与恩格尔系数之间存在一定的负相关关系。

2. 相关图

相关图又称散点图，它是将相关表中的观测值在平面直角坐标系中用坐标点描绘出来，以表明相关点的分布状况的图形。通常坐标上的横轴（x）代表自变量（起影响作用的现象）；纵轴（y）代表因变量（受自变量影响而变动的现象）。通过相关图可以大致看出两个变量之间有无相关关系，相关的形态、方向和密切程度。一般来说，相关图上所有相关点越聚集在某一条直线（或曲线）附近，则表明现象间的相关关系越密切。

【例 8-2】以表 8-1 数据绘制的相关图如图 8-5 所示。

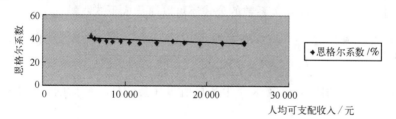

图 8-5　全国城镇居民家庭人均可支配收入与恩格尔系数相关图

从图 8-5 中可以看出，全国城镇居民家庭人均可支配收入与恩格尔系数之间存在直线负相关关系，而且还可以看出其相关关系的密切程度较高。

8.2.2　相关系数

1. 相关系数的概念

通过编制相关表，绘制相关图只能初步判断现象之间有无相关关系、相关关系的形式及其密切程度。为了准确地测定两个现象之间相关关系的密切程度和方向，则需要计算相关系数 r。相关系数是用以反映变量之间在直线相关条件下相关关系密切程度的统计指标。它的主要作用是：①表明现象之间是否存在直线相关关系；②表明现象之间直线相关关系的密切程度；③表明现象之间直线相关关系的方向。

2. 相关系数的计算

相关系数有多种计算方法，本项目只介绍用积差法计算直线相关系数。在直线相关的条件下，直线相关系数的定义公式是在自变量 x 和因变量 y 的各自离差及两个离差乘积的基础上确定的。因此，计算直线相关系数的方法称作积差法。

积差法的相关系数 r 由以下三部分所组成。

(1) 自变量 x 的标准差：$\sigma_x = \sqrt{\dfrac{\sum(x-\bar{x})^2}{n}}$

(2) 因变量 y 的标准差：$\sigma_y = \sqrt{\dfrac{\sum(y-\bar{y})^2}{n}}$

(3) x 与 y 的协方差：$\sigma_{xy}^2 = \dfrac{\sum(x-\bar{x})(y-\bar{y})}{n}$

用积差法测定相关系数 r 的公式为：

$$r = \frac{\sigma_{xy}^2}{\sigma_x \sigma_y} = \frac{\dfrac{1}{n}\sum(x-\bar{x})(y-\bar{y})}{\sqrt{\dfrac{1}{n}\sum(x-\bar{x})^2}\sqrt{\dfrac{1}{n}\sum(y-\bar{y})^2}}$$

为了计算上的方便，上面相关系数的公式还可以简化成下式：

$$r = \frac{n\sum xy - \sum x \sum y}{\sqrt{n\sum x^2 - (\sum x)^2}\sqrt{n\sum y^2 - (\sum y)^2}}$$

【例 8-3】 某地区 2012 年至 2018 年生产总值与社会商品零售额的资料见表 8-2。试求相关系数 r。

表 8-2 某地区生产总值与社会商品零售额的相关系数计算表

年份	生产总值/亿元 x	商品零售总额/亿元 y	x^2	y^2	xy
2012	39	20	1 521	400	780
2013	45	22	2 025	484	990
2014	52	26	2 704	676	1 352
2015	63	34	3 969	1 156	2 142
2016	70	36	4 900	1 296	2 520
2017	80	39	6 400	1 521	3 120
2018	85	40	7 225	1 600	3 400
合计	434	217	28 744	7 133	14 304

$$r = \frac{n\sum xy - \sum x \sum y}{\sqrt{n\sum x^2 - (\sum x)^2}\sqrt{n\sum y^2 - (\sum y)^2}}$$

$$= \frac{7 \times 14\,304 - 434 \times 217}{\sqrt{7 \times 28\,744 - (434)^2}\sqrt{7 \times 7\,133 - (217)^2}}$$

$$= 0.984$$

3. 相关系数的分析

相关系数由两部分组成,即正负号和绝对值的大小。

相关系数的正负号取决于协方差。自变量 x 的标准差和因变量 y 的标准差均为正值,只有 x 与 y 的协方差可正可负。协方差可正可负的原因如图 8-6 所示。

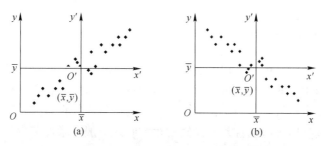

图 8-6 协方差可正可负的原因

在直角坐标系 xOy 的基础上,我们以 $(\bar{x}, \bar{y})$ 为圆点建立新的直角坐标系 $x'O'y'$,若点 $(x-\bar{x}, y-\bar{y})$ 落在新坐标系第一、三象限,即 $(x-\bar{x})$、$(y-\bar{y})$ 同号,则点 $(x-\bar{x}, y-\bar{y})$ 为正相关点;若点 $(x-\bar{x}, y-\bar{y})$ 落在新坐标系第二、四象限,即 $(x-\bar{x})$、$(y-\bar{y})$ 异号,则点 $(x-\bar{x}、y-\bar{y})$ 为负相关点。所以两个变量之间的相关方向取决于两个变量离差乘积之和。如果散点落在第一、三象限的多于落在第二、四象限的,其和为正值,协方差为正值,相关系数为正值,散点在直角坐标系 xOy 中呈现出从左下角向右上角的分布,是正相关,如图 8-6 (a) 所示;反之,如果散点落在第一、三象限的少于落在第二、四象限的,其和为负值,协方差为负值,相关系数为负值,散点在直角坐标系 xOy 中呈现出从左上角向右下角的分布,是负相关,如图 8-6 (b) 所示。因此,相关系数的正负号取决于协方差。

相关系数的正负说明现象之间的相关方向,当 $r>0$ 时,表示两变量为正相关;当 $r<0$ 时,表示两变量为负相关。

相关系数的值介于 -1 到 +1 之间,即 $-1 \leqslant r \leqslant +1$。其绝对值的大小说明两现象之间线性相关的密切程度。

(1) 当 $|r|=1$ 时,表示两变量为完全线性相关,即为直线函数关系。

(2) 当 $r=0$ 时,表示两变量间无线性相关关系。无线性相关关系,不等于说现象间没有相关关系。现象间不具有线性相关关系,可能具有曲线相关关系。

(3) 当 0<|r|<1 时，表示两变量存在一定程度的线性相关。且 |r| 越接近 1，两变量间线性相关越强；|r| 越接近于 0，表示两变量的线性相关越弱。

(4) 一般可按四级划分：|r|<0.3 为微弱线性相关；0.3≤|r|<0.5 为低度线性相关；0.5≤|r|<0.8 为显著线性相关；0.8≤|r|<1 为高度线性相关。

可见，在例 8-3 中，某地区 2012 年至 2018 年生产总值与社会商品零售额的相关系数为 0.984，说明生产总值与社会商品零售额之间存在高度的线性正相关关系。

任务 8.3　直线回归分析

8.3.1　回归分析的含义

相关系数可以用来说明在直线相关条件下两个现象相关关系的方向和密切程度，但它不能说明两个变量之间相关的数量关系。当给出自变量某一数值时，不能根据相关系数来估计和预测因变量可能发生的数值。例如，生产性固定资产每增加百万元，工业总产值一般会增加多少；工资性现金支出每增加百万元，储蓄存款收入一般会增加多少。这种现象间数量上的推算与预测需使用回归分析的方法。

最早提出"回归"这个概念的是英国生物学家葛尔顿。葛尔顿在研究父母亲的身高和子女身高的关系时发现了一个规律。身材特别高的父母所生的孩子一般身材也高一些，但并不特别高，而身材特别高的孩子，其父母常常是中等偏高的身材。同时，身材矮的父母所生的孩子一般也矮些，但并不特别矮，身材特别矮的孩子，其父母常常是中等偏矮的。葛尔顿把这种想象叫做"身高数值从一极端至另一极端的回归"。回归这个概念就是从这里开始使用的。葛尔顿的学生皮尔逊继续研究，把回归的概念和数学方法联系起来，把代表现象之间一般数量关系的直线或曲线叫做回归直线或回归曲线。后来，回归这个名词被用来泛指变量之间的一般数量关系。

回归分析就是对具有相关关系的诸变量之间数量变化的一般关系进行测定，确立一个数学表达式，用于估计或预测的统计分析方法。

根据回归分析方法得出的数学表达式称为回归方程，它可能是直线回归方程或曲线回归方程，也可能是一元回归方程或多元回归方程，视具体资料的性质而定。两个变量之间的线性回归方程称为一元线性回归方程或简单直线回归方程。本项目主要介绍一元线性回归分析。

8.3.2 简单线性回归方程的建立

当两个变量存在高度密切的线性相关关系时，就能进行一元线性回归分析。一元线性回归分析的前提条件是，两个变量之间确实存在相关关系，而且其相关的密切程度必须是显著的。如果变量之间不存在相关关系，回归分析就毫无意义。相关程度高回归预测的准确性才会高。

进行回归分析通常要设定一定的数学模型。在回归分析中，最简单的模型是只有一个因变量和一个自变量的线性回归模型。这一类模型就是一元线性回归方程。该类模型假定因变量 y 主要受自变量 x 的影响，它们之间存在着近似的线性函数关系，即

$$y_c = a + bx$$

在上述一元线性回归模型中，y_c 表示因变量的估计值；a、b 是待定参数。其中，a 是回归直线的起始值（数学上称截距），即 x 为 0 时 y_c 的值，从经济意义上理解，它表示在没有自变量 x 的影响时，其他各种因素对因变量 y 的平均影响；b 是回归系数（数学上称斜率），从经济意义上理解，它表示自变量 x 每变动一个单位时，因变量 y 平均变动 b 个单位，同时它还表明 x 与 y 的变动方向，即 b 为正值表明 x 与 y 是正相关，b 为负值表明 x 与 y 是负相关。

一元线性回归方程中的待定参数也是根据最小平方法的原理（项目 5 已述及），在自变量和因变量的原始数据资料的基础上求出的。其计算公式为：

$$b = \frac{n\sum xy - \sum x \sum y}{n\sum x^2 - (\sum x)^2}$$

$$a = \bar{y} - b\bar{x}$$

当 a、b 求出后，一元线性回归方程 $y_c = a + bx$ 便可确定了。

【例 8-4】以表 8-2 的资料，建立生产总值与社会商品零售额的一元线性回归方程，将表 8-2 的计算数据代入一元线性回归方程的待定参数计算公式求解未知参数 a、b，得：

$$b = \frac{n\sum xy - \sum x \sum y}{n\sum x^2 - (\sum x)^2}$$

$$= \frac{7 \times 14\,304 - 434 \times 217}{7 \times 28\,744 - (434)^2}$$

$$= 0.315\,9 \text{（亿元）}$$

$$a = \bar{y} - b\bar{x}$$

$$= \frac{217}{7} + 0.315\,9 \times \frac{434}{7}$$

$$= 11.414\,2 \text{（亿元）}$$

所以回归方程为：

$$y_c = 11.4142 + 0.3159x$$

回归系数（+0.3195）表明，该地区生产总值每增加1亿元，则社会商品零售额将平均增加0.3159亿元，同时还看该地区生产总值与社会商品零售额之间是正相关。

通过建立的直线回归模型，可以利用已知的生产总值对社会商品零售额进行推算和预测。当假定生产总值为100亿元时，那么社会商品零售额为：

$$y_c = 11.4142 + 0.3159 \times 100 = 40.0042 \text{（亿元）}$$

8.3.3 回归分析与相关分析的区别

相关分析是回归分析的基础，回归分析是相关分析的深入和继续。只有当两个变量间存高度相关时，进行回归分析才有意义。如果在没有对变量之间是否相关及相关形式和程度做出正确判断之前，就进行回归分析，很容易造成"虚假回归"。与此同时，相关分析只研究变量之间相关的方向和程度，不能推断变量之间相互关系的具体形式，也无法从一个变量的变化来推测另一个变量的变化情况。因此，在具体应用过程中，只有把相关分析和回归分析结合起来，才能达到研究和分析的目的。

二者的区别主要体现在以下三个方面。

（1）在相关分析中涉及的变量不存在自变量和因变量的划分问题，变量之间的关系是对等的；而在回归分析中，则必须根据研究对象的性质和分析研究的目的，对变量进行自变量和因变量的划分。因此，在回归分析中，变量之间的关系是不对等的。

（2）在相关分析中所有的变量都是随机变量；而在回归分析中，自变量是给定的，因变量才是随机的，即将自变量的给定值代入回归方程后，所得到的因变量的估计值不是唯一确定的，而会表现出一定的随机波动性。

（3）相关分析主要是通过一个指标即相关系数来反映变量之间相关程度的大小，由于变量之间是对等的，因此相关系数只有一个数值。而在回归分析中，对于互为因果的两个变量（如人的身高与体重、商品的价格与需求量），则可存在两个回归方程。

需要指出的是，变量之间是否存在"真实相关"，是由变量之间的内在联系所决定的。相关分析和回归分析只是定量分析的手段，通过相关分析和回归分析，虽然可以从数量上反映变量之间的密切程度及其联系的数量形式，但是无法准确判断变量之间是否存在内在的联系，也无法判断变量之间的因果关系。因此，在具体应用过程中，一定要始终注意把定性分析和定量分析结合起来，在准确的定性分析基础上展开定量分析。

8.3.4 回归估计标准误差

回归方程的一个重要作用在于根据自变量的已知值估计因变量的理论值（估计值），而

理论值 y_c 与实际值 y 一定存在着差距,这就产生了推算结果的准确性问题。如果差距小,说明推算结果的准确性高;反之,则低。为此,分析理论值与实际值的差距很有意义。为了度量实际值和其估计值离差的一般水平,可计算回归估计标准误差。回归估计标准误差是实际值 y 与其估计值 y_c 的标准差,它是衡量回归直线代表性大小的统计分析指标,说明观察值围绕着回归直线的变化程度或分散程度。

1. 回归估计标准误差的计算

通常用 s_y 代表回归估计标准误差,其计算公式为:

$$s_y = \sqrt{\frac{\sum (y - y_c)^2}{n}}$$

上面的计算公式为回归估计标准误差的概念性计算公式,利用这个公式计算回归估计标准误差需计算所有实际值 y 的理论值(估计值)y_c,这样的计算工作量非常大,因此,统计实践中,在已知直线回归方程的情况下,通常采用下列的简便公式计算回归估计标准误差。

$$s_y = \sqrt{\frac{\sum y^2 - a\sum y - b\sum xy}{n}}$$

【例 8-5】以表 8-2 的资料计算生产总值与社会商品零售额的回归估计标准误差。

$$s_y = \sqrt{\frac{\sum y^2 - a\sum y - b\sum xy}{n}}$$

$$= \sqrt{\frac{7\,133 - 11.414\,2 \times 217 - 0.315\,9 \times 14\,304}{7}}$$

$$= 4.431\,8 \text{(亿元)}$$

计算结果表明,一定生产总值下的社会商品零售额的估计值与其实际值平均相差 4.431 8 亿元。

2. 回归估计标准误差与一般标准差的异同

回归估计标准误差与一般标准差的计算原理是一致的,二者都是反映平均差异程度和表明代表性的指标。一般标准差反映的是各变量值与其平均数的平均差异程度,表明其平均数对各变量值的代表性高低;回归估计标准误差反映的是因变量各实际值与其估计值之间的平均差异程度,表明其估计值对各实际值的代表性高低,其值越小,估计值 y_c(或回归方程)的代表性越高,用回归方程估计或预测的结果就越准确,反之,代表性越低,准确性越低。

项目小结

本项目主要讲述了相关关系的意义、相关分析和回归分析三个问题。

相关关系是指现象之间客观存在的、关系数值不确定的相互依存关系。相关关系按其所涉及变量的多少可分为单相关和复相关,按其表现形式可分为直线相关和曲线相关,按其变化的方向可分为正相关和负相关,按其相关程度可分为完全相关、不完全相关和不相关。

相关关系分析的对象是相关关系,包括相关分析和回归分析两部分内容。

相关分析是确定变量间有无相关关系,相关关系的表现形式、密切程度和方向的相关关系分析方法。进行相关分析的主要方法是编制相关表、绘制相关图和计算相关系数。

相关系数是用以反映变量之间在直线相关条件下相关关系密切程度的统计指标。它既可表明现象之间直线相关的密切程度,又可表明现象之间直线相关的变动方向。

相关系数的应用性计算公式为:

$$r = \frac{n\sum xy - \sum x \sum y}{\sqrt{n\sum x^2 - (\sum x)^2}\sqrt{n\sum y^2 - (\sum y)^2}}$$

回归分析就是对具有相关关系的诸变量之间数量变化的一般关系进行测定,确立一个数学表达式,用于估计或预测的相关关系分析方法。

简单线性回归方程模型为:

$$y_c = a + bx$$

简单线性回归方程模型中 a、b 两个待定参数的计算公式为:

$$b = \frac{n\sum xy - \sum x \sum y}{n\sum x^2 - (\sum x)^2}$$

$$a = \bar{y} - b\bar{x}$$

回归系数 b,即表明自变量 x 和因变量 y 的数量关系,又表明 x 与 y 的变动方向。

回归估计标准误差是实际值 y 与其估计值 y_c 的标准差,它是衡量回归直线代表性大小的统计分析指标,说明观察值围绕着回归直线变化的程度或分散程度。其应用性计算公式为:

$$s_y = \sqrt{\frac{\sum y^2 - a\sum y - b\sum xy}{n}}$$

思 考 题

1. 相关关系的概念、特点及种类。
2. 相关分析的含义及目的是什么?
3. 相关系数的含义及作用是什么?

4. 回归分析的含义及目的是什么？
5. 相关系数与回归系数有何异同？
6. 回归分析与相关分析的联系与区别是什么？
7. 回归估计标准误差与一般标准差有何异同？

基础训练题

一、填空题

1. 相关关系是指现象之间客观存在的、关系数值（　　　　）的相互依存关系。
2. 相关关系按其所涉及变量的多少，可分为（　　　　）和（　　　　）；相关关系按其变化的方向，可分为（　　　　）和（　　　　）。
3. 相关关系分析的具体内容包括两个部分：一是（　　　　）；二是（　　　　）。
4. 相关系数是用以反映变量之间在（　　　　）相关条件下相关关系密切程度的统计指标。
5. 相关系数的值介于（　　　　）之间，相关系数的（　　　　）说明现象之间的相关方向，当 $r>0$ 时，表示两变量为（　　　　）相关，$r<0$ 时，表示两变量为（　　　　）相关。
6. 回归系数 b 表示自变量每变动一个单位时，（　　　　）平均变动 b 个单位，b 为正值表明 x 与 y 是（　　　　）相关，b 为负值表明 x 与 y 是（　　　　）相关。
7. 回归估计标准误差是实际值 y 与其估计值 y_c 的（　　　　），它是衡量（　　　　）代表性大小的统计分析指标。

二、单选题

1. 相关分析是一种（　　　　）。
   A. 定性分析
   B. 定量分析
   C. 以定性分析为前提的定量分析
   D. 以定量分析为前提的定性分析
2. 三个或三个以上变量之间的相关关系称为（　　　　）。
   A. 单相关　　B. 直线相关　　C. 复相关　　D. 曲线相关
3. 两个相关变量呈反方向变化，则其相关系数 r（　　　　）。
   A. 小于 0　　B. 大于 0　　C. 等于 0　　D. 等于 1
4. 相关分析中，用于判断两个变量之间相关关系类型的图形是（　　　　）。
   A. 直方图　　　　　　　　B. 散点图
   C. 次数分布多边形图　　　D. 累计频率曲线图

5. 若变量 x 增加时，变量 y 的值也增加，则变量 x 和 y 之间存在着（   ）。
   A. 负相关   B. 正相关   C. 直线相关   D. 曲线相关
6. 学生的学号与学习成绩之间的相关系数若等于 0.82，可以断定两者是（   ）。
   A. 高度直线正相关   B. 直线相关
   C. 曲线相关   D. 虚假相关
7. 已知变量 x 与 y 之间存在着负相关，则下列回归方程中肯定错误的是（   ）。
   A. $y=-10-0.8x$ B. $y=100-1.5x$
   C. $y=-150+0.9x$ D. $y=25-0.7x$
8. 在回归方程 $y=A+Bx$ 中，回归系数 B 表示（   ）。
   A. 当 $x=0$ 时 y 的理论值
   B. x 变动一个单位时 y 的变动总额
   C. y 变动一个单位时 x 的平均变动量
   D. x 变动一个单位时 y 的平均变动量
9. 设某种产品的产量为 1 000 件时，其生产成本为 30 000 元，其中不变成本为 6 000 元，则生产成本对产量的一元线性回归方程为（   ）。
   A. $y=6+0.24x$ B. $y=6\,000+24x$
   C. $y=24\,000+6x$ D. $y=24+6\,000x$
10. 估计标准误差是反映（   ）。
    A. 平均数代表性的指标   B. 序时平均数代表性的指标
    C. 现象之间相关关系的指标   D. 回归直线代表性的指标

三、多选题

1. 下列哪些现象之间存在相关关系？（   ）
   A. 家庭收入与消费支出   B. 物价水平与商品需求量
   C. 消费品物价与商业网点   D. 劳动消耗与产品产量
   E. 时间与距离
2. 在相关关系中各现象之间（   ）。
   A. 一定存在着严格的依存关系
   B. 存在着一定的依存关系，但不是确定的关系
   C. 存在着不明显的因果关系
   D. 存在一一对应的函数关系
   E. 确实存在着数量上的依存关系
3. 下述关系中，相关系数 $r<0$ 的有（   ）。
   A. 商业劳动效率与流通费用之间的关系
   B. 商品销售量与售价之间的关系
   C. 工业固定资产与产品价值量之间的关系

D. 工业劳动生产率与生产单位产品的消耗时间之间的关系

E. 单位产量的耗电量与单位成本之间的关系

4. 由直线回归方程 $y=a+bx$ 所推算出来的 y 值（　　）。

　　A. 是一组估计值　　　　　　　B. 是一个平均值

　　C. 是一个等差级数　　　　　　D. 可能等于实际值

　　E. 与实际值的离差平方和等于 0

5. 设产品的单位成本（元）对产量（千件）的直线回归方程 $y=100-4x$，这表明（　　）。

　　A. 产量为 1 000 件时，单位成本为 100 元

　　B. 产量为 1 000 件时，单位成本为 96 件

　　C. 产量为 1 000 件时，单位成本为 4 元

　　D. 产量每增加 1 000 件，单位成本平均减少 4 元

　　E. 产量每增加 1 000 件，单位成本平均增加 4 元

四、判断题

1. 计算相关系数时，应首先确定自变量和因变量。（　　）
2. 相关系数等于零说明两变量之间无相关关系。（　　）
3. 当变量 x 与 y 之间存在相关关系时，x 依 y 的相关系数和 y 依 x 的相关系数相等。（　　）
4. 回归系数 b 大于 0 或小于 0 时，则相关系数 r 也大于 0 或小于 0。（　　）
5. 回归方程中，回归系数 b 的绝对值大小与变量所用计量单位的大小有关。（　　）

任务训练题

1. 某企业某种产品产量与单位成本的资料见表 8-3。

表 8-3　某企业某种产品产量与单位成本资料

月　　份	1	2	3	4	5	6
产量/千件	2	3	4	3	4	5
单位成本/(元/件)	73	72	71	73	69	68

要求：

(1) 计算产品产量与单位成本的相关系数。

(2) 确定单位成本对产量的直线回归方程，并说明回归系数 b 的含义。

(3) 如产量为 6 000 件时，单位成本为多少？

2. 某班学生统计学的学习时间与成绩的整理资料见表 8-4。

表 8-4 某班学生统计学的学习时间与成绩资料

每周学习时数/小时	学习成绩/分
4	40
6	60
7	50
10	70
13	90

要求：

（1）计算出学习时数与学习成绩之间的相关系数；

（2）建立直线回归方程；

（3）计算估计标准误差。

3. 有 10 个同类企业的生产性固定资产平均价值和工业总产值资料见表 8-5。

表 8-5 10 个同类企业的生产性固定资产平均价值和工业总产值资料

企业编号	生产性固定资产价值/万元	工业总产值/万元
1	318	524
2	910	1 019
3	200	638
4	409	815
5	415	913
6	502	928
7	314	605
8	1 210	1 516
9	1 022	1 219
10	1 225	1 624
合计	6 525	9 801

要求：

（1）建立直线回归方程，并说明两变量之间的相关方向；

（2）计算估计标准误差；

（3）估计生产性固定资产为 1 100 万元时工业总产值的可能值。

4. 某市抽查十家百货商店得到的销售额和利润率资料见 8-6。

表 8-6 十家百货商店的销售额和利润率资料

商店编号	每人月平均销售额/万元 x	利润率/% y
1	6	12.6
2	5	10.4
3	8	18.5
4	1	3.0
5	4	8.1
6	7	16.3
7	6	12.3
8	3	6.2
9	3	6.6
10	7	16.8

要求：
(1) 计算每人月平均销售额与利润率的相关系数；
(2) 拟合利润率对每人月平均销售额的回归直线方程；
(3) 若某商店每人月平均销售额为 2 万元，试估计其利润率；
(4) 计算估计标准误差。

项目训练题

根据项目的整理资料进行有关的相关关系的计算与分析。

项目 9 统计报告

学习目标

能力目标
- 在统计调查、整理及分析的基础上能撰写统计报告

知识目标
- 了解统计报告的特点、作用与种类
- 掌握统计报告的写作要求
- 掌握统计报告的写作流程
- 掌握总结型、调查型和分析型统计分析报告的写作要点
- 了解统计分析报告的写作程序

任务 9.1　认识统计报告的一般问题

9.1.1　统计报告的定义

统计报告是指采用统计特有的计算和分析方法,以大量加工整理后的统计数据和相关文字资料为依据,对社会经济现象进行定量和定性的综合分析,通过逻辑思维,从数量和质量的辩证关系中掌握社会经济发展变化过程及其规律性,进而对社会经济的全部或某一方面加以描述说明或针对其发展过程中存在的问题发表议论,提出解决问题的办法和建议,为政府部门提供决策参考依据,为企、事业发展提供决策依据,为社会公众投资兴业、消费理财提供咨询服务的一种书面报告形式。

统计报告的形成过程是作者的主观思想与社会经济发展的客观实际有机结合的过程。

9.1.2 统计报告的作用

统计报告是统计工作的最终成果,是社会和企业经理管理的重要工具,在反映、指导监督和服务社会、企业经济发展的过程中发挥着不可替代的作用。主要作用如下:

(1) 综合反映不同时期社会、企业经济、发展状况,全面展现经济建设所取得的重大成果。

(2) 实施统计监测,及时发现并分析研究社会、企业经济发展过程中出现的新情况、新问题,为社会各界提供决策依据。

(3) 跟踪了解和监督企业贯彻落实预定规划的情况,全面掌握各部门、各环节的发展状况、结构比例等。

(4) 帮助和指导企业不断提升管理水平和技术水平,增强在国内外市场上的竞争能力,提高企业的经济效益。

(5) 立足当前,展望和预测未来,有利于进一步明确发展方向。

写好统计报告是做好统计工作的基本要求,是统计从业人员一项最基本的技能,也是其综合素质和水平的体现。

9.1.3 统计报告的特点

统计报告是一种独特的文体形式,它可以称之为统计的议论文或说明文。但它与通常意义上的议论文、说明文之间还是有很大区别的,它有自身的一些文体特点。

1. 科学性

统计是一门科学,统计分析是对这门科学的具体应用,作为以文字和数据描述统计分析结果的统计报告,其分析研究的方法和过程充分体现了马克思主义的哲学思想,即任何事物的质量都表现为一定的数量,没有一定的数量也就没有事物的质量,数量增减变化到一定程度,事物的质量就会发生根本性的变化,这就是量变和质变规律。运用这个规律,统计人员就可以采用科学的统计分析方法,包括统计数据整理办法、论证方法等,从数量与质量的辩证关系中研究、探索社会、企业发展状况,及时发现其中规律及存在的问题,提出科学合理的应对办法和建议。

2. 实用性

统计报告强调的是实用。这就要求统计报告必须适应社会、企业需求。所反映的问题是当前党政领导、企业负责人和社会公众所关心的热点、难点、焦点、重点问题;统计报告所收集的资料,体现的内容是现实生活中客观存在的,而不是虚构幻想的;统计报告所提出的对策建议是切实可行的,具有很强的可操作性;统计报告所使用的表述方式和语言文字有别于其他的文艺作品,不能使用夸张或隐匿的手法,要力求通俗简洁。

显然，真实是实用的前提和条件，也是统计报告的特点。统计报告必须始终坚持客观、准确地反映社会经济现象这个原则，做到数字准确，不能有差错；情况真实，不能有虚假；有理，不能违反逻辑；观点正确，不能出现谬误；建议可行，不能脱离实际。

3. 专业性

统计报告的突出特点就是用统计数据说话，围绕统计数据来分析研究问题，从数据中发现问题，从数据中分析问题，从数据的变化中寻求解决问题的办法。与此同时，要用统计专业术语、图表等来解读经济社会的各种现象。统计报告中所采用的分析方法，包括数据的整理方法、数据的分析方法、数据的推算方法、数据的预测方法等，都是统计特有的分析方法，使得统计报告既有数据、情况，又有分析、建议，总体上力求做到数据准确、情况清楚、分析得当、建议可行，这样才能增强统计报告的说服力，使其对经济和社会的发展起到积极的促进作用。

4. 时效性

除上述一些特点外，统计报告还有一个突出的特点就是要讲求时效性。失去了时效性，也就失去了实用性，统计报告写得再好，也成了无效劳动。统计报告的作者要时刻把握这一特点，做到思想敏锐、动作迅速，争取"雪中送炭"，避免"雨后送伞"。

9.1.4 统计报告的分类

统计报告的种类很多，可以按照不同的标准来划分。

1. 按其所分析的行业来分

按其所分析的产业部门来分，统计报告可分为一产、二产、三产的统计报告。进一步细分，可分为工业、农业、投资、建筑业、贸易、交通运输业、金融业、人口、劳动工资等统计报告。当然还可以再进一步细分为不同行业的统计报告。

2. 按其所分析的范围来分

按其所分析的范围来分，统计报告可分为对整个国民经济和社会问题进行分析的宏观统计报告和对一个行业、一个企业进行分析的微观统计报告，微观统计报告包括生产统计报告、劳工统计报告、原材料统计报告、设备统计报告、资金统计报告、销售统计报告、流通统计报告、效益统计报告等，基层统计人员利用统计报表所做的统计分析多属于这一类。

3. 按其所分析的内容不同来分

按其所分析的内容不同来分，统计报告可分为综合统计报告、专题统计报告。综合统计报告是对一个地区、一个产业、一个部门、一个行业、一个企业在一年或更长一段时间内社会经济活动进行全面、系统分析的统计报告。专题统计报告是对社会、企业经济活动的某一方面进行专项、深入的分析。

4. 按其所分析的时间跨度来分

按其所分析的时间跨度来分，统计报告可分为月度、季度或半年度的进度统计报告，一个年度的统计报告,一个五年计划期的统计报告,以及更长时期的统计报告等。

任务 9.2　统计报告的写作

9.2.1　统计报告的写作要求

撰写统计报告需要每个作者具备一些基本的条件。首先要有正确的写作思想和写作目的,实事求是,理论联系实际。在此基础上,要全面了解经济和社会发展规律,了解现行法律、政策和客观环境,了解国民经济核算体系和统计指标体系,熟知企业发展的历史与现状,培养观察分析社会经济现象的能力,掌握撰写统计报告的基本方法和技巧。

1. 了解经济和社会发展规律

1) 国民经济运行规律

统计报告撰写人员应从总体上掌握国民经济运行的规律,同时从局部上进行观察。对国民经济供需状况、运行质量与效益、发展趋势,产业结构,社会积累与消费比例,通货膨胀率、利率、物价走势,失业率变动情况,居民收入、消费、储蓄水平,不同地区消费群体的差异,汇率变化,股市行情、进出口、劳务和资本输出情况等应有深刻的理解。

2) 社会经济发展阶段性的基本特点

我国从 20 世纪 50 年代中期社会主义改造基本完成,到 21 世纪中叶社会主义现代化基本实现,都属于社会主义初级阶段。撰写统计报告只有客观面对社会主义初级阶段的基本特点,才能在报告写作过程中提出科学、合理的建议与对策。

3) 时代发展的新要求

党的十八大提出了"高举中国特色社会主义伟大旗帜,以邓小平理论、'三个代表'重要思想、科学发展观为指导,解放思想,改革开放,凝聚力量,攻坚克难,坚定不移沿着中国特色社会主义道路前进,为全面建成小康社会而奋斗"的主题,这是党在新的历史条件下的政治宣言,是未来中国发展进步的行动纲领。这一时代发展的新要求是我们所处时代的新特点、新要求,撰写人员只有牢牢抓住这一主线才能写出科学合理的统计报告。

2. 了解现行法律、政策和客观环境

1) 法律

随着我国社会主义法制建设进程的加快推进,我国的法律体系日趋完善。就经济领域来说,我国社会主义市场经济同时也是法治经济,因为市场经济需要在一定的制度条件下运行,市场经济需要法律的规范、引导和保障。统计报告撰写人员要充分了解这些法律的基本内容,如果在写作过程中提出的观点与现行法律相违背,则不但不能为党政领导提供决策参考依据,为企业发展提供决策依据,为社会公众投资兴业、消费理财提供咨询服务,还会适得其反。

  2) 国家宏观经济政策

  国家宏观经济政策包括财政政策、货币政策、金融政策、外贸政策等。开展宏观经济形势分析，甚至是微观经济分析，并撰写宏观统计报告，提出有针对性的建议，就必须对不同时期，特别是当前的国家宏观经济政策有一个全面的了解。

  3) 经济社会发展环境

  只有全面了解当前国际环境、社会环境、文化环境、人口环境、自然环境等，在进行经济统计分析的过程中，才能做到趋利避害，提出具有前瞻性的对策和措施。

  3. 了解国民经济核算体系和统计指标体系

  1) 国民经济核算体系

  国民经济核算体系是以整个国民经济为对象的宏观核算。它源于统计、会计、业务核算，是对三大核算的综合，是对国民经济运行过程及其结果进行全面计算和描述的宏观经济信息系统。统计报告撰写人员只有了解国民经济核算体系的基本框架和主要功能，才能全面掌握产业、部门和行业之间的内在联系，才能深刻理解统计报表的含义，进而对国民经济、企业经济运行状况和存在问题加以深入的研究和分析。

  2) 统计指标体系

  统计从业人员所填报的统计报表都是由统计指标和指标值组成的。熟悉每一个统计指标的含义、口径和计算方法对开展统计分析，写好统计报告至关重要。

  4. 熟知企业发展的历史与现状

  撰写企业统计报告的关键是立足企业，因此熟悉企业的历史与现状是写好统计报告的关键。利用企业发展历史的各项指标数据整理而成的数列称为时间序列。时间序列所包含的信息量极其丰富。比如，通过各个时期指标值的对比，可以研究企业的发展变化及其规律性。企业发展现状的各项指标数据同样包含丰富的信息量。了解企业发展现状的目的，是通过本时期不同指标值的联系，来研究、确定影响企业发展的各种关键因素。

  5. 培养观察分析社会经济现象的能力

  开展经济统计分析，撰写统计报告必须学会用正确的世界观和方法论来观察了解和分析经济现象，要客观全面地了解和分析经济现象，必须培养和提高作者的观察判断能力、收集资料能力、检索信息能力、信息综合能力、逻辑思维能力、想象概括能力、语言表达能力等。

  观察了解经济现象是分析研究经济现象的前提，必须做到全面、细致。观察和分析经济现象需要有一个发展的过程，因为事物总是在不断地发展变化的，必须用发展的眼光来看问题。观察和分析经济现象需要有一个联系的过程，因为一种经济现象的存在往往不是孤立的，它与周边的许多事物都有着千丝万缕的联系，这种联系有的甚至是很密切的，对经济现象的存在和变化起决定性的作用，只有抓住这些联系，才能更好地把握经济现象变化走向。

9.2.2 统计报告的写作流程

撰写统计报告的具体步骤包括选题定向、搜集资料、标明观点、谋篇布局、遣词造句、润色修改等,通过这些具体的环节,最终形成一个有机的整体。其中,选题决定了文章的研究方向;资料为文章提供了有力的论据;观点表达了作者的中心论点;谋篇布局体现了作者的逻辑思维过程;遣词造句和润色修改则是用特有的论证方法把这些观点和论据按照逻辑顺序串联起来。

1. 选题定向

发现问题并提出问题是解决问题的前提,只有正确地提出问题,才能科学地解决问题。因此,选题定向是撰写统计报告的第一个环节。只有选题确立了,材料的收集、结构的安排、观点的提炼、论证的方法和文字的表述才有依据。

统计报告撰写时的选题定向与其他形式的文体相比有其自身特点。此外,从统计报告撰写者的角度来说,选题要注意以下两个问题。

1) 选择适合自己撰写的题目

撰写统计报告时要选择有条件撰写的题目、选择有能力撰写的题目、选择有兴趣撰写的题目。在选择上要切记贪大求全。题目选大了,分析得不深入、不透彻,文章肯定写不好。要提倡"开口小,挖掘深"。选题小,观点很明确,论据很充分,论证很周密,小题目照样可以写出大文章。

2) 选择有新意、有价值的题目

撰写统计报告时要选择有待于研究的题目、选择可深入研究的题目、选择观点有争议的题目。只有这样才能体现统计报告的价值所在,才能使其发挥为党政领导提供决策参考依据,为企业发展提供依据,为社会公众投资兴业、消费理财提供咨询服务的积极作用。

2. 搜集资料

资料是作者为了撰写统计报告,从社会各方面、不同渠道搜集而来,用于反映社会经济活动状况的文字资料、统计数字、调查资料和其他相关信息等。而基层统计人员在撰写统计报告时应主要以其所填报的统计报表为主要资料来源,同时结合选题收集相关资料。

资料在统计报告中的表现形式主要有文字、数字和图表三种,从内容上看主要有政策型资料、情况型资料和统计型资料三种。资料的收集要围绕文章的主题和研究对象进行,这既是效率的要求,也是使文章的观点与资料统一起来的需要。

第一,搜集反映主题总体情况的资料。

第二,搜集与主题有联系的统计资料。

第三,搜集研究对象的动态资料。

第四,搜集与研究对象有关的理论数据或经验数据。

第五,搜集与研究对象有关的文字材料。

搜集、整理、分析资料（情况）始终贯穿于撰写统计报告的整个过程。也就是说，在统计报告的撰写之前、撰写之中、撰写之后对资料（情况）的搜集、整理、分析都是必要的，但目的有所不同。

这里特别需要提醒的是，资料的使用需要进行审核和选择。审核内容：一是统计数字的科学性、准确性、可比性、时效性、代表性和完整性等；二是文字资料的真实性、代表性、典型性和新颖性等。选择要求：一是要选择最能说明情况、阐明观点的资料，使文章的主题更加深刻、突出，而与主题无关的资料一律不能使用，否则会淡化说明情况、论证观点的效果；二是要选择真实可靠的资料，为观点提供充分有力的证据，使文章的观点站得住脚，更具有说服力；三是要选择典型的、有代表性的资料，因为撰写统计报告不能也不可能堆积太多的资料，只能选择一些能深刻揭示社会经济现象的本质、具有广泛的代表性和普遍指导性的资料，否则会使文章的观点不符合逻辑。

3. 标明观点

每篇统计报告都应该有明确、新颖、独特的观点，而标题常常是统计报告中心内容、基本思想、核心观点的集中体现，因而标题也就成了统计报告的"眼睛"，在统计报告的写作中占有重要地位。

统计报告的题目类型主要有以下四种。

1) 主题式

文章的题目直接揭示整篇文章的主题。如，题目《我市工业企业对原材料等提价因素的消化能力分析》，表达了该篇文章的主题是对该市工业企业对原材料等提价因素的消化能力所进行的分析。

2) 观点式

文章的题目在体现整篇文章主题的同时也直接表明作者的观点和看法。如，题目《挖掘潜力是提高工业经济效益的重要途径》，体现了该篇文章的主题是对如何提高工业经济效益的研究，同时也体现了作者的观点就是提高工业经济效益要走挖掘潜力的道路。

3) 提问式

以设问方式提出分析报告所要分析的问题，以引起注意和思考，增强文章的吸引力，文章的题目就是整篇文章所要回答和研究的问题。如，题目《小氮肥工业的出路何在》《北京酱油为何脱销》，分别提出文章所要回答和研究的问题。

4) 正副标题合用

用正标题高度概括统计报告的主要内容，副标题从范围、时间、内容等方面对正标题加以限制、补充或说明，一般在副标题前加破折号。对副标题的要求就是要严谨，一是副标题必须服从正标题；二是正、副标题之间必须有逻辑关系。如《抓住机遇，加快海西东北翼增长区域建设——环三都澳经济发展情况专题调研报告》。

无论采用什么形式，拟定的题目应尽量避免一般化。如，《关于××××的分析》《关于××××的调查》《××年××市经济运行分析》《1~×月工业运行状况分析》等，属于大众化的通用标题。

一篇统计报告的标题可以有多种选择,好的标题必须具备三点特征:贴切、简洁、新颖。

4. 谋篇布局

谋篇布局、理顺纲目是撰写统计报告最基本的要求,也是写好统计报告的基础。文章提纲的内容一般包括主题思想、篇章结构和所需资料的名称、来源及加工整理的方法。

统计报告篇章结构的形式多种多样,可根据论述的需要择优选用。一般而言,在说明经济和社会发展状况的时候,要依据经济社会发展的过程和组成结构,由远到近或由近到远、由外到内或由内到外、由上到下或由下到上,循序渐进、剥笋式地展开,将复杂的情况条理化。而在阐述和论证某一个观点的时候,必须将观点和材料按照正常思维体系排列起来,让观点统率材料,让材料烘托观点,使整篇报告围绕一个主线,立体、有深度地展开,使报告的各个部分浑然一体又相对独立,成为统计报告联系密切的有机组成部分。

5. 遣词造句

所谓遣词造句,就是要在观点明确的基础上,按照事先拟定的框架结构,把收集、整理好的文字、数字、图形,根据说明问题或阐述观点的需要有机地组合起来。

撰写初稿时,要按照提纲的结构布局,尽可能地多把自己收集到的与说明主题有关的文字、数字、图形等资料全部"装"上去,以便于下一步删减修改。另外,一口气写出来的文章总体比较流畅,而且比较节省时间,如果撰写初稿的时间太长,就挤占了修改定稿的时间,就会影响文章的质量。

撰写初稿过程中,要始终抓住主题,要围绕着观点这根主线分层次地展开。不同的段落层次既是文章的统一体,又相对独立,它们从不同的角度来说明或阐述文章问题或观点的某一方面,共同把文章的观点烘托出来。

在撰写过程中,要善于应用各种分析方法,需要的话,还要应用一些统计分析软件或模型,进行数据的分析和研究,找出事物的发展规律,用分析的结果来支撑文章的观点。只有做到定性分析与定量分析相结合,才能更好地体现统计报告的特色。

撰写初稿要根据说明或阐述文章问题或观点的需要,灵活应用最佳的论证方法。如提问和定义方法、分类和举例方法、比较和引用方法、假设和推断方法等,在进行文字表述的过程中,力求做到用词准确、表达规范、思维符合逻辑。

6. 润色修改

初稿要成为定稿,需要有一个润色修改的过程,这一润色修改的过程是进一步深化认识、提高文章质量的过程。要改好一篇统计报告,一要掌握修改的方法,二要明确修改的内容。

1) 修改的方法

(1) 征求意见法。

广泛征求,虚心地听取身边的人的意见。同时,细心甄别,对于正确的意见和合理的建议，先要在思想上"消化"，真正弄通其道理，理顺思路后再动笔修改，使文章趋于完美。

(2) 自我推敲法。

自我推敲是要对自己文章的初稿进行反复多角度的推敲。推敲一遍不行，只推敲某一方面也不行，要对文章的观点、资料、结构、文字等进行反复的推敲。

(3) 对比衡量法。

初稿完成后，收集一些与自己选题相近或相似的统计报告，就观点、资料、结构等进行比较，衡量一下自己的文章是否在观点、资料等方面做到了人无我有、人有我先、人先我优，体现出创新的属性。与此同时，要及时纠正文章中可能存在的"人云亦云"现象，彻底摒弃那些已经时过境迁、不能反映现实情况的数据资料。

2) 修改的内容

(1) 观点的审核。

观点的审核在于审核观点的正确性。要看所确定的观点是否与文章的题目相匹配。要看所确定的观点是否顺应社会经济发展规律，符合客观实际和国家法律和政策的相关规定。要看所确定的观点是否是在深入实际调查研究，掌握大量的情况和数据资料的基础上提炼而成的。要看所确定的观点是否已经摒弃任何部门的利益或个人的主观偏见。要看所确定的观点是否具有创新的元素。还要看所确定的观点是否鲜明。

(2) 资料的核实。

资料的核实在于核实文章所用资料的真实性、准确性、可比性、时效性、代表性和完整性等。要看文章所用的资料是否能够说明情况，阐明观点。要看文章所用的资料是否真实可靠，使文章的观点站得住脚，更具有说服力。要看文章所用的资料是否具有代表性，以全面深刻地揭示社会经济现象的本质。

(3) 结构的优化。

结构的优化在于合理布局文章的章节和整体结构。从内在要求来说，要看文章的章节顺序是否符合正常逻辑思维的要求，做到思路顺畅；要看文章的开篇、正文、结尾是否缺失，分论章节和支论章节等是否完整；要看文章的详略是否得当，详写的章节是否已经详写到位，略写的部分是否撰写得过于冗长。从外观形象来说，要看文章的章节排列是否做到层次分明、清晰。要看文章各个章节的分量比重是否协调匀称，开篇、结尾的篇幅是否太大。

(4) 文字的斟酌。

文字的斟酌在于力求文章语言的通顺、简洁和明了。要看文章的用词是否生动贴切、分寸适度、严谨周密、风格协调，简洁而不枯燥。要看文章的语言表达是否符合语法规范。要看文章所反映的思维过程是否符合逻辑。要看文章的各个章节是否有过渡、照应，自然段、句之间是否衔接，语气是否连贯。要看文章中是否存在错别字、生僻字，或使用统计术语不当等。

（5）方法的选择。

方法的选择在于选择合理有效的论证方法。统计报告有其特有的论证方法，包括提问和定义、分类和举例、比较和引用、假设和推断、数字和图表等。要看文章中各章节所选用的论证方法是否科学、合理、可行。要看论证方法的使用是否能够使论据更好地烘托文章的中心论点，或章节的分论点和支论点。此外，还要看分析的方法是否得当。

本章小结

本项目主要讲授了统计报告的基本问题和统计报告的写作，目的是使读者掌握统计报告的写作技巧，并能撰写简单的统计报告。

统计报告是一种独特的文体形式，它具有科学性、实用性、时效性和专业性的特点。

统计报告的种类很多，按其所分析的产业部门来分，统计报告可分为一产、二产、三产的统计报告；按其所分析的范围来分，统计报告可分宏观统计报告和微观统计报告；按其所分析的内容不同来分，统计报告可分为综合统计报告、专题统计报告；按其所分析的时间跨度来分，统计报告可分为月度、季度、半年度、年度或更长时期的统计报告。

撰写统计报告需要每个作者具备一些基本的条件。首先要有正确的写作思想和写作目的，实事求是，理论联系实际。在此基础上，要全面了解经济和社会发展规律，了解现行法律、政策和客观环境，了解国民经济核算体系和统计指标体系，熟知企业发展的历史与现状，培养观察分析社会经济现象的能力，掌握撰写统计报告的基本方法和技巧。

撰写统计报告的具体步骤包括：选题定向、搜集资料、标明观点、谋篇布局、遣词造句、润色修改等，通过这些具体的环节，最终形成一个有机的整体。其中，选题决定了文章的研究方向；资料为文章提供了有力的论据；观点表达了作者的中心论点；谋篇布局体现了作者的逻辑思维过程；遣词造句和润色修改则是用特有的论证方法把这些观点和论据按照逻辑顺序串联起来。

思 考 题

1. 统计报告的特点有哪些？
2. 统计报告写作要求有哪些？
3. 统计报告的写作流程或者说写作步骤有哪些？

任务训练题

1. 在前面综合实训的基础上写一篇800字左右的统计分析报告。
2. 认真阅读本章的"阅读材料",进一步领会统计分析报告的撰写技术。

项目训练题

根据项目的有关计算与分析撰写统计报告。

阅读材料

居住消费大幅上升 天津农村居民生活向享受型发展

"十五"期间,在党的各项惠农政策的引领下,改革和发展的春风吹遍了整个津沽大地,天津市农民更是激情勃发,辛勤耕耘,用自己诚实的劳动创造着美好的生活。随着收入的快速增长,津郊农民的生活水平更是"芝麻开花节节高"。据天津市农村居民收支调查资料显示,2005年天津市农村居民人均生活消费支出达3 590元,比2000年增加1 197元,增长50.0%,年均增长8.5%,比"九五"时期每年加快了1.6个百分点。

一、恩格尔系数快速降低,居民生活由小康步入富裕

2005年,天津市农村居民人均食品消费支出1 376元,比2000年增加356元,增长34.9%,年均增长6.2%,比"九五"时期加快了5.4个百分点。食品消费占生活消费支出的比重,即恩格尔系数为38.3%,比2000年降低了4.3个百分点,农村居民生活实现了从小康向富裕的飞跃。

在食品支出增长的同时,天津市农村居民家庭饮食结构和饮食习惯也明显改善。据统计,2005年天津市农村居民人均在外饮食消费支出155元,比2000年增加了90元,年均增速达18.9%,拉动"十五"时期食品消费支出增幅提高了8.8个百分点,成为天津市农民饮食消费的新亮点。从饮食结构看,2005年天津市农村居民人均消费粮食173公斤,比2000年减少203公斤,而蔬菜、肉类、水产品等副食品的消费量较2000年均有不同程度的增加,农村居民饮食更加科学、更加营养、更讲搭配。

二、居住消费支出大幅上升,居住环境显著改善

"十五"期间,天津市进一步加快农村城市化和小城镇建设步伐,农村房地产市场迅猛

发展，农村居民购房、建房热情不减，用于居住方面的消费支出大幅增长。2005年，天津市农村居民人均居住消费支出844元，比2000年增加了392元，增长了86.7%，年均增长13.3%。人均住房面积26.1平方米，比"九五"末期2000年的23.6平方米，增加了2.5平方米。为了改善自家的居住环境，提高生活品位，农村居民用于装修生活用房的费用大幅提高，2005年人均为124元，比2000年增加了111元，增长了8.6倍，年均增长57.3%。

"十五"期间，天津市先后实施了户厕改造和人畜饮水解困等惠农工程，加之许多乡镇、行政村积极筹措资金加强街道路面建设，整治村容村貌，农村居民居住质量逐渐提高。调查显示，2005年年末，天津市饮用自来水的农户比重为61.7%，使用水冲式厕所的农户比重为43.7%，室外道路为硬质路面的农户比重为69.3%，比"九五"末期分别提高了22.0个、28.2个和18.3个百分点，农村居民的生活条件得到显著改善。

三、电话、手机迅速普及，交通通信支出成倍增长

"十五"时期，随着天津市交通通信事业的快速发展，固定电话和移动电话在天津市农村居民家庭中日渐普及，小汽车也快速步入农家，农民在交通和通信方面的消费支出呈高速增长态势。2005年，天津市农村居民人均交通通信消费支出达270元，比2000年增加162元，增长了1.5倍，年均增长20.1%。据统计，2005年天津市农村居民家庭每百户拥有普通电话88部，比"九五"末期的51部增加了37部，增长72.5%；拥有移动电话89部，比"九五"末期的11部增加了78部，增长7.1倍；拥有生活用汽车近6辆，比"九五"末期的2.2辆增加了3.8辆，增长1.7倍。

四、时尚观念不断强化，衣着消费支出连年增加

"十五"时期，随着生活水平的稳步提高，时尚观念的不断强化，天津市农村居民在衣着方面的消费支出连年增加。2005年，天津市农村居民人均衣着消费支出362元，比2000年增加了139元，增长了62.3%，年均增长10.2%，比"九五"时期加快了6.7个百分点。

五、小型家电走入农家，生活质量进一步提高

"九五"时期，诸如电冰箱、洗衣机等大件耐用消费品在天津市农村居民家中已相当普及，"十五"以来，这些耐用消费品开始进入更新换代时期，百户拥有量稳步增长，如洗衣机由2000年的85台增加到2005年的95台，电冰箱由65台增长到84台。与此同时，电动自行车、微波炉等小型家电悄然兴起，快速步入农家，缩小了农村与城市间的差距，农村居民的生活质量进一步提高。近年来各种家庭设备用品价格的大幅下降，使农民明显获益。2005年，天津市农村居民人均家庭设备、用品及服务消费支出为108元，比2000年减少了27元，下降了20%，平均每年下降4.4%。

六、医疗保健意识逐步增强，医疗保健支出明显提高

"十五"时期，在经历了"非典""禽流感"疫情后，广大农村居民保健意识日益增强，加之生活水平的不断提高和农村新型合作医疗制度的逐步推广，天津市农村居民人均医疗保健消费支出大幅增长。据统计，截至"十五"末期，天津市累计参加农村新型合作医疗的人数已近120万人，占全部乡村人口的30%，较好地解决了农民因患大病造成的生活困

难和致贫、返贫问题。2005年，天津市农村居民医疗保健消费支出人均268元，比2000年增加了116元，增长了76.3%，年均增长12.0%。

七、旅游、娱乐渐成时尚，文教娱乐用品及服务支出稳步增长

近年来，随着天津市广大农村居民生活条件的改善，大家在平时看看报、下下棋、养养花、遛遛鸟、扭扭秧歌，自娱自乐，其乐融融，越发懂得享受生活，享受清闲。每逢节假日，休闲娱乐、购物旅游，已不再是奢侈的行为。据调查，2005年三个黄金周期间，天津市农村居民累计外出人次数已达240万人次。

此外，随着当今尊重知识，尊重人才观念的深入人心，很多农村居民家庭更加注重教育方面的投资。2005年，天津市农村居民人均教育服务消费支出为186元，比2000年增加了23元，年均增长2.7%。每百户拥有家用电脑10台，其中接入互联网的2台，农村居民信息化程度大幅提高。2005年，天津市农村居民文教娱乐用品及服务消费支出人均252元，比2000年增加了47元，增长了22.9%，年均增长4.2%。

八、消费结构优化，农村居民生活向享受型发展

随着农村社会经济的快速发展、农民收入水平的日益提高和花钱买清闲观念的逐渐形成，天津市农村居民生活向享受型发展的步伐日益加快，消费结构进一步优化。2005年，天津市农村居民服务性消费支出人均1 049元，比2000年增加了482元，增长了85%，年均增长13.1%。从支出构成看，2005年食品、住房和衣着三项基本消费，占生活消费支出的比重仍然位居前三位，比重分别为38.3%、23.5%和10.1%；享受型消费支出占生活消费支出的比重为48.5%，比2000年的44.0%提高了4.5个百分点，消费结构进一步调整优化。

按照全国农村全面小康标准测算，2005年，天津市农村全面小康社会实现程度已接近70%，比"九五"末期提高了10余个百分点，平均每年前进2个百分点。这标志着天津市农村居民生活质量和生活水平在"十五"期间实现了新的跨越，津郊农民生活越来越富足，越来越幸福。

资料来源：引自中国统计信息网，网址 www.stats.gov.cn。

附录 A

正态分布概率表

t	$F(t)$	t	$F(t)$	t	$F(t)$	t	$F(t)$	t	$F(t)$
0.00	0.0000	0.33	0.2586	0.66	0.4907	0.99	0.6778		
0.01	0.0080	0.34	0.2661	0.67	0.4971	1.00	0.6827		
0.02	0.0160	0.35	0.2737	0.68	0.5035	1.01	0.6875		
0.03	0.0239	0.36	0.2812	0.69	0.5098	1.02	0.6923		
0.04	0.0319	0.37	0.2886	0.70	0.5161	1.03	0.6970		
0.05	0.0399	0.38	0.2961	0.71	0.5223	1.04	0.7017		
0.06	0.0478	0.39	0.3035	0.72	0.5285	1.05	0.7063		
0.07	0.0558	0.40	0.3108	0.73	0.5346	1.06	0.7109		
0.08	0.0638	0.41	0.3182	0.74	0.5407	1.07	0.7154		
0.09	0.0717	0.42	0.3255	0.75	0.5467	1.08	0.7199		
0.10	0.0797	0.43	0.3328	0.76	0.5527	1.09	0.7243		
0.11	0.0876	0.44	0.3401	0.77	0.5587	1.10	0.7287		
0.12	0.0955	0.45	0.3473	0.78	0.5646	1.11	0.7330		
0.13	0.1034	0.46	0.3545	0.79	0.5705	1.12	0.7373		
0.14	0.1113	0.47	0.3616	0.80	0.5763	1.13	0.7415		
0.15	0.1192	0.48	0.3688	0.81	0.5821	1.14	0.7457		
0.16	0.1271	0.49	0.3759	0.82	0.5878	1.15	0.7499		
0.17	0.1350	0.50	0.3829	0.83	0.5935	1.16	0.7540		
0.18	0.1428	0.51	0.3899	0.84	0.5991	1.17	0.7580		
0.19	0.1507	0.52	0.3969	0.85	0.6047	1.18	0.7620		
0.20	0.1585	0.53	0.4039	0.86	0.6102	1.19	0.7660		
0.21	0.1663	0.54	0.4108	0.87	0.6157	1.20	0.7699		
0.22	0.1741	0.55	0.4177	0.88	0.6211	1.21	0.7737		
0.23	0.1819	0.56	0.4245	0.89	0.6265	1.22	0.7775		
0.24	0.1897	0.57	0.4313	0.90	0.6319	1.23	0.7813		
0.25	0.1974	0.58	0.4381	0.91	0.6372	1.24	0.7850		
0.26	0.2051	0.59	0.4448	0.92	0.6424	1.25	0.7887		
0.27	0.2128	0.60	0.4515	0.93	0.6476	1.26	0.7923		
0.28	0.2205	0.61	0.4581	0.94	0.6528	1.27	0.7959		
0.29	0.2282	0.62	0.4647	0.95	0.6579	1.28	0.7995		
0.30	0.2358	0.63	0.4713	0.96	0.6629	1.29	0.8030		
0.31	0.2434	0.64	0.4778	0.97	0.6680	1.30	0.8064		
0.32	0.2510	0.65	0.4843	0.98	0.6729	1.31	0.8098		

续表

t	$F(t)$	t	$F(t)$	t	$F(t)$	t	$F(t)$
1.32	0.8132	1.64	0.8990	1.96	0.9500	2.56	0.9895
1.33	0.8165	1.65	0.9011	1.97	0.9512	2.58	0.9901
1.34	0.8198	1.66	0.9031	1.98	0.9523	2.60	0.9907
1.35	0.8230	1.67	0.9051	1.99	0.9534	2.62	0.9912
1.36	0.8262	1.68	0.9070	2.00	0.9545	2.64	0.9917
1.37	0.8293	1.69	0.9090	2.02	0.9566	2.66	0.9922
1.38	0.8324	1.70	0.9109	2.04	0.9587	2.68	0.9926
1.39	0.8355	1.71	0.9127	2.06	0.9606	2.70	0.9931
1.40	0.8385	1.72	0.9146	2.08	0.9625	2.72	0.9935
1.41	0.8415	1.73	0.9164	2.10	0.9643	2.74	0.9939
1.42	0.8444	1.74	0.9181	2.12	0.9660	2.76	0.9942
1.43	0.8473	1.75	0.9199	2.14	0.9676	2.78	0.9946
1.44	0.8501	1.76	0.9216	2.16	0.9692	2.80	0.9949
1.45	0.8529	1.77	0.9233	2.18	0.9707	2.82	0.9952
1.46	0.8557	1.78	0.9249	2.20	0.9722	2.84	0.9955
1.47	0.8584	1.79	0.9265	2.22	0.9736	2.86	0.9958
1.48	0.8611	1.80	0.9281	2.24	0.9749	2.88	0.9960
1.49	0.8638	1.81	0.9297	2.26	0.9762	2.90	0.9962
1.50	0.8664	1.82	0.9312	2.28	0.9774	2.92	0.9965
1.51	0.8690	1.83	0.9328	2.30	0.9786	2.94	0.9967
1.52	0.8715	1.84	0.9342	2.32	0.9797	2.96	0.9969
1.53	0.8740	1.85	0.9357	2.34	0.9807	2.98	0.9971
1.54	0.8764	1.86	0.9371	2.36	0.9817	3.00	0.9973
1.55	0.8789	1.87	0.9385	2.38	0.9827	3.20	0.9986
1.56	0.8812	1.88	0.9399	2.40	0.9836	3.40	0.9993
1.57	0.8836	1.89	0.9412	2.42	0.9845	3.60	0.99968
1.58	0.8859	1.90	0.9426	2.44	0.9853	3.80	0.99986
1.59	0.8882	1.91	0.9439	2.46	0.9861	4.00	0.99994
1.60	0.8904	1.92	0.9451	2.48	0.9869	4.50	0.999993
1.61	0.8926	1.93	0.9464	2.50	0.9876	5.00	0.999999
1.62	0.8948	1.94	0.9476	2.52	0.9883		
1.63	0.8969	1.95	0.9488	2.54	0.9889		

参 考 文 献

[1]　卞毓宁. 统计学概论. 北京：高等教育出版社，2000.
[2]　贾俊平，何晓群，金勇进. 统计学. 北京：中国人民大学出版社，2000.
[3]　李国艳. 新编统计基础. 大连：大连理工大学出版社，2002.
[4]　李朝鲜. 社会经济统计学教程. 北京：经济科学出版社，2002.
[5]　王涛，曲昭仲. 统计学原理. 2版. 北京：中国财政经济出版社，2003.
[6]　张清太. 统计学教程. 上海：立信会计出版社，2004.
[7]　方促进. 统计学与统计案例分析. 南昌：江西高校出版社，2004.
[8]　栗方忠. 统计学原理. 2版. 大连：东北财经大学出版社，2004.
[9]　贾俊平，何晓群，金勇进. 统计学. 2版. 北京：中国人民大学出版社，2004.
[10]　梁前德. 基础统计. 2版. 北京：高等教育出版社，2005.
[11]　曹光四，邹晓明. 统计学原理. 上海：立信会计出版社，2005.
[12]　袁卫，庞皓，曾五一，等. 统计学. 2版. 北京：高等教育出版社，2005.
[13]　史书良，王景新. 统计学原理. 2版. 北京：清华大学出版社，2009.
[14]　中国统计教育学会组编. 统计基础知识与统计实务. 北京：中国财政经济出版社，2014.